子どもたちは教室で何を学ぶのか

教育実践論から学習実践論へ

What do children learn in their classroom?:
On research of learning practice

石黒広昭 ――［著］
Ishiguro Hiroaki

東京大学出版会

What do children learn in their classroom?
On research of learning practice
Hiroaki Ishiguro
University of Tokyo Press, 2016
ISBN978-4-13-053088-0

まえがき

　学校がなくて困るのは誰だろうか。唐突だがこんなことを考えたことがあるだろうか。おそらく子どもたちは困らない。まず，困るのは教師だ。教師は仕事の場がなくなるのだから。それに伴って教師を養成する大学や大学教員も困るだろう。さらに保護者も困るはずだ。学校は今や多様な機能を備えており，授業を通して知識を教えるだけでなく，地域の子ども同士が出会う場所であり，給食を通して栄養補給をしたり，保健室があるように健康管理をしたりする場でもある。さらに重要なのは保育機能だ。自分たちが仕事をしている日中の長時間にわたって安全に過ごせる場所を学校が与えてくれる。保護者からみてこれほど便利な子どもの居場所はない。学校が担う多様な機能それぞれに評価はあろう。それだけの多機能を担わせること自体をどう考えるのかという議論もあろう。だが，学校を子どもに用意し，利用している大人にとってではなく，子どもたち自身にとって今学校はどんな場所だろうか。このことを素朴に問い立てているのが本書である。

　教室で子どもはいつも居心地よく過ごしているわけではない。子どもたちが学校で生き残るために身につける手法を教師の立場から分析し，学校で学ぶことの問題点を提起したジョン・ホルトの本（Holt, 1964, 1967）は日本でも翻訳されたように，世界的に大きな影響を与えた。日本では 1872 年に学制が公布され，6 歳以上の子どもは小学校で教育を受けることが定められた。学校教育の普及が富国強兵と強い結びつきを持っていたように，日本における教育は国民としての資質と能力を満たすための国民教育であり，それを実現する場が学校教育であった。伝統的に教会が学びの場として位置づいていた欧米に比べ，それに代わるものを持たなかった日本では，公教育にとって学校の影響は大きなものとならざるをえなかったはずだ。しかし，さすがにここにきて，日本でも義務教育や学校教育のありかたを問う声が政治の世界にも現れはじめた。多様な育ちの実態に応じた教育制度を作ろうという動きがあるという[注1]。必ずし

も学校に行くだけが学びの機会ではないことを認めることがこうした議論の前提となる。

　脱学校論の提唱者として日本でもよく知られるイヴァン・イリッチ（Illich, 1971）はよく誤解されるように学校廃止をもとめていたのではなく，教えることを制度化した学校制度から脱却し，市民一人一人の学習が可能となる社会を実現すべきであることを説いた。ホルトらが学校を批判し，その実践として進めていったホームスクーリングも，それが学校制度が担っている機能や様式を引き継ぐのでは何も変わらないとイリッチはいう。彼は学習を可能とする社会的な学習ネットワーク（Learning Webs）の構築を提案する。学校に通うことが学習機会を得ることと同じではないことを宣言し，学び手の自主性を尊重して，学習者と世界とをつなぐ学習環境の必要性を謳う。今ウェブを介して国境や言語を超えて広がりつつある学びの仲間作り，学び合いは，彼の発想を具体的に実現したものと考えることもできるだろう[注2]。子どもたちの発達可能性を押し上げる学習環境をどのように構築するのか，それに向けた柔軟な思考が今求められている。本書はイリッチが描く学習社会を描いたものではない。むしろその前段の議論をしているにすぎないのかもしれない。しかし，日本で今何が起きているのか，そこで生じていること，日々繰り返されているであろうことを丁寧に描き出すことこそが未来を構想させるのではないだろうか。本書は研究者のための研究書ではない。現状の学校教育を批判して終わろうとするものでもない。豊かな学習を可能とする社会の実現を目指して，現在の教育制度の脱構築を目指す希望の書である。是非多くの教育に関係する方々に読んでいただき，本書の認識の誤りを正してもらいながらともに前に進みたい。

　おそらくほとんどの子どもが学校における学習のありかたに疑問を持っていることだろう。それでもそれ以外の学習や学校のありかたを知らなければそれは自然であり，相対化することもできない。学習とは学校における学習そのものである，あるいは学校における学習こそが学習の基本形なのだとする見解が誤りであることを私に改めて思い起こさせてくれたのは，多様な学習過程のフィールドワークに基づいて鋭い論考を進めてきた人類学者ジーン・レイヴ（Lave, 1988, 1996）である。彼女の批判の矛先は学校制度の背後にある学習観に向けられ，学校的学習観に基づいて学習過程の研究を進めることに自らの存在

価値を見出してきた実験心理学であった。彼女は，学習は社会的なものであるという。多くの他者や人工物にあふれた社会的な実践への参加として学習を捉えるべきだという。ここにイリッチと同じ学習観を読み取ってよいのではないか。さらに彼女は教授は学習を説明しないという。学習は学び手のものである。学び手がそこに意味を感じ，それを探究する他者とともにある社会的実践に参加する中で自らが変わっていく過程がそこにある。どんなに言葉を投げかけても，その言葉が表す意味を創り出すのは学習者自身である。教授者は学習者が創り出す意味をコントロールすることはできない。だから，学びは教える側からではなく，学習者の側から捉え直さなくてはならないのだ。人が意味に生きる存在であることを教えてくれたのはヴィゴツキー（Выготский, 1934）であった。ブルーナー（Bruner, 1990, 1996）はそれを引き継いで人を物語を紡ぎ出す存在として捉えた。学習者にとって学ぶことの意味は何か。そこにはどんな物語があるのか。

OECDが15歳の子どもたちを対象に2000年から定期的に行っている学習到達度調査PISAにおいて，日本の学力が国際比較の中で「低下した」，あるいは「持ち直した」といった議論はマスコミに人気がある。そもそもそこで測られる学力が何を指しているのか疑問が残るが，私にとってそれ以上に衝撃的だったのは学力テストに付随して行われる質問紙調査の結果だった。2000年の調査では，日本の子どもは読解，数学，科学のどの教科についても「宿題や自分の勉強をする時間」が参加国中最低であり，読書についても「趣味として読書をしない」と回答した生徒（15歳）が約55%で，参加国中最低（OECDの平均は32%）であった。ところが趣味で読書をしないと回答した者の総合読解得点は514点（OECD平均は481点）で参加国中一番高かったのである。他の国では，読書をする人としない人では読解力には大きな差がある。これは当たり前のことだ。むしろ日本だけなぜ関心がない，そしておそらく嫌な読解の点数が高かったのだろうか。また，日本の子どもたちは相対的に成績が良いにもかかわらず，自分の学力に自信がないと答える割合が高いことも明らかになった。その後のPISAの調査や他の調査（たとえば2011年に小4と中2に行われた国際到達度テスト（TIMMS））でも同じような傾向が読み取れる。私は教職の授業の中でこうしたデータを示し，「これはショックだ」などとい

って教員志望学生に語ったあと,「人間って本来学びたがっている存在なのか,できれば学ぶことなどしたくない怠け者なのか」とよく尋ねる。実際にはそうでもないのだと確認することを期待しての問い掛けだが,ある時など100名ほどの受講者のうち,そのほとんどができれば学びたくないという方に挙手した。

　日本の子どもたちはいったい何を学んできたのだろうか。何を学んでいるのだろうか。自らの生涯を通して紡ぐ物語に学びはどのように埋め込まれていくのだろうか。本書は日本で学校教育を受ける子どもたちの学習の軌跡を問う。子どもたちは我々の未来ではない。親,教師,研究者の期待の中に未来を描いてはならない。子どもたちの未来は子どもたちのものであり,子どもたちが創る。子どもが自ら拓くであろうまったく私が予期しない世界に希望を持っている。我々が今すべきことはその子どもたちの発達を妨げない学習環境を作ることではないだろうか。

　［注1］　朝日新聞digital「学校外で義務教育,容認案　フリースクールや家庭学習　超党派,国会提出めざす」2015年5月20日05時00分　http://www.asahi.com/articles/DA3S11763009.html（2015/05/25 access）
　［注2］　たとえばConnected Learningなど。http://connectedlearning.tv/what-is-connected-learning（2015/05/25 access）

目　次

まえがき　i

序章　学校の心理学から実践のための研究へ …………………… 1
　1　学習実践を問う　3
　2　実践の記述を問う　6
　3　各章の構成　8
　4　教育実践研究を問う　11

第1章　児童になる・生徒になるということ——小学校に入学する … 17
　1　生徒になる　19
　2　授業を学ぶ　31

第2章　授業を生きる ……………………………………………… 43
　1　教室談話から漏れるもの　45
　2　共謀はどのように可能になるのか？　57
　3　生徒と教師の声が交差するとき　65

第3章　教室において「書くこと」を学ぶということ …………… 71
　1　「死んだことば」の学習　73
　2　文字が生まれる時　80
　3　世界に触れるためのことば　88

第4章　学びの場としての教室空間 ……………………………… 97
　1　教室という舞台　99
　2　教育空間を変えれば学習は変わるか　101

3　空間と活動　109
　　4　一時滞在空間　116
　　5　子どもたちの制度的空間の変化　120
　　6　望まれる学校空間　123

第5章　指導者のジレンマと成長 …………………………………… 127
　　1　教師が子どもを叱る時　129
　　2　教師に期待されること　132
　　3　指導者のジレンマ再考　135
　　4　ジレンマは越えられるのか　144
　　5　場を拓く　148
　　6　学ぶ場を創る　150
　　7　信頼の構築　155

第6章　多様性に戸惑う教室 ………………………………………… 165
　　1　「言語的文化的多様性を持つ子ども」　167
　　2　社会政策上の問題　171
　　3　教室の中の言語的，文化的に多様な子ども　178
　　4　多様性の力　192

終章　学びの場にかかわるということ ……………………………… 203
　　1　教育実践をめぐる理論と実践　205
　　2　実践者の戦術　209
　　3　教授学習過程のエスノグラフィー　213
　　4　教育実践研究　221

あとがき　231
文献リスト　235／索引（人名・事項）　243

序章

学校の心理学から実践のための研究へ

1　学習実践を問う

　学校に行けることはどんなにすばらしいことか。2014年にノーベル平和賞を受賞したマララさんは，学校に行くことができず，強制的に若くして結婚させられたり，労働させられたりする女子にとって，未来がいかに閉ざされたものであるのかを訴え学校教育の大切さを世界に説いた。近代以後，学校は子どもたちの希望を培う場とされてきた。しかし，学校があることで苦しむ子どもたちがいるのもまた事実である。重要なのは誰にとっても学びの場が保障されること，人が学びたい時，いつでも学ぶ環境があることだ。今私たちの前にある学校は子どもたちが学び，発達する場として，果たしてその役割を全うしているのだろうか。このことをそれぞれの社会文化的状況，制度に照らして確認していく必要がある。そして，もしもそこに何かしらの問題があれば，それをしっかりと取り上げ，議論し，改革していかなくてはならない。学ぶ場を保障することは，現在ある学校をそのまま維持することではなく，常に改革を進め，学習環境をより適正化していくことである。

　おそらく筆者の世代からそうであったのだろう。日本の教室では学ぶ力よりも教えられる力が育つようなところがある。教えることが学ぶことの資源を提供するという意味では，もちろん教えることと学ぶことは切り離せない。特に人間は社会的存在として文化を受け継ぎ，創造していく存在である。既存の文化が教えられるのは当然だ。何から何まで自分で直接経験しなければならないのであれば，人類の進歩はありえなかった。しかし，教えられることが学習と交わらない時，教授は何の役にも立たない。子ども部屋に置かれた本はその子の学習資源になりうるものであるが，ときには狭い部屋を埋め尽くすだけの不要品にしかならず，せいぜい用途の異なる踏み台にされる程度の役割しか果たさない。役に立たないどころか学習を妨げることさえある。このようなことは特に学校教育のように意図的な教授がなされる場合に生じやすい。なぜか。それは教えられることによって学習者が学ぶことよりも教えられることに馴れていくからである。

　学習は教えられたことをそのままストレートに受け取ることではない。とき

に学習活動は教授活動と対立する。自分がこれまで当たり前だと思っていたことが新たな情報を得ることによって，そうではない，それとは別な原理がそこにあることを知る時，自分にとっての当たり前と自然現象が示す事実や科学理論との違いをどのように扱ったらよいものか悩むことになる。この違和感こそが，自らの知識が限られたものであることを知らしめ，もっと知りたいという気持ちを引き起こさせる。しかし，この違和感を解消することは簡単ではない。一度わかったと思ったことをあきらめて，再度わかり直さなくてはならないからだ。この違和感を解消する過程はつらく，厳しいものであり，挫折しやすい。それゆえ，その苦しみを伴う喜びの過程，あるいは喜びを伴う苦しみの過程に伴走する教材や他者が必要となる。このような他者として教師が必要とされている。ならば，それは新しい知識を提供する人ではなく，新たに得た知識と自らの既存の知識の間で違和感を持ち，学び苦しんでいる学習者の知的調整過程をサポートする人でなくてはならない。

　教えられることに慣れることで，「良き教えられ手」となりすぎて，学べなくなる子どもたちがいる。自らのありようを疑ったり，自らを取り囲む世界を捉え直そうとしたりしなくなる子どもたちが少なくない。子どもたちの環境は見かけ上はネットワークを通して年々拡がっているかのようだが，実際にはそれと反比例するようにその関心の空間は狭く，固定化していっている印象を受ける。「教えられ手」のエキスパートが高等教育へと進む。この子たちは不まじめなわけではない。むしろまじめに大学の講義を受け，しっかりと講師の話を聞く。学ぶ人という文字通りの意味で学習者として成長するのではなく，教えられる人として成長する子どもたち，日本の学校教育の中で育つ子どもたちをそのように見立てるのは穿ちすぎだろうか。自ら問いをもって学ぶ学習者が育つには何が必要なのか。

　なぜ子どもたちは教育の場で学ぶ力を育てることができない，あるいはできにくいのだろうか。人はそもそも学ぶことが好きではないのか。人は学びをできれば避けたいと思っているのだろうか。私はそうは思わない。乳児が外界にある物を摑み，投げ，口に入れて世界の探索を能動的に繰り返すように，誰もが世界をもっとよく知りたいと考えているはずだ。世界を知ることに喜びを感じ，一生涯学び続けてしまう存在として，人という生き物を考えてもよいだ

ろう。新聞が読み継がれているのは、世界をもっと知りたい人がいるからだ。人間の学習行動に対する心理学論争が、一昔前に盛んに行われていた記憶がある。そこでの議論の中心は、学習意欲を引き出したり、維持したりする動機をめぐるものであった。確かに動機や意欲という概念で説明できるものもあろう。しかし、そもそもその動機や意欲はどのように形成され、消失するのか。学習者の心理に議論を焦点化する一方で、そうした心性や行動を生み出す学習者を取り囲む環境はあまり顧みられなかった。物的環境、人的環境、そして会話や人工物の配列などが作り出す多様な社会的設定が子どもたちにどのような環境となっているのか[注1]。人間の学びの場についての議論は必ずしも十分ではなかった。本書では学習環境としての学校、特に授業に焦点を当てる。人が本来学びたがっている存在であるならば、その学びを方向づけたり、阻害したりする環境のありかた、その環境の中での学習者のふるまい、そしてその経験の質が問われなくてはならない。このように考えれば、子どもたちが学びに意欲を示さないように見える時、どうすればその子たちを学びに駆り立てることができるかと、その学習意欲を高める技術に頭を捻るより、何がその子らの渇望する学びを阻害しているのかを問うべきではないだろうか。どのような環境の中で子どもたちは学べなくなっていくのか、そのことが分析されなくてはならない。学びを取り戻す手立てを検討することこそが教育実践研究には求められている。

　ところで、学校で子どもたちは何を学んでいるのだろうか。このように問われれば、国語だ、算数だ、音楽だと答えることだろう。だが、学校でしつけまですべきかという議論があるように、指導の内容は必ずしも教科に限定されない。生徒指導も教科指導とともに学校における指導の両輪をなしている。これらは教育者の側が意図し、自覚して行うものである。しかし、子どもたちはそうした意図的教授を超えて、自らが置かれた環境からさまざまなことを学ぶ。指導者が教える意図を明示的に持っていないものも含めて、すべてが子どもの環境を作り出す。本書は学校で教師が何を指導すべきかを論じるものではない。何を教えるべきか、何を教えているのかは指導者側の問いである。これに対して本書では学習者にとってその学習環境がどのようなものであるのかを問う。子どもたちは学校でいったい何を学んでしまうのか。子ども自身が「これを学

んだ，あれを学んだ」と自覚的に言えないものも含め，子どもたちが学校という場で何を経験しているのかを問いたい。

　学習者の側から学習環境を捉えることは教育論争の中のいわゆる児童中心主義に与することではない。その立場を否定するものではないがそもそも問いのありかが違う。本書では，指導や教授を学習と対立するものとはしていない。それらは学習環境を構成する資源として扱われる。教科知識を身につけるのであれ，社会的なふるまいを身につけるのであれ，直接指導することはもちろん，書籍や掲示，他者のふるまいなど，あらゆる間接的な参照事項までが，子どもの学びを動機づけ，枠づけ，内容を与える。ゆえに意図的なものも非意図的なものも含めて，すべての他者による学習資源の配備，すなわち教育は，学習にとって必然である。子どもを取り囲む文化的な環境がその子を社会的な人にする。ベビーベッドに寝かされること，ピンクかブルーか，どちらのよだれ掛けを掛けられること，大人が笑顔で声掛けすること等々，すべてが，子どもにとっては文化的に構造化された学習環境となるのだ。本書が論じるのは子どもがそうした学習環境をどのように利用しているのか，あるいは利用してしまうのかという学習者の知覚であり，ふるまいである。人を自らが置かれた文化的環境から何かしら学ばずにはいられない存在であると見立て，その学習実践がその人にとってどのように組織化され，何が経験されているのかを問いたい。このような立場をとりあえず学習中心主義と呼んでおこう。教育実践研究において，従来当たり前とされてきた教授者側から捉える実践論ではなく，学習者の側からその学習実践に焦点を当てて論じる学習実践論への転換をここに提案する。学習中心主義の立場に立って，子どもたちの生活の中心となる学校を中心に，その学習経験を論じているのが本書である。

2　実践の記述を問う

　本書は学習実践についての書である。さまざまな学習活動に言及し，できるだけ多様な学習の場で何が起きているのか示そうとした。しかし，いうまでもなく具体的な事実を提示すれば実践が捉えられるわけではない。現象記述においては二つの点に注意を払わなくてはならない。一つは自分が描きたい現象を

どのように描くのかといった記述様式や記述手法の問題である。絵画の歴史を見ればわかるように，同じ風景を描くにしても異なる画家によって描かれたものから受ける印象は大きく異なる。その点で記述は常に記述者の視点や技能を反映したものとなる。もう一つは，どこを切り出すのかという描出単位の問題である。これは心理学の中では通常分析単位の問題として議論されているものである。小川が流れる緑の広場を描こうとするとき，描き手は自分の眼前に広がる風景の中から構図を切り出す。自分が今その場で感じ，見ているすべてを描くことなどできない。その中のどこを切り出したらよいのか悩み，ある特定の空間を切り取らなくてはならない。さらに風景は刻々と変化する。何一つ動かないものはない。木や小川はそこにあるという点では不動だが，実際にそれを描こうとすれば小川も木の葉も静物としてそこに留まることはない。スケッチと同じように，記述も時間の流れと闘わざるをえない。このように現象を記述することは常に空間的，時間的な枠づけを行うことであり，描き出す現象の省略，単純化を伴う。だが，そうした事実とは裏腹に，記述が求められているのは，部分を描くことではなく，その部分の記述を通して全体を表現することである。ほんの僅かな部分が描かれただけのものであっても，それは鑑賞者や読者によって空間的，時間的拡張がなされ，現象が訴える意味が読み取られうるものでなくてはならない。現象を記述したささやかなテクストであれ，それはその現象の豊かさを伝えなくてはならないのだ。このことは「ホワイトハウス」ということばがその白い建物そのものを指し示すのみならず，そこで執務する人たちが行う活動のすべてを象徴するように，換喩の働きに準えることができるのかもしれない。記述された出来事は，もはやそのものとしてのみ表現されているのではなく，一般化された出来事を示す。本書では多くのエピソードが取り上げられるが，それらはこのような意味で一般化されており，読者の想像力にその意味の読み取りを委ねている。科学的な記述では通常，誰が読んでも同じ内容が伝わるべきだと考えられている。読み手によってその読み取る意味が変わる余地があるなどということは許されない。しかし，記述が現象をそのまま写し取ることなどできないとすれば，むしろ記述が持つ意味作用を素直に認め，読者の想像力の支えを受けながら実践の核となるものを描き出す工夫をしてもよいのではないか。スーラの点描のように輪郭線を描かずとも全体

の構図が浮かび上がるように，学習実践のありさまを浮かび上がらせることはできないだろうか。

本書で取り上げるエピソードは，調査研究において一度描写され，さらにそれが本書において取り上げられた段階で再記述されたものである。エスノグラフィーを書くとき，いったいどの時点でその記述を閉じるのかという難問に突き当たる。調査現場でメモを取るとき，そして戻ってそれを整理し，現場で起きたことを読みとってまとめるとき，さらにそれを特定の読者を想定して書き出すときといった，少なくともこの三つの時点では，現象の意味的なまとまりを作る努力をしなくてはならない。本書に描かれたエピソードには私が他の場所ですでに発表したものも含まれる。あるものは現象に対して同じ理解を引き継いでいるが，他のものは別の理解を上書きしている。今後も同一の現象に対して理解の変更がなされていくことになろう。これは理解の仕方，そしてその理解の記述の仕方に正確さがないということではなく，実践が多重な意味を内包しているという事実に対応した理解の深まりだと思う。新たな理論という補助線が引かれたとき，同一のエピソードにも異なる意味が浮かび上がる。これによって実践がより見えてくる。研究者は折々に自らの関心に引き寄せてある意味を知覚し，それを書き記す。そこでたぐり寄せることのできなかった意味が別の機会に浮かび上がるのであれば，それは現場理解を豊かにするものとなろう。本書を記すことは，そうした現場で生じる意味の一部を拾い出し，それを教育実践に関心を持つ人々との議論の俎上に載せる第一歩である。俎上に載せられたものは多様な形で料理されうるし，そうでなければならない。学習を支え，発達を促すような学習実践環境を作り出す芽はどこにあるのか。実践を変革し，新しい具体的な活動を創出するための手掛かりはどこにあるのか。教育研究ではこれらの問いに応えるために実践が記述されなければならない。

3　各章の構成

日本では，子どもたちは4月に小学校に入学し，新入生と呼ばれる。しかし，その子どもたちはその直前の3月までは保育園や幼稚園の園児であった。特に保育園の子どもたちは3月末日まで保育園に通う園児であり続ける。その子た

ちがいきなり，翌日から「小学生になる」のだ。子どもが僅かな時間の中で，大きな制度の違いを体験するのが小学校入学である。日本では小1プロブレム，小1のカベなどと，1年生の状態を問題視するまなざしが定着しているが，それを子どもたちの問題としてみる前に，子どもたちが入学によって何を経験しているのか改めて考えてほしい。入学後3か月もすれば一人前の小学生になるのだが，それは子どもたちが何をどのように学習したことを意味するのだろうか。第1章では，こうした「児童・生徒になる」過程を取り上げる。

　第2章では，授業という場がどのようなものであるのか，そこを参加者間のコミュニケーションの場として分析する。授業を教師による専制支配の場として，その職務上の権力性を問題視する議論がよく見られるが，子どもたちもまたそこでしたたかなふるまいを見せている。授業が形式的で形骸化されることを嘆く声を聞くが，それは一概に教師のせいばかりとはいえない。学級崩壊の原因を教師の指導力不足に帰すだけでは，授業に内在する制度的な問題が覆い隠されてしまう。それでは授業の改善は見込めない。もちろん子どもたちにその原因を帰すのも生産的な議論を生まない。ここでは個人の資質や行動によって，授業に見られるコミュニケーション特性を説明するのではなく，授業というコミュニケーション空間そのものを論じ，新たな視点を提供する。

　第3章では「書く」ことについて取り上げる。「書く」ことに代表されるリテラシー教育は学校教育の中心である。「書く」ことを取り上げることは言語学習だけではなく，学校における学習そのものを問うことでもある。小学校で文字を習い，作文が書けるようになっていく子どもたちには，それと引き換えに失うものもあるようだ。日常の遊びの中で自然に文字を学ぶ幼児の活動や子どもの頃に文字を学ぶ機会を奪われ，その後，成人識字教室等で文字を学ぶことになった人たちの学びのありかたをそれに対比することで，学校教育における言葉を中心とした知識学習のありかたを問いたい。学校を含めた日々の多様な学習実践の中に子どもたちが豊かな言葉の使い手になる可能性が溢れている。このことを多くの人に気づいてほしい。

　第4章では学習の場である教室を中心に学校建築を取り上げる。日本のほとんどの教室は1895年に発表された「学校建築図説明及設計大要」以来，四角形を維持している。教師が前に立ち，子どもたちがそれに対面する形で座る

標準学習形態はこれに由来する。学ぶ場が学習に与える影響を指摘する声は以前からあったが，1990年前後から文部省の予算措置の後押しもあり，「ニュー・スクール構想」が叫ばれ始めた。「個人差に応じた学習指導」には新たな学校建築が必要であるとされ，それまでの「一斉教育」が旧来の学校建築とともに批判された。この議論は教育研究者だけでなく，教育行政関係者，教師，建築家を巻き込み，学校建築をクローズアップさせることになった。本章ではその議論を確認した上で，子どもの学習空間としての学校環境のデザインについて検討する。

第5章では子どもと教師の関係について検討する。学校で学ぶのは何も子どもだけではない。教師もまた学ばなければならない。しかし，大人の学びには痛みが伴う。自らのありようをふり返らなければならないからだ。問題行動を子どもの性癖によるものとみなすことで子どもを責めるのは楽だが，何も解決しないことを教師はすでに知っている。本章では子どもたちの問題行動を子どもたちの性格や能力に帰属させず，他者とのコミュニケーションの不全と捉え，子どもが学ぶ場（「空間」）を失っていることこそ問題であると指摘する。子どもたちを指導する者が必ず一度は陥る「指導者のジレンマ」の構造を明らかにし，そのジレンマを乗り越える手立てを論じる。

第6章では，海外にルーツを持つ「言語的文化的に多様性をもつ子どもたち」について論じる。まず日本におけるその現状把握をした上で，その子たちの学習実践を考える上での制度的問題を論じる。さらに実際の教室においてそれらの子どもたちの置かれている状況について議論する。多様性を持つ子どもたちは教育の中で常に周辺に置かれる。しかし，実際には存在しない「平均的な子ども」を想定し，誰にでも同じ教育環境を与えることこそ考え直さなければならないだろう。本来すべての人が多様な個性を持つ存在である。子どもはすべて多様性を持ち，多様な生の軌跡を描く。ここで論じることは海外にルーツがある子どもたちだけでなく，多様性を尊重する教育一般の議論へとつながっている。

第7章ではそれまでの章を受けて，教育実践をめぐる理論と実践について総合的に論じる。本書では文献を通して知りえたことに基づいて論考を進める部分も多いが，それとともに私自身が参与観察した教授学習過程のエスノグラフ

ィーから事例を取り上げている部分も少なくない。授業や教育実践はどのように研究したらよいのだろうか。日本において従来から評価の高い授業研究などとの対比の中で，その手法について論じる。教育実践研究が文字通り教育の実践研究であるために必要なことは何か。そのために「実践の理論」を探究することの重要性を述べる。実践研究に関心を持つ読者は，こちらの章を先に読んでから事例を含む前の章に戻ってもよいだろう。

4 教育実践研究を問う

　日本の教育実践研究ではいまだに基礎と応用の関係に人気があるようだ。科学的な研究がまずあり，それを現場実践に組み込もうという研究の実践への応用という発想である。こうした研究と実践の間を非対称的な関係として捉える発想は心理学と教育実践の間に根深い[注2]。記憶や動機づけなど，人間の学習過程に関わる理論を教育実践に適用することで授業をどのように最適化できるのかなど，心理学的基礎理論の教育実践への適用がしばしば議論される。それは科学の日常生活への応用であるが，逆の流れもある。現場調査で得られた結果を濾過し，人間の学習理論や発達理論を構想する方向である。
　「適用」発想が生まれる背景には，科学に対する特権化されたまなざしがある。なぜ科学が特権を得るのかといえば，科学理論やそれに基づいて生み出される知識は価値中立な知的道具であると考えられているからだろう。ナイフは食物を切ることで調理を容易にする道具だが，同時に殺傷の道具でもある。ナイフ自体は中立な道具であり，良くするも悪くするも，それは使用者次第ということだ。製作者はナイフの切れ味を良くすることには責任を負うが，その利用は別な話となるのだろう。だが，道具は無価値とはいえない。何らかの価値をそのうちに含み，利用者がそのことに気づこうが気づくまいが，ある方向に使用者を誘導する。たとえばナイフを携帯するようになれば，その人の行動に何らかの変化が生じるのは必然だ。行動や心理に関わる構成概念を道具として利用するときにも同じことがいえる。たとえば偏差値という概念的道具を利用することは，人を集団の中での順位によって同定しようする発想を受け入れることである。試験において個々の受験者がどのような思考をして答えを出した

のかにかかわらず，受験者の発想はすべて同じ数字の中に落としこまれ，加算されて合計点が出される。それに基づいて集団の中で相対的に能力が高いかどうかが判断されることになる。したがって，偏差値という道具を利用することは，個々の受験者の学力の質は量に変換可能なものであり，かつ集団内での相対的位置によって評価されなければならないという人間理解の枠組みを受け入れることである。言語によって表現される構成概念は常にそれ自体として何らかの価値づけがなされており，ある方向性を指示する人工物なのである。したがって「適用」には実践の側での十分な吟味が必要となる。

　教育実践研究の目的は教育実践そのものを良くすることである。何が良いのかについての批判的検討を含め，教育実践を分析し，具体的な実践の変革手続きを編み出すことが求められる。そのためには，日々の教育現場で使われている実践に埋め込まれた理論を取り出すことが大切である。たとえば，教師が体罰を行うに至る過程を取り上げ，その行為の背後にある人間観や指導に関する素朴理論，教師役割観などを捉えることで実践の変革の糸口を得ることができる。不適切行動が見られたとき，その原因を行為者の心性に帰属させて，その人を批判して終わるのではなく，その人が用いている実践理論を取り上げる必要がある。そしてその実践理論をその教師に学習させ，さらに強化し，維持させている環境を明らかにした上で，その組み替え可能性を検討しなければならない。研究者が意図して作り出す科学理論であれ，実践者が無自覚的に用いてしまう実践理論であれ，実際の教育実践の中でどのような理論がどのように使われているのかを明らかにすることが，学習実践研究には求められている。

　実践は複雑である。教育実践もまた然りだ。そのため教育実践研究には多くの学問（discipline）が接近し，学際的研究が行われている。たとえばアメリカ教育学会に参加する人々が教育実践研究のための訓練を受けた学問領域を見てみると，哲学，心理学，人類学，社会学，芸術学等々，それは学問領域の数だけあるといっても過言ではない。しかし，自らがよりどころとする学説も，教育実践と出会うことで独自性を帯びていく。教育実践研究に特化した発想が生まれ，教育課題に特化した概念的道具が作り出される。そうした研究をする人たちのことを教育研究者（educational researcher）と呼ぶ。専門性を持った研究者や実践指導者が，教育実践を対象として特定の教育問題に対する研究

プロジェクトを行うのが教育研究である。教育実践を捉え直し，組み直す知的な道具を生み出すことがそこには期待されている。そうであれば教育研究は，教育実践研究というものを大学における教職科目担当者のコミュニティである既存の教育学領域の研究者の枠内に囲い込んではならない。日本では教員免許科目担当者を中心に教職課程が構成され，それを担う部署として教育学部や教育学科がある。教職課程は免許科目によって構成されているが，教育実践は常に流動する複雑な活動であり，そこで求められる知識，技能には変革が求められている。それゆえ教育実践研究には多様な専門領域の研究者と教育実践指導者が教育実践研究者として参加することが期待されている。

　人間とは何かという問いに対して，「科学原理主義」者は文脈に依存しない個体の行動や心理の基本的なメカニズムを捉えたいと考える。人間行動を規定する基本関数がわかれば，各々の実践の場で人がどのようにふるまうのかは，その実践ごとに変数の値が変わる程度のことで，もともとの関数，すなわちその法則性を変えるほどのものではないと考える。これに対して学説や理論を疎む「反科学主義」者は人の動きや心は法則化などできない，教育実践の複雑さを単純化してしまえばその事実を捉えることなどできないと考える。前者の例としてよく引かれるのが学習や発達を専門とする心理学者であり，後者が教育実践の理論的研究の不毛性を訴える教育実践者である。本書はこのどちらの立場にも与せず，第三の立場を取りたい。それをここでは仮に「実践主義」と呼んでおく。

　すでに述べたように，いずれの人も自らが生きる環境から影響を受けないわけにはいかない。しかし，行為主体はそれを変えていく存在でもある。教育実践の場において行為主体の立場からその学習実践を描くことが本書の目指すところであった。この学習実践の特徴は関数の定数と変数に整理して描き出すことができるようなものではない。どのようにしたらそれを捉えることができるのか。まだ確かなことはいえないが，エスノグラフィーの手法など，人類学的方法に学びながら，学習実践の多様性を描いていくことが必要だろう。それは法則性の把握ではなく，状況ごとに偏って見られる種々のタイプ，いわばバフチンのいうところのジャンル（Bakhtin, 1986）を取り出すことに近い。ことばのジャンルとは「相対的に安定した発話のタイプ」（Bakhtin, 1986, p. 60）のことで

ある。個々の発話はいくらでも個性を持ち，その自由度は無限であるが，あるテーマを取り上げた発話には，それにふさわしいスタイルと発話構成が伴うことが多く，テーマとスタイルと発話構成は，一体化してある発話のタイプを作り出しているというのだ。フィールドごとに実践は個性的で多様性に溢れているはずだ。しかし，何かしら学習実践のジャンルがあるのではないか。

　先の三つの立場の間には緊張関係がある。特に「科学原理主義者」と「実践主義者」の間では，アカデミズムの中においてさえ強い緊張があるようだ。学際的な研究領域として，認知科学や教育心理学を源流として最近設立された国際学習科学会（International Society of Learning Science）の 2014 年度大会に参加したところ，そこには認知理論に基づいた科学的な学習心理学研究を推し進めようとする人たちと学習の社会的課題，つまり，学習機会や内容の制度的制約や教育に対する社会的不平等の是正を求める人たちがおり，セッションごとに色分けされている印象さえ受けた。私としては，どちらが正しいということではなく，こうした緊張関係を抱え込むことのできる学会のありかたそのものに魅力を感じた。多様な学問領域の研究者，教育実践者が実際の教育実践を取り上げながら論じ合うことには特段の意義がある。教育実践の改革に向けて研究を進める教育研究者が，そこにはいたのである。

　教育研究は必然的に実践性を帯びる。そして，実践性は学際性を呼び込む。しかし，学際性は複数の学説の併置や加算ではない。実践活動の中で学説の統合，融解，そして再構築が求められる。学際的な研究というと複数の専門医（スペシャリスト）がそれぞれの領域から意見を述べている状況が思い浮かぶかもしれない。日本の教職担当者が学説別になっていることからすれば，そう見えても不思議はない。しかし，専門医が束になってもそれだけでは実践理解は深まらない。実践を研究するには実践全体を診ることのできる一般医（ジェネラリスト）のような立場の人が必要である。専門医は患者の患部についての専門家であるが，一般医はその患者その人を丸ごと知る専門家である。それに準えれば，教育実践者，教育実践研究者はそれぞれの実践を総合的に捉えるジェネラリストであるべきだ。ジェネラリストには，広い学識と深い実践理解，そして可能なら人間味あふれる豊かな実践さえもが求められる。ジェネラリストになるのは容易ではない。どうすれば教育実践の優れたジェネラリストを生

み出すことができるのだろうか。本書は，限られた教育実践と出会ったにすぎない私が，学習者の側からその実践を描こうと試みたものだ。その試みの不十分さが読者に暴かれることで，ジェネラリストについての議論が始まることが期待される。

　本書は，限られたエピソードを通して一学習実践研究者が観た世界を開陳しているだけのものだ。多くの実践研究者がそれらに対して異なる知覚を提示することでそれぞれの実践が複眼的に把握され，知覚の差異が議論されることが望ましい。学習実践研究の未来はまだ描かれていない。まだ先が見えない話を語ってよいのか。本書で描かれたことは読者に何を示唆するのだろうか。それさえ不確かである。しかし，まずは日々の学習実践の断片を提示することだけでも何かしらの問題提起になると信じたい。発達を促す学習実践についてともに考える教育実践研究者を得たい。

　［注1］　乳児が特別に構造化された文化的環境で育つことが，石黒（2013）では議論されている。
　［注2］　心理学と教育実践の関係については佐伯・宮崎・佐藤・石黒（1998/2013）を参照されたい。

第 1 章

児童になる・生徒になるということ
―― 小学校に入学する

1 生徒になる

1-1 4月

　子どもたちの4月の授業は愉快である。教師が教卓の横に立ち，「でははじめしょう」といって日直に合図する。しかし，なかなか国語の授業は始まらない。日直になった子は日直の仕事を確認しながら，号令をかける。教師は手遊びやその日のゲストである私のために校歌を聞かせてくれる。子どもたちの校歌がまた傑作だった。教師がオルガンを弾きはじめ，「じゃあ　すぐ入るよ　いち　にい　さん」と合図をする。子どもたちは怒鳴るような叫び声で声を出す。ふざけているのかそれともまじめにやっているのかよくわからないのだが，楽しんでいることだけはよくわかる。教師はそれを制止し，「怒鳴って歌ったら聞こえない　何言っているか　ねー」といって「天使の声」で歌うことを求める。子どもたちは奇声をあげながら「やだー」などと騒いでいる。再び伴奏が入る。今度は途中から3人ほどの子どもが手の形をマイクを持つ手にし，笑顔で拍子を取りながら次第にのってきて振り付け付きの歌となる。まるでカラオケスタジオだ。

　校歌斉唱が終わっても授業はまだ始まらない。正確に言えば，授業は始まっているのだが，時間割に書かれた教科の授業である国語は始まらない。次は手遊びである。先生が手を振り上げて「とんとんとん」とやると子どもたちもうれしそうにトントントンと応じる。その後，ようやく「それでは国語の勉強をはじめます」と教師が叫ぶ。

　こうした状況は何も私が観察した小学校に特有なことではないだろう。そんなに多くの小学校を観察したわけではないがそう思う。この子たちはそのほとんどが3月まで幼稚園児，あるいは保育園児だった子たちである。保育園の場合には卒園式の終わった後も3月の末まで保育があり，その後，月の変わりとともに小学校に入学してきた子どもたちである。この子たちがそうしたふるまいを行うことになんの不思議があるだろうか。こうした状況に対してはさまざまな反応があるだろう。1年生を受け持った先生に話を聞くと，「前に担当し

た時に比べて，子どもたちが幼くなった」，「今年は特別なんです」などという。時間の流れの中で子どもたちが負の方向に変化したことをぼやく声が聞こえる。その一方で，マスコミを通して学校に暗いイメージを持つ親などは4月の授業参観を通して，自分の子どもが「明るく」勉強しようとしている姿に安堵感を抱いたりもする。

1-2 学校に入学すること

　私にとっての問いはこのこと自体を評価することではない。これからしばらくして，その「幼かった」子どもたちが確かに「小学生」になっていく姿に関心があるのである。私は学校のような制度的な場に子どもたちが馴染むのにはだいたい3ヶ月かかるという印象を抱いている。もちろん馴染むのは既存の集団に新参者が包含されていく過程ではない。新参者を含んだ新しい集団が再構成される時間である。子どもたちは，教師とともに3ヶ月の間にお互いに「クラス」を作り合う。お互いに「授業」を作り合う。そして「小学生」になっていく。

　当たり前のことだが，6歳から7歳になることに何も生物学的な大きな変化があるわけではないだろう。だが，学校というコミュニティへの参加は，子どもたちを「生徒」として構成する重要な資源となる。これまで心理学の中で発達と言えば，それは何やら得体のしれない抽象的な環境の影響を受ける主体に内在する特性の変化として語られてきた。しかし，子どもたちが，家庭，就学前施設，学校という場で経験するのはそうした仮想された外的環境などではなく，それぞれの制度的な場に媒介された具体的な環境そのものであるはずだ。本章では，学校に入学してから3ヶ月という微視的な時間の中で子どもたちにみられる変化を描こう。子どもたちはこんなにも変わっていくのだということを示したい。

1-3 わかば小学校

　これから取り上げる授業事例はわかば小学校（仮名）での観察に基づいてい

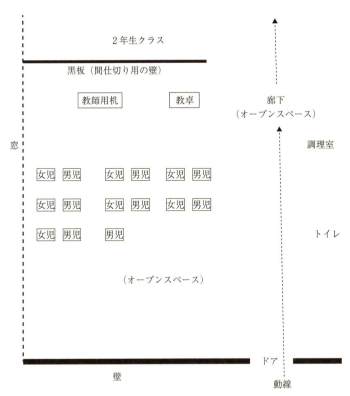

図1：わかば小学校のクラスの教室配置
注：カメラ・観察者は教師用机の位置

る。わかば小学校は地方中核都市にある歴史のある学校である。この学校はオープンスペースを取り入れたニュー・スクール様式の建物の学校である。この頃、都市人口のドーナツ化現象によって都心部の児童数が著しく減少していた。ここも例外ではない。そのために観察当時、各学年とも単学級となり、学級内の人数も少なくなっていた。観察した1年生クラスの生徒は女子が7名、男子が8名、計15名であった。同じ建物内にある公立幼稚園からそのまま進学した子が多く、ほとんどが入学前からの知り合いである。私はこのクラスに入学後、4月から7月までの間、月に1回の訪問をし、国語の授業時間を観察した。

このクラスの教室は1階にあり、入り口から入ってすぐのところである。廊下側の壁がないオープンスペースの教室なので、図1のように生徒数に対して

比較的広い空間をクラスエリアとして使うことができた。ユニークなのは教室から廊下を挟んだ反対側にある調理室とトイレが見えることだ。1年生クラスの奥は2年生の教室になっているが、他のクラスの子どもがトイレに行くときなどは、教室の中を通っているように感じるほど、廊下と教室の連続性が高い。また、施設としてもユニークで、市民センターや幼稚園などと一つの建物を共有している。校地から外に出れば、すぐに商店街が続く商業地区で、大きな道路に一方が面している典型的な都市部の小学校である。

1-4　入学3ヶ月後の子どもたち

　夏休みは子どもたちにとって待ち遠しい時である。それは4月に入学した子どもたちが「小学生」として迎える初めての長い休みである。この時までに、観察者の目には子どもたちはほとんどみな立派に「小学生」になっていた。たとえば、こんなことがあった。
　7月の授業開始時のことである。それは子どものカウントで始まった。

　「じゅう　きゅう　はち　なな……」

　1人の男の子が大きな声でクラスの全体に向けて叫び出すと、他の子どもたちの声が次第にそこに重なっていく。最後にはクラス全員が応援のために叫んでいるかのようである。その時、教師はまだ私と話をしており、その様子に驚いたように教卓の方へ向かう。「もう大丈夫　準備できていますか」、子どもたちに声をかける。
　この場面だけみると別段どうといったことはないような情景であるが、私には子どもたちはこの時とても「小学生」らしく見えたのである。なぜそのように私は感じたのだろうか。

4月の授業

　7月の授業の開始時に私は何を見たのだろうか。4月には子どもたちはどうであったのであろうか。まず、4月の授業開始までに起きたこと、次に7月に

起きたことを示し，私が見たものを考えてみたい。

　授業開始前の様子はトランスクリプト1に示されている。4月の授業開始までの担任教師と子どもたちのやりとりは単純だった。ここで授業開始といっているのは教師が歌や手遊びの後，「はい　では　始めましょう」と実際の教科学習を始める合図をしてからのことである。教師がまず，教卓の前に来て，色々な方向に身体が向いている子どもたちの行動を抑制する。このために教師がよくするのは教室の前で静止する姿勢をとり続け，子どもたちを待つことである。じっと立っているのが肝心である。この静止が教室のリズムを決定する。子どもたちに同じリズムで同期することを求める教師の身構えである。

トランスクリプト1：4月の授業開始部分

```
1  T: ［教卓の前に立ち］はい　では　始めましょう　2時間目終わっ
      たら長い休み時間まってるよー　はい　では　日直さん　おねが
      いしまーす
2  C: これから
3  T: 美しい姿勢してないぞー
4  C: 美しい姿勢をして下さい　［皆背筋を伸ばす］これから　2時間
      目の　勉強を　始めます　礼……（以下省略）
```

　「はい　では　始めましょう」，教師が皆に宣言する。授業は教師の宣言によって，授業と授業ではない時間との間に楔が打ち込まれる。両者の区切りを宣言できる権利は教師が持っている。子どもたちが遊んでいても，教師が「はい　始めます」と宣言すれば，場を変えなくてはならない。仮に一生徒が「授業を始めます」といっても，それは授業という場の開始にむけた提案とはならず，教師のまねをした冗談として受け取られるか，無視されることになってしまうのである。

　教師が次にすることは，日直に対する指示である。日直はトランスクリプト1の4行目にあるように，子どもたちの姿勢への注意と授業開始のための挨拶

を始めるが、どちらも教師の管理の下で行っている点が特徴的である。教師は自分でクラス全体の子どもたちを指導するのではなく、日直にそれを代行させ、それを監視しながらクラスを間接的にコントロールする。だが、教師は裏方に留まることはできず、しばしば直接的に指示を出す必要に迫られる。

　4月の様子を一言で表現するならば、子どもたちは皆教師という「他者」に制御された行動をとっていたと言えよう。教師はトランスクリプト1行目でクラス全体に授業開始を宣言するとともに日直に指示を出す。日直は2行目で役割に基づく発言を開始する。ところが、教師は子どもたちの様子を見て、身体がまだ「授業に向かう姿勢」になっていない状態であることを感知し、直接子どもたちに「美しい姿勢」をとるように注意する（3行目）。これに応えるように、日直は「美しい姿勢をして下さい」と教師の発言を反復した後、授業開始の挨拶をする（4行目）。日直も、他の子どもも、教師に、その行為を直接的に管理されていたといえる。日直の発言だけ取り出して見ても、「教師の発言（1行目）→日直の発言（2行目）、教師の発言（3行目）→日直の発言（4行目）」と、教師と日直のやりとりは、明らかに教師から日直へ向かう教師主導の流れを構成していた。

7月の授業

　7月はどうであっただろうか。トランスクリプト2はクラスの一構成員である子どものカウントダウンで始まった（1行目）。私と雑談をしていた教師はそれに驚き、「もう大丈夫」と子どもたちに確認をする（2行目）。「本と教科書出して」（3行目）とある子どもが発言し、これに教師が、「本と教科書？」（4行目）と応じる。それに関するやりとりがしばらく続いた後、日直が4月と同じく「美しい姿勢をして下さい」（10行目）と言う。

トランスクリプト2：7月の授業開始部分

```
1  C： じゅう　きゅう　はち　なな　ろく　ごー　よん　さん　にい
        いち　ぜろ（途中から他の子の声が重なる）
2  T： もう大丈夫　準備できてますか？　あら　国語の？
```

```
 3  C： 本と教科書出して
 4  T： 本と教科書？　何だっけ　教科書と？
 5  C： ノート
 6  T： ノート
 7  C： 先生さっきほら　先生が本て言ってたでしょ？
 8  T： 本　でも本と教科書って同じことでしょ
 9  C： 本と教科書って？
10  C： 美しい姿勢をして下さい　○○○君　足　○ーちゃん　足　○○
           ○○君　○○ちゃん
11  T： そんな下ばっかり見なくていいです　姿勢を見なさい　背筋がピ
           ュっと伸びているかどうかね見て下さいね　日直さん　はい
12  C： これから２時間目の勉強を始めます　れい
```

　教師と子どもたちのやりとりの流れは，４月の教師と日直のやりとりとは正反対だ。まず子どもが発言し，それに教師が応じていく。また，日直のクラス管理は厳しく，(トランスクリプト２の11行目)で教師に「そんな下ばっかり見なくていいです　姿勢を見なさい　背筋がピュっと伸びているかどうかね見て下さいね　日直さん」と言われるほどだった。

1-5　子どもは何を学んだのか

　子どもは４月から７月にいたるまでの間に何を学んだのだろうか。この授業開始までの短いやりとりの中に子どもたちの何が表現されているのだろうか。
　授業開始までの４月と７月のやりとりから，それが教師が開始する方向から生徒が開始する方向へと変化していることを確認した。つまり，現象的には子どもたちの行動をコントロールする人が，教師から子どもに移行した。４月には他者である教師にコントロールされていた子どもたちが，７月には自分たち自身でその行動をコントロールするようになっていた。こうした状態は，よく教師によって「子どもたちがようやく自分たちで動くようになった」状態とし

て語られ、「望ましい状態」だと言われる。それは教師主導の教室管理が「生徒の自主的教室管理」へと移行していることを喜ぶ声である。

さて、子どもたちは3ヶ月の間に何を学んだのだろうか。ここで問題にしたいことはこうした状態が「望ましい状態」なのかどうか価値的な評価を下すことではない。そうではなくてこの変化の質を議論したいのである。

他者制御から自己制御へという変化の説明につきものなのは、社会規範の内化による説明だ。ある状況で社会的に期待される行動が次第に自分自身にとっても価値あるものとなるというのである。この内化のモデルでは、教師など大人の行動に体現される教室における社会規範がやがて子ども自らの行動規範としても機能するようになるとする。子どもたちは教師の行動や発言を模倣することを通してその背後にある規範化された社会的期待を自らの中に受け入れ、それを良きものとして自らの行動を律する。教師の側からみれば、それは教室談話を媒介とした教室規範の伝達とみなされるであろう。要するに子どもは教師から教師が望ましいと考える知識や技能を伝えられ、いわば「小さな教師」になっていくと考えるのである。「子どもが親に似る」とか、「クラスの子が教師に似る」といったよくある語りは、新参者が古参者を模倣し、それを取り入れ、ついにはその人になっていくという社会的な行動の継承過程を示すものである。だが、はたして入学から夏休み前までの子どもたちの変化は、彼らが次第に「小さな教師」になっていく過程として語ることが適当なのだろうか。

1-6 美しい姿勢に対する身構え

子どもたちは、単に教師の声を出せるようになったわけではない。教師の知識をそのまま受容し、それを利用できるようになったわけではない。そのことを示すのはトランスクリプト2の（10行目）と（11行目）に見られる日直と教師のやりとりである。日直の子は他の子どもに対して注意を与える。「美しい姿勢をして下さい　○○○君　足　○ーちゃん　足　○○○○君　○○ちゃん」（10行目）と。それに対して、「そんな下ばっかり見なくていいです　姿勢を見なさい　背筋がピュッと伸びているかどうかね見てくださいね」（11行目）と教師は応じる。生徒の発言の中にある語彙「美しい姿勢」は教師が4月

からクラスに導入した言葉であり，子どもは確かにその言葉を「引用」している。引用しているということは，その言葉の指し示す状態は，教師が最初に使ったその言葉の意味に大きく依存しているということである。どのような状態が「美しい姿勢」なのか，それ自体はやりとりのなかで，状況に依存して決定されるわけであるが，基本的にすでに教師が指示した「美しい姿勢」を指示する。ところが，その「美しい姿勢」が保たれているのかどうかの確認のための日直のふるまいは，教師の過去の発言をそのまままねたものではない。それは，日直の発言に続く教師の発言「そんな下ばっかり見なくていいです」（11 行目）でわかる。つまり，この日直の発言はただ単に，教師の過去の言葉を，自分の中に，知識として内化して，それを反復しただけではない。その発言は子どもの憲兵的態度といった「身構え」に裏付けられたものになっていたのである。他の子どもたちに対する細かな注意は，教師から直接指示されたものではなく，子どもたちが自ら生み出した発言だった。

1-7 内なる評価の対話者としての教師

　日直の身構えが生み出した他の子どもに対する細かな注意発言，それは誰に向けられたものだろうか。もちろん，日直の発言は他の子どもたちの授業に向かう姿勢のコントロールであるから，それは他の子どもたちを発話の宛先としている。

　言語哲学者バフチンは「いかなる発言もなにかに応答しており，なんらかの応答に向けられている。それは，ことばによる行為の一続きの鎖の中の一つの環にすぎない」（Bakhtin, 1928/1989, 邦訳, p. 107）と述べている。日直の発言は確かに目の前にいる子どもたちに向けられていた。しかし，上記の発話観に立つならば，日直の発言はクラスメートに向けられた発話であるだけでなく，それに先行する誰かに応答したものであるといえる。

　「そんな下ばっかり見なくていいです　姿勢を見なさい　背筋がピュっと伸びているかどうかね見てくださいね　日直さん　はい」（トランスクリプト 2 11 行目）

「日直が美しい姿勢をして下さい」といって他の子どもたちを注意した後の上記の発言はその場にすっと馴染むものだった。その場は日直が発言権を持つ場である。そこに他者が割り込むには，発言が終わった後であっても，「ちょっといいですか？」といった割り込み許可を求めるような発話が必要となる。ところが教師はそうした発言なしに，前の日直の発言に被せるように指示を出した。これは言われた者たちとそれを言う側との間に共通の志向があり，発言者は割り込み許可を求めずにそれができる例外措置が許容される状態にあることを意味する。

共通の志向があるということは，その場がどんなことが求められている場なのかという場に対する理解に共通性がある，いわば「状況定義」(Wertsch, 1984) の一致があるということだ。状況定義が参加者間で一致している場とは，コソアドのような指示詞の理解が可能な場である。「あれとって」といった時に，言う人と言われた人の間で違うものを見ているようならば「あれ」を告げる意味はない。教師が「そんな下ばっかり見なくていいです」と発言した事実は日直が「そんな」状況を理解できていることを教師が当然視していたことを示す。

バフチンは「いかなるものであれ，生活の中の発話は状況の参加者どうしを，この状況をおなじように知り，理解し，評価している共参加者として，つねにむすびつける」(Bahktin/Volosinov, 1926 邦訳 p. 19) という。彼によれば「おなじように知り，理解し，評価している」状態とは，(1) 空間的視野を共有することによって，その発話が指し示すものを知覚することができ，その指し示したものに対して (2) 共通の特性や表象を知ることができる，そしてさらにその共通の特性や表象に対して (3) 共通の評価を与えられる状態である。

日直による 10 行目の発言と教師による 11 行目のやりとりは，そのクラスの参加者にとって眼前に広がる共通の空間があることを前提にして成り立つやりとりである。だが，誰も「美しい姿勢」を確定することはできない。たとえ美しい姿勢のポスターが教室の前に張ってあったとしても，それはあくまでも見本であり，それがすべての「美しい姿勢」を特定することなどできない。実際，すべての子どもが同じ姿勢をとることなど物理的に可能なはずはなく，あくまでも「美しい姿勢」は毎回再定義されるしかない交渉と妥協の産物とならざる

をえない。したがって，日直が管理しなくてはいけないのは，物理的姿勢としての「美しい姿勢」ではなく，表象としての「美しい姿勢」であることに注意が必要である。そうなるとここでの日直と教師は共通の表象としての「美しい姿勢」を志向していたと考えることができる。だが，その評価は両者で異なっており，教師は日直の事細かな態度に対して「そんな下ばっかり見なくていいです　姿勢を見なさい　背筋がピュッと伸びているかどうかね見て下さいね」と評価の不一致を伝えていたのである。その「背筋がピュッと伸びている」姿勢はあくまでも表象としてしか捉えることができない。何が「美しい姿勢」であるのかは常に不確定なままなのである。

　子どもたちは小さな教師になるのではない。教師を内なる評価の対話者として獲得するのである。子どもが成長の中で内なる他者として母親や父親を獲得し，その対話の中で自己を構成していくように，学校生活の中で子どもたちは内なる教師を獲得し，その関係の中で生徒としての自己を確立していくのだろう。子どもたちは教師のすでに発した言葉を参照し，それを流用したというよりも，「教師が発するであろう未だ発言されていない未来の評価の声」に応えていたといえる。だが，その評価は表象に対する評価であるため，何が正解であるのかを物象化された存在をもって示すことはできなかった。そのことは，同時にここでよい評価を与えられる「美しい姿勢」は教師自身にとっても不確定であり続けることを意味する。それにもかかわらず教師はその評価において割り込みを許される特別な存在としてあったのである。

1-8　管理者の不在

　ところで，教師を対話者として獲得するということは，子どもにとって自分の担任をいわば内的対話者として心の中で育て上げることなのだろうか。個々それぞれの教師がそのような内的な対話相手になっていくのだろうか。そうではない。7月の日直の発言が実際の教師に注意されるような発言であったという事実は，日直がその声で応答していた教師が，「今」子どもたちの目の前にいる教師ではない可能性を示唆している。ならば，子どもたちは誰に対して応答したのだろうか。「教師が発するであろう声」はどのように決まるのであろ

うか。なぜ日直はそのような発言を妥当なものとして発言したのだろうか。

　教育実践の文脈で「主体的」というと，自主的に何かを行うという意味で，誰かに促されることがなくても積極的に事態に関わる態度とされる。しかし，フーコーはその言葉が「服従」(subject)に語源を持つことを指摘し，その服従する相手が誰なのか考察した。その相手とは学校の事例に戻れば，まさに子どもたちが応答する対話者のことである。彼はそれを近代的主体の成立過程として語る。彼はベンサムによって考案された一望監視塔（パノプチコン）のもとに生きる囚人と看守の関係から，近代的自我がどのように構成されるのか説明した。パノプチコンでは，塔の上の監視窓の中から各囚人の部屋を覗くことができる。囚人は看守に監視されている場合，当然規則を守る囚人を演じることになる。ところが，塔の監視窓の中は外からは見えない。パノプチコンの監視窓の中に実際に看守がいるかどうかわからないのである。つまり，実際に自分を監視する看守がそこにいるのかどうかわからない状態が囚人にはずっと続くことになる。

　このシステムでは，少数の看守が多数の囚人を一望のもとに監視することができるが，それと対照的に，囚人からは看守がいるかどうかさえわからないのである。このいわば永続的な不可視性の中で囚人たちは常に心理的に監視されている状態に置かれる。この時，囚人たちは「看守が指示するから」とか「看守が監視しているから」というのではなく，自分で自分を律するようになる。つまり，実際の看守がいるかどうかに関わりなく，「看守という存在」を永続的な対話者として獲得し，引き受けるのだ。この主体の成立の物語は授業における「生徒」の主体性の成立にもあてはまる気がする。子どもたちは対話者として教師を獲得するのであるが，その教師は子どもからははっきりとその存在が見えない教師である。そのことが子どもたちのふるまいを実際の教師の期待を越えさせることになる。「美しい姿勢」が表象である限り，それは物理的に規定できず，教室で語られる語りの中で推測されるしかない。その度ごとに暫定的に確定されるしかない。もちろん教師自身もその「美しい姿勢」を確定できない。そうならばいったい「誰が教室を管理しているのか」と管理者を問うことは不毛となる。問われるべきは「どのように教室が管理されているのか」，その教室の秩序の成り立ちである。教室の秩序はどのように成立し，維持され

るのだろう。

2 授業を学ぶ

2-1 「国語の勉強」

　再び入学後の子どもたちに話をもどそう。4月と7月の授業の開始場面の違いから学校実践の中で子どもたちに見られた変化を確認した。学校に入ることは家庭や砂場や就学前施設とは別の新たな生きる場を子どもたちに用意したのだ。授業開始場面の変化は学校で生きるためにはぜひとも子どもたちが獲得しなければならない社会的技能の存在を示していた。

　では，授業という場に参加するには何が必要なのだろうか。それを知る上で4月の子どもたちのふるまいはやはり見逃せないものとなる。先に紹介した4月の授業の授業開始挨拶の後のことである。教師と子どもたちの間にトランスクリプト3のようなやりとりがあった。このやりとりも挨拶の部分と同様，それほど特別なものではなく，子どもたちが悪態をつく様子がまだ幼くてかわいいと感じられるような場面である。しかし，何度かその場面の映像をふりかえって見ていると，たったこれだけのやりとりの中にも授業というものの枠組みが滲み出ていることに気づく。特に気になったのは，4行目の男の子の「なんだよ　読んでみますってー」という発言だ。これは教師が国語の教科書を「みんなでまた読んで見ます」（1行目）と宣言したあとに，不特定の子どもたちが「またー」（2行目）と発言し，その後，再び教師が読むことを宣言したのに応答してなされた1人の男の子の発言である。

トランスクリプト3：「また読んでみます」

　1　T：［教壇の後ろに行き］はい　それでは　国語の　勉強を始めます
　　　　えーとね　カメラがあるけどね　目はそっちを見てたらだめなの
　　　　ね　○○君　先生の方を見ている人だけ撮るんだって　カメラ
　　　　ね　だから一生懸命勉強した人を　とってくれるからね　はい

       それではね　国語の勉強を始めます　［教科書を開きながら］　えー
       と　このまえからずーと　このお話を　ね　見てきました　昨
       日　昨日ここやったよね　ここのところをね　みんなでまた読ん
       でみます　えーと　6ページ7ページです
 2　C：えー　またー
 3　T：読んでみます
 4　C：なんだよ　読んでみますってー
 5　T：はいはい　じゃ勉強したくない人はいいよ　出てきなさい　［外
       を指さし］　校庭に　いいよ　校庭に行って　どうぞ　［手で外に
       促すようにしながら］　どうぞ　どうぞ
 6　C：［先生と目のあった子はそれぞれ首を振る］
 7　T：いないですか？　大丈夫ですか？
 8　C：いや　ちょっと頭が狂ったの
 9　T：あ　狂ってたのねー　じゃ　6ページ7ページの所だけ　読んで
       みます　はい　じゃ　本を持ってください
10　C：［本を立てて待つ］
11　T：はい　○○君　いちばん最初に本を持ちましたねー

授業で本を読むこと

　我々はいったいどのように本を読むのだろうか。一度に多くの分量を読む場合もあるし，少しずつ読む場合もある。しかし，いずれにしても一度読んだところを何度も繰り返し読んだり，物語の一部の段落を取り出してその部分を分解するようにして読むことは通常しない。しかし，国語の授業では，最初に全体を読み，その後に段落などを部分ごとに分解しながら，意味を読み解いていくという手法が取られる。この「部分の読解分析」は1回の授業に一つといったかんじで，逐次進んでいく。それが十分できなければそれが終わるまで数回にわたる授業で取り扱うこともある。したがって，同じ部分が何度も読まれることになる。意図的に文字を教えられなくても，たいていの子どもは学校に入学する前に「文字を読む」ことを経験している。現在では多くの子がいくつか

の文字を読むことができるとはいえ，流ちょうに本が読めるレベルにある子はそれほど多くなく，その大半は親や保育士や幼稚園の先生に読んでもらう。国語の授業のように自分で読んだり，他の子どもが読んだりするのを聞くことはほとんどない。これが就学前児の本の読み経験である。

　就学前に経験する本の読み方，本の聞き方の基本的な事実の一つは一度読んだところは振り返らないということであろう。母親が子どもに長い物語本を寝しなに読み聞かせるとき，昨日10ページまで読んだのであれば，今日は11ページから読む。子どもは昨日聞いた話が今日はどうなるのかわくわくしながら話を聞く。絵本のように短い物語であれば，お気に入りの絵本を何度か読んでもらうにしても，一度に1冊読み終わるのが普通で，途中で切って，次の日にまわすのでは子どもは納得しない。子どもにとって本を読むということは，そうした経験であったはずだ。ところが，授業ではすでに読んだところを「また読む」のである。(4) の子どもの発言は，こうした「不可思議な事態」に対する意義申し立てとして，あるいはそうした国語という授業の場に対する戸惑いと苛立ちを表現していると考えることができる。

　4月の子どもたちはまだ授業という場に慣れておらず，授業にふさわしいふるまいが身体に染み込んでいない。それゆえ授業中の教師とのやりとりは学校への新参者である子どもたちの素人ぶりを可視化させる。教師自身も子どもたちが授業に馴染んでいないことはもちろんわかっているが，授業への参加がどんな技能や知識によって可能になっているのか自覚していないことも多く，先ほどのような子どものふるまいを，子どもの学校的技能や知識の学習不足としてではなく，子どもがもともと持っている習性や性格の問題として理解してしまうことも少なくない。

　文系の大学生に国語について尋ねると意外なことにあまり好きではなかったという者が少なくない。教師も国語は教えにくい教科の代表だという。国語はその性格ゆえに，もしかしたら授業の枠組みというものをもっとも際だたせる場なのかもしれない。こうした子どもや教師の国語に対する反発や戸惑いは，現在の日本の授業の枠組みそのものに向けられているのかもしれない。

2-2 「授業」を学ぶ

　授業に参加するためには「授業とは何か」を学習しなくてはならない。我々は通常授業とは何らかの教科，教材に焦点が当てられ，それについて教師と生徒がやりとりを交わしながら，教授学習を進めていくものだと思っている。もちろんそれは誤りではないのだが，子どもたちが授業で学習しているのは，そうした教科や教材に関する知識だけではない。授業とは何かということに対する学習も同時に行っているのである。つまり，授業そのものを学んでいるのである。そして，入学したばかりの子どもたちが，その授業という場に戸惑うのは，そのような授業実践に身体が馴染んでいないからだとも言える。

　授業の時間はどのように構成されているのだろうか。すでに紹介した4月と7月の授業の構造を比較することによって，授業のスクリプト（台本）を確認しよう。表1と表2はそれぞれ，4月と7月の授業内でのやりとりを整理してまとめたものである。数字は教師と子どもの間の発話の交替に合わせてつけられた番号である。表中の括弧内の数字はそのやりとりの発話ターン数である。授業には複数の人間が参加しているので，文字起こしするときに拾えなかった発話もあり，その数字はおおよその目安と考えてほしい。それによれば，4月の授業では，460の発話交替があり，7月の授業では472回の発話交替があった。両月ともほぼ同じような発話ターン数である。このことは一時限の授業の中の教師と子どもの間の発話ターン数に示されるやりとりが，その2ヶ月で量的にはほとんど変わっていなかったことを示す。ところが，その内容は随分と違っていた。片括弧の数字で示されているものは，それぞれの発話ターン内で行われたやりとりの大まかな内容であり，それらがいくつか組み合わさって，さらに大きな授業活動を構成している。

　まず，気づくことは7月の授業の方が4月の授業に比べ，構造が単純であるという点だ。4月の授業では，教科学習に入る前に，手遊びをしたり，校歌を歌ったり，座ったまま身体を動かす軽い体操を行ったりした。校歌は教師の発言によれば，私に「聞かせてくれた」ものであるが，基本的にはこれらの行為は教科学習に入るための準備である。つまり，教科学習に入る前に，子どもたちを一つの活動に集中させることによって，一斉授業が可能になるための文脈

2 授業を学ぶ

表1：わかば小学校のクラスの4月の授業の構造

発話番号（発話数）	主な活動
・1-28（28）	授業への導入
1-5（5）	オープニング：「はい　では　始めましょう」
6-7（2）	手遊び：「トントントン」
8-25（18）	校歌斉唱
26-28（3）	軽い体操
・29-299（271）	教科学習：国語の読解（一）
29-52（24）	1）教師の指示：教科書の読み
53-62（10）	2）教師の質問：教科書の内容の事実確認
63-138（76）	3）教師の質問：教科書の内容の事実確認（復習）
139-169（31）	4）教師の質問：教科書の登場人物の行為推測
170-179（10）	5）教師の質問：教科書の内容の事実確認
180-181（2）	6）教師の質問：教科書の内容の事実確認
182-183（2）	7）教師の質問：教科書の内容の事実確認
184-195（12）	8）教師の指示：教科書の読み
（189-191（3）	9）子ども　　　：「おなかがすいた」という
196-223（28）	10）教師の質問：「あつまれ」の意味
224-235（12）	11）教師の質問：教科書の内容の事実確認（一）
236-243（8）	12）子ども　　　：教師の質問に対してふざけた応答
244-263（20）	13）教師の質問：教科書の内容の事実確認（二）
264-265（2）	14）教師の注意：奇妙な行為に対する注目＋理由を尋ねる
266-279（14）	15）教師の質問：教科書の内容の事実確認
280-289（10）	16）教師の質問：教科書の内容の事実確認
290-291（2）	17）教師の質問：教科書に登場する語の内容の経験の有無
292-295（4）	18）教師の注意：奇妙な行為に対する注目＋理由を尋ねる
296-299（4）	19）教師の指示：教科書の読み
・300-377（78）	漢字の読み方テスト
337-341（5）	1）子ども：ゲームの要求
・378-410（33）	教科学習：国語の読解（二）
378（1）	20）教師の指示：ここだけちょっとおわらせちゃおう
379-393（15）	21）子ども　　　：ゲーム要求＋手遊び
394-410（17）	22）教師の質問：教科書の内容の事実確認
・411-440（30）	ノートにかきとりの練習
415-416（2）	1）教師の指示：あくびをする
433-440（8）	2）子ども　　　：ゲームの要求
・441-460（20）	クロージング

表2：わかば小学校のクラスの7月の授業の構造

発話番号（発話数）	主な活動
・1-24（24）	授業への導入　カウントダウン「10, 9, 8, 7……」
・25-290（266）	教科学習：国語の読解（一）
25-26（2）	1）教師の質問：教科書の内容の事実確認
27-30（4）	2）教師の質問：教科書の内容の事実確認（昨日の内容）
31-32（2）	3）教師の指示：教科書の該当ページを開く
33-74（42）	4）教師の指示：教科書の読み
75-76（2）	5）教師の質問：教科書の内容の事実確認
77-133（57）	6）教師の質問：教科書の中の登場人物が言いたいこと（推測）
134-144（2）	7）教師の指示：教科書の読み
145-147（13）	8）子ども　　　　：隣のクラスがうるさい
148-149（2）	9）教師の質問：教科書の登場人物のある行為の時間（推測）
150-153（4）	10）教師の質問：教科書の内容の事実確認（一）
154-157（4）	11）教師の質問：教科書に登場する語の内容の経験の有無
158-165（8）	12）教師の質問：教科書の内容の事実確認（二）
166-169（4）	13）教師の質問：教科書の内容の事実確認
170-173（4）	14）教師の質問：教科書の内容の事実確認
174-181（8）	15）教師の質問：「木の陰」の意味
182-194（13）	16）教師の質問：教科書の内容の事実確認

　づくりをしていたのである。これに対して7月は，すでに示したように子どもたち自身の開始の合図に続き，教科学習がすぐに始まる。一斉授業への導入は開始の挨拶だけで済まされたのである。

　教科学習が始まっても，子どもたちは，すぐに飽きてしまう。たとえば，4月の授業（189-191）のところでは，子どもが「おなかがすいた」と訴え，教師がそれに反応するというやりとりがある。それでも授業は続くのだが，そのうちに子どもたちの授業に対する集中力が落ち，教師が子どもたちに「もう飽きちゃったんだって」という状態になってしまった。そこで教師は「はい　目が悪いし姿勢も悪いなー　手はひざ　はい　美しい姿勢です　はい　本は置きます　本は置きます　今からテストするよー　目を覚ますためにね　はい　先生ききますから（黒板に貼ってある紙を指し）この字だけ見てくださいね　はい　これなんて読むのかなー？」（300）と「読みのテスト」に場面を切り替え

発話番号（発話数）	主な活動
195-243（49）	17）教師の質問：「皆だったら」教科書の状況で何と言うか（推測）
244-273（30）	18）教師の質問：教科書の内容の事実確認
274-285（12）	19）教師の指示：教科書の読み
286-290（5）	20）子ども：教師の質問に対してふざけた応答
・291-316（26）	漢数字の読み方テスト
・317-464（148）	教科学習：国語の読解（二）
317-320（4）	21）教師の指示：教科書の該当頁に戻る
321-336（2）	22）教師の質問：教科書の内容の事実確認
（326-327（2））	23）子ども　　：教師の質問に対するふざけた応答
337-341（5）	24）教師の注意：2人の子を叱責
341-358（18）	25）教師の質問：教科書の内容の事実確認
359-372（14）	26）教師の質問：教科書の内容の事実確認
373-388（16）	27）教師の指示：登場人物の真似をして読む
389-415（27）	28）教師の質問：登場人物の行為（推測）
416-464（49）	29）教師の指示：教科書の読み
（423-425（3））	30）教師の注意：読み終わったあとの姿勢の指摘　を含む）
（445（1））	チャイム
・465-472	クロージング

る。このように「子どもたちが飽きた状態」とは教師をやりとりの一方の極とする発話が明確な談話空間で成立しなくなり，子ども同士のおしゃべりや，教師の質問に関連しない行為や発言が子どもから出現する事態を指す。そこで教師は再び，注意を集中させるために全体での「読み方テスト」を行ったのである。「読み方テスト」が終わると，教師は再び「教科学習」に戻ろうとして「……じゃね　最後のページ　ここだけちょっと終わらせちゃおう　ここは？」といいながらそのページを子どもたちに向ける（378）。しかし，子どもたちは「えー」といってそれを拒否し，皆でゲームをすることを求める。それに対して教師は「椅子取りゲームは休み時間にする　ね（教科書を置く）はい　じゃ手を叩きます　トンテントンテンいきます」（384）と手遊びをして再び全体の動きをまとめようとする。そこでなんとか教科学習に戻ったのである（394）。ところが，すぐに再び子どもたちは教師の発問に応えなくなる（410）。それを

見て教師は「はーい　はーい　じゃやめよ　じゃノート出しなさい　国語のノート　ノートを出しなさい　はい　鉛筆も出しなさい」(411) といい，書き取りを指示する。書き取りは個別に手を動かすので，テストのように教師に視線を集めることにはならないが，子どもたちを静かにさせる効果はある。終わった子からノートを教師のところに持っていき，教師に確認を求めるが，そうしている内にチャイムがなり (440)，授業は閉じられていった。

　4月の授業のここまでのやりとりはまさに一斉授業を進めようとする教師とすぐに飽きてしまう子どもたちとの壮絶なバトルである。教師はなだめ，すかしながら，子どもたちに授業の流れを体験させている。ここで重要なことは，おなかが空こうが，飽きようが所定の時間だけ授業を行うことであり，教師は子どもたちが「授業を体験する」ように進行させるのがここでの課題となっていた。

　7月も子どもたちが飽きることには変わりはない。しかし，4月ほど教師は手を焼くことはない。教科学習の途中で子どもたちが早口言葉を言ってふざけだしたので，教師はすぐに「はい　テストします　はい　これはなんて言う漢字ですか」と「漢字の読み方テスト」を開始し，その後，再び教科学習に戻った。ところが，また子どもがふざけた応答をしだした。教師はしばらくしておしゃべりをしていた2人の子どもに「たちなさい　じゃまです」と厳しい注意を与えた。2人の子どもへの叱責には4月には見られなかった厳しさがみられ，教師と子どもたちとの関係は4月よりも強いものになっていると感じられた。7月の授業を要約すれば，手遊びなどの教科学習から離れた活動はそこには組み込まれず，教科学習に関連した注意がなされるだけであった。7月の授業はまさに授業らしい授業となった。授業の開始場面のミクロなやりとり同様，授業全体の流れを見ても，たった3ヶ月の間に子どもたちは随分と授業をこなせる「生徒」になったと感じられたのである。

2-3　授業の協働的達成

　子どもたちは3ヶ月で確かに随分変わった。しかし，その変化は教師のみに帰属されるものだろうか。授業は教師によって完全に管理されるようになるの

だろうか。実はそうではない。授業は参加者のやりとりから成り立つ。参加者の相互行為によって実現される。この当たり前の前提を踏まえれば，教師の一方的な働きかけによって授業が成り立つはずはないことはすぐにわかる。仮に，教師の発言が行為の引き金になってある活動が生じたとしても，そのような発言は子どもたちの示すあるふるまいに対する応答であり，またその教師の行為が再び子どもたちにある反応を呼び起こす。基本的にあらゆる行為は連続的に連鎖しながら生起しているのであり，他者の発話，行為から切り離されたものなどない。その意味で授業は協働的に達成されるものであり，参加者によって共謀されているとも言える。それはもちろん意識的になされるとは限らない。お互いがお互いの行為を参照し，応答するうちに，全体の活動が結果的に構成される。

　ある活動の境界を参加者に対して明示的に表示するのは，その活動の開始と終了である。たとえば，食事の開始には「いただきます」，終了には「ごちそうさまでした」のような慣用的な挨拶がある。こうした挨拶の前後には開始や終了に向けたやりとりがある。保育所で給食を食べるときにもこうした挨拶が通常行われるが，いきなり保育士や当番の子どもがその挨拶を発するわけではない。子どもたちの様子や給食の準備状況を見ながら，保育士は給食の開始を宣言するのである。

　授業と授業の間には休憩時間がある。逆にいえば，授業は休み時間と休み時間の間にある。授業を休憩時間と分けるものは何であろうか。常識的に考えれば，それはチャイムである。開始のチャイム，終了のチャイムが授業時間の始まりと終わりを公式に告げる。しかし，チャイムがない大学の講義が成り立つように，チャイムは境界決めの主要な資源ではあるが，決定的なものではない。ある小学校において入学後2年間の授業開始時間と終了時間を月一つの割合で取り出し，調べたことがある（石黒，1996）。それによれば，チャイムと同時に授業が開始，終了される日は一度もなかった。では，授業開始や終了はどのように決まるのか。

　別な可能性は教師が決定するというものである。授業は基本的に教師主導で行われるのであるから，教師が「始めます」と言えば，始まり，「終わります」と言えば終わるのではないかという意見だ。確かに，先に示した授業のケース

では，18回の授業記録のうち15回は教師が合図をし，それに続いて日直が号令をかけるというものであった．終了も同様で，入学当初の2ヶ月を除き，後はすべて，「終わります」，「日直さん」のような教師の終了合図とそれに続く日直の号令で授業は終了していた．このように見れば，教師の発言が開始，終了のもっとも重要なリソースであることは疑いない．しかし，この教師の開始や終了の決定は教師が勝手に心の中で決めてそれを私的に宣言したというものなどではない．そうした発言自体も，教室の他の参加者，すなわち子どもたちとのやりとりの中で作り出されている．このことは，チャイムが鳴ってから実際に教師の指示によって授業が開始されるまで，あるいはチャイムがなってから終了するまでの間に何が起こっているのか見てみればよくわかる．チャイムが鳴ってから授業開始までの時間がもっとも長かったのは入学当初の4月の授業であったが，その時は実に約13分もかかっていた．その時の様子は次のエピソード1のようなものであった．

エピソード1：公立小学校1年生クラスの授業開始直前の様子

　　休み時間終了のチャイムがなる．子どもたちは校庭での遊びを終えて，少しずつ教室に戻ってくる．教師は「手を洗ってきた？」と子どもに注意をする（10（時）：40（分）：48（秒））．その後，「もう席につこうね」と戻って来たクラスの子どもたちに言う（10：41：44）．しかし，子どもたちはまだざわついている．まだ運動場で遊び続けている子どももいる．教師は窓から乗り出すようにしてその子たちに向けて笛を吹く（10：44：53）．その音に慌てて戻って来た子どもたちに対して，教師は手洗いの確認をし，「はい座ろう」と指示する（10：45：55）．教卓の隣のブザーが鳴る．教師はそれを止め，教卓の上の教科書を開く（10：46：23）．まだ，全員揃わない．教師は教科書を置き，再び「授業の用意のできた人は座ろう」と言う（10：46：33）．子どもたちはまだざわついている．教師は子どもたちにむけて，「はいじゃこれから言うからね」（10：46：36），「みんなそろったらね」（10：46：38）と言う．外に残った子どもたちが少しずつ戻る．花子が入ってきて，他の子どもにハンカチを借りようとする．そ

の様子を見ていた教師は「さあ　後1人です」という（10：48：46）．最後に残った麻美が戻り，教師は子どもたちに「はいはい来ました」と言う（10：49：48）．これで全員そろったが，教師は「……チャイムが鳴ったらすぐに走ってくることっていったよね……」（10：50：19））といい，チャイムがなった後の行動の確認をする．そして，教室に早く戻って来た子ども2人に「男のチャンピオン，女のチャンピオン」と言って，男女1人ずつ皆の前でほめる．その後，休み時間に行われていた砂かけ遊びについての注意を行い（10：52：10）．実際に国語の授業が開始されたのは，（10：53：3）となった．

注：個人名は仮名．フィールドノーツより抜粋，一部修正引用

　このエピソードが示すのは，教師が授業開始に向けて，子どもたちとしきりに「交渉」をしていた事実である．時間が来れば，子どもが全員揃わなくても理屈の上では授業を開始することはできる．しかし，教師はそのようなことは通常しない．子どもたちが教室に戻って来たからといってすぐに授業を開始するわけではない．教師は戻ってきた子どもたちに校庭でしてはいけないことや教室に戻ってからすることが期待されることなどを指摘する．子どもが教室に集まっても，子どもたちが「授業開始準備」ができるまでは授業開始宣言はなされない．こうした交渉の時間は教師と子どもの壮絶な駆け引きの時間である．このように授業が成り立つためには子どもたちの「協力」が必要であり，それが当たり前のようにできることが「小学生になる」ということなのである．

第2章

授業を生きる

1 教室談話から漏れるもの

1-1 教室のやりとり

シーケンス1
1 話者A：今何時ですか？
2 話者B：2時半です。
3 話者A：いいですね。

　この何気ない会話の中に学校でのやりとりの特徴が現れている。この会話を自然だと読んだ人は，すでにこれらの会話の背後に教室を想定しているのだろう。そして話者Aには教師を，話者Bには生徒という役割を割り当てていることだろう。こうした会話系列は日常会話にも見られる。しかし，日常の会話では質問した人は答えてくれた人に対してシーケンス2のように「どうもありがとう」とお礼を言うのが普通である。

シーケンス2
1 話者A：今何時ですか？
2 話者B：2時半です。
3 話者A：ありがとうございます。時計を忘れてしまったので助かりました。

　この二つの類似した会話シーケンスを比較することを通して，教室談話の特徴を捉えておこう。両者で違うのは第3項である。第1項はどちらも質問，第2項はどちらも応答である。ところが，シーケンス1では第3項は評価だが，シーケンス2では謝意の表明となっている。教室における教師と生徒のやりとりが「教師による質問や指示―生徒の応答―教師による評価」という基本単位からなっていることを指摘したのはミーハン（Mehan, 1979）である。この教室の会話シーケンスにはどのような特徴があるのだろうか。

まず，日常の会話であるシーケンス2を考えてみよう。ここでは話者Aはどんな人だろう。その人は朝，腕時計をすることを忘れ，今何時なのか困っていた人だと考えることができる。そして道行く人に「今何時ですか？」と時間を問うのである。すると親切な人が「2時半です」と教えてくれた。「それは助かった」と謝意を表明した。たとえばこんなやりとりがその会話シーケンスには見られる。この時，話者Aが「今何時なのかわからない人」であることが重要である。わからないから尋ねたのである。通常日常会話の中でわかっていることを尋ねるということはしない。それは質問という基本的な機能を外れたものになる。たとえば，たまたま読んだ本で，ある人物について知り，友達に「ギブソンって知っている？」などと尋ねたら，それは質問ではなく，クイズとなる。もちろんそれは質問に違いないが，質問という形をとった知識確認であり，平たくいえば「知っているかどうか試す」問いなのである。シーケンス1の第1項がそれにあたる。その第3項は基本的に第2項の応答に対して正誤の判断を戻す。仮に教師が第3項で「うーんどうかな」と曖昧な返事をしたとしても，言われた側の生徒にとっては，それ自体，応答内容が正解なのかどうかを推察する手掛かりとして機能する。

　シーケンス1の場合，明らかに話者Aは「正解」を知っている。その点でその質問は確認のための質問だ。話者Bは知識の有無を試されるのである。このようにシーケンス1とシーケンス2では，正解を知っている人が尋ねる場合と正解を知らない人が尋ねる場合といった違いがある。そして質問される側である話者Bも話者Aからみて違う立場の人である。シーケンス2では，話者Aはたぶん正解を知っているだろう，情報を提供してくれるだろう人に尋ねる。これに対して，シーケンス1では正解を答えられるかどうかわからない人にあえて尋ねる。このような質問をされた側は相手が答えを知っていて，その上で質問していることをよくわかっている。したがって，シーケンス1で問われた側は，自分の知識を試されていることにプレッシャーを感じることにもなる。だから，しばしば生徒は教師の問いを自らの「知識の検査」として受け取り，それに身構えるのである。

　以上のようにシーケンス1には明確な特徴がある。それは予定調和性と非対称性である。質問者が問いを発することによってこのやりとりは始まるのであ

るが，それはまた質問者によって評価されて終わる。このやりとりにおいて質問者は問う内容に関して新しい情報を手に入れることはない。なぜならそれはすでに質問者が知っていることだからである。そして質問された側もそのことを知っているために，やりとりが新しい知識を生み出すといった創発的な会話にはなりにくい。いわば予定調和的な会話となる。

　質問者にとって知りたいことは，問う内容についての知識ではなく，問われた者が何を知っているのかなのである。そのことがもう一つの特徴を生み出す。問う内容をすでに知っている人が知らないかもしれない人に質問するという形を通して，その質問自体が聞き手に対する質問者の優位を表示するのである。それは，さらにすでに答えを知っている人である質問者が回答者の応答を評価することでより強化される。このようにこの会話形式は当該の知識に対する非対称性を支えに，その二人の間の権力関係についてもまた非対称性を作り出す。

1-2　教師の声

　教室において教師は子どもたちに対して特別な権力を持っている存在であるとし，その権力の非対称性を自明のものとする見解がある。教室は教師を王様とした「学級王国」であり，王様である教師が学級を統治しているという通説（加藤，1997）である。だが，いわゆる「学級崩壊」の事例をみればわかるように教師の声が常に特別な力を持つわけではない。教師の声は授業の中で特別なものとして位置づけられていったのであって，もともと教師の声が特別だったわけではない。

　このことを考えるために，一つの授業を取り上げてみたい。この授業は小学校5年生の理科の授業である。その日は振り子の等時性の原理について取り扱っていた。教師は子どもたちに振り子が一往復する時間について，振り子のおもりの重さ，振り子のおもりの位置，振り子の糸の長さの三者がどのように関係するのか事前に予想させてから，実験をさせた。この授業ではおもりを支える糸の代わりに棒が使われ，台の横に振り子になるように取り付けられた。おもりとして使われたのは粘土玉であった。振り子のおもりの重さを変え，おもりの支点からの位置を簡単に変えるために粘土玉が利用されたのだ。等時性の

原理はガリレオ・ガリレイによって発見された法則で、振り子が一往復する時間は振動する振り子の振幅とはかかわりなく、おもりを支える糸の長さが同じならば同一であるというものである。つまり、振り子が大きく振れても小さく振れても振り子を支える糸の長さが同じであれば振り子が一往復する時間は同じになる。その日の授業で教師はそれを「子どもたちに発見」してほしいと願っていた。

この授業で取り上げた変数は三つあった。おもりの重さ、おもりをつるす棒の長さ、おもりを棒のどこにつけるのかというおもりの位置の三つである。等時性の原理によって予測されることは、一往復する時間はおもりの重さには影響を受けず、おもりをつるす棒の長さあるいはおもりを下げる位置に影響されるというものだ。しかし、子どもたちはまだその原理を知らない。

授業開始後、子どもたちは教師の指示に従い、三つの変数間の関係について予測をした。その後、各グループに分かれて実験を行った。授業も後半になると、教師は子どもたちを黒板の前に集め、個別に実験結果を報告させた。教師はまずおもりの重さが一往復する時間に影響したかどうかを子どもたちに尋ねた。教師とTさんのやりとりをトランスクリプト2-1に示す。

トランスクリプト2-1：実験報告

1　教師：おもりの重さによる違いを調べた人（……）手をあげてみて
2　　　　（子どもたちが手をあげる）
3　教師：はい　その人たちの結果を聞いてみたいと思います
4　教師：はい　Tさん
5　Tさん：私はIさんと組んでやったんですけど　私が重い方をやったんだけど　重い　重いおもりと軽いおもりは変わりませんでした
6　教師：同じだった

（省略）

7　教師：はい　OI君

8 OI君： はい　僕はX君と組んでやったんですけど（教師：うん）あ
           の　みんなと違い　重い方が速くなり（……）　軽い方が遅
           くなりました
  9 教師： なるほど　Oさんとは反対の結果だということだな
 10 教師： ちょっと　もう1回聞いてみよう　じゃあね　これで　もう一
           往復する時間の問題だからね　ほとんど同じでしたという人ち
           ょっと手をあげて下さい
 11 　　　　（子どもたちが手をあげる）
 12 教師： ああ　かなり多いね
 13 教師： はい　オッケイ　手を下ろして
 14 教師： そうすると　まだこれ結論は後にしておこう　じゃ　ほとんど
           同じだというふうには考えられる　じゃ　まずこっち行ってみ
           よう　棒の長さをやった人

注：（……）は録音の聞き取りができず，不明であることを示す。

　Tさんは5行目にあるように，おもりの重さの違いは一往復する時間には影響しないという。教師はそれに対して「同じだった」とそのポイント部分を反復する形で「評価」している。しばらくして，OI君が指名された。彼は「みんなと違い　重い方が速くなり（……）　軽い方が遅くなりました」とそれまでの他の子の発言とは異なる結果を述べる。これに対する教師の応答は慎重であった。9行目で教師は「なるほど　Oさんとは反対の結果だということだな」とその答えを確認した後，10行目で「ちょっと　もう1回聞いてみよう」，「一往復する時間の問題だからね」と質問を再確認したのだった。

　この再確認は教室にいる子どもたちに対してはOI君の答えがおそらく正解か不正解かを示唆するものとなったことだろう。大学の講義で，このトランスクリプトを見せると多くの学生はこの部分のやりとりのところでニヤリと笑う。おそらく授業を身をもって経験している多くの人が，この教師の暗黙の評価が意味するところを自然にわかる。この教師はその後，さらに「ほとんど同じでしたという人ちょっと手をあげて下さい」と子どもたち全員に問い返す。すると多くの子どもが手をあげ，その結果に対して教師が「かなり多いね」とそれ

が教室の多数派であることを言語的に表示した。そして,「そうすると　まだこれ結論は後にしておこう　じゃ　ほとんど同じだというふうには考えられる」(14行目)と宣言して,その変数についての議論を終えたのだった。

　ここでのやりとりにおいて教師は明らかに答えを誘導している。Tさんは正解で,OI君が誤答であることは授業の参加者にとっては明確であっただろう。このようなやりとりを見せると多くの人は「だから教師は権威的なんだ」とか,あるいは「教師が結局答えを誘導しているんだ」,「授業なんて教師の思いの中にあるのさ」などという。「授業では教師が結局権力者だから」と皮肉混じりにその権力の非対称性を訴える人も少なくない。

　確かにここで行われたのは正解が教師によって暗示され,それを目指して皆が実験したり,議論したりする見え透いた予定調和的な授業であった。だが,教師はあくまでも正解の方向性を暗示するだけで,はっきりと正解を宣言したりはしない。「おもりの重さは一往復する時間に影響しない」ということはなく,「ほとんど同じだというふうには考えられる」という曖昧な言い方でその変数に関するやりとりを終えている。子どもたちに正解を宣言せず,実験結果を確定しないのだ。さっさと正答を確認して,その変数についてのオチをつければいいのに,なぜそのようにしないのだろうか。ここには「実験」に対する授業内での教師の期待が示されている。授業において,実験は「事実を発見する」機会として位置づけられている。やってみなくてはわからないことを実験するのである。そして,子どもたちは「事実」を自ら発見する存在として実験において期待されている。子どもたちは「実験結果」から正しい法則を自ら帰納する存在として期待されているのである。

1-3　共謀される授業

　だが,ここでの授業の事実は「実験」の期待をうまく担うものとはならなかった。棒を糸の代わりに使うというお粗末な実験器具であったこともあり,不正確な計測しかできなかった。そもそも振り子の一往復という微細な時間を手動で計測可能なのかという素朴な疑問もある。実験後のまとめの談話では,各グループの実験結果には違いが見られ,子どもたちの実験結果に対する解釈の

曖昧さも示された。しかし，教師はそのやりとりの最後では子どもたちの結果の報告を「ほとんど同じだというふうには考えられる」と要約していた。

この後，教師は他の変数についても同じように子どもたちに実験結果を報告させた。そして，そこでも教師は「おもりの位置によって振り子の一往復する時間は変わりそうだね」のように指示的まとめを行っていた。教師は子どもたちの実験データは教師が示したいことに使えるものではなかったと考えたからか，「正確な実験はできないけどね」と言いながら，子どもたちを自分のまわりに集め，模範実験も行った。振り子の棒もそれを実験台に止める支点も，粘土を丸めて作ったおもりもその場で急遽即興的に作ったものであり，正確な結果など望めるものではなかった。教師は確かに子どもたちに振り子の揺れを見せてはいたが，「事実」を見せるというのではなく，「事実となるべき状態」を自らの言葉でまとめながら，三つの実験変数を順次変えていった。

子どもたちの実験後，その結果を報告させ，それを自分のその日の教えたい内容に方向づけながらまとめていく。そしてさらに模範実験をして結果をクラスで共有することで教室の共有知識 (Edwards & Mercer, 1987) とする。こうした授業の進め方を見ていくとやはり「教師に権力があるから教室においてこのようなやりとりが成立する」のだといいたくなってくる。あるいは「教師が子どもたちをある方向に強制的に導いているのだ」といってもよいだろう。だが，果たしてそういうことなのだろうか。このことを考える上で興味深いやりとりがこの授業の最後に教師と子どもたちの間でなされた。

トランスクリプト 2-2 を見てほしい。授業の最後のまとめである。教師は黒板の前に立つ。黒板には，その日実験で扱った三つの変数（おもりの重さ，棒の長さ，おもりの位置）が上から下に順に書かれていた。教師は「ということは」といいながら「黒板のおもりの重さ」と書かれた部分に手のひらを勢いよく「ダンッ」と叩きつけ，「おもりの重さでは？」と子どもたちの方を向いて問う。すると子どもたちは間髪入れず，声を揃えて元気よく「変わらない」と応答する。続けて，教師は手を「棒の長さ」と書かれた部分に当て，「棒の重さでは？」と問う。すぐに子どもたちが「変わる」と声を揃える。教師は「おもりの位置では？」と問い，子どもたちは「変わる」と答える。そして，そこに教師は声を被せるように間髪入れず「ということだ　いい」と付ける。

トランスクリプト 2-2

```
1  教師：ということは　おもりの重さでは
2  生徒：変わらない
3  教師：棒の長さでは
4  生徒：変わる
5  教師：おもりの位置では
6  生徒：変わる
7  教師：ということだ　いい
```

　子どもたちの教師の問いに対する応答のタイミング，応答に見られる子どもたちの揃った声，両者が作り出すスタッカートのように流れるリズム，まるで即興ダンスをみるようであった。このやりとりは文字起こしをして見るとよくわかるが，ひとつながりの発話となる。トランスクリプト 2-2 の 1 から 7 をつなげてみよう。それは次のようになる。

　「ということはおもりの重さでは変わらない，棒の長さでは変わる，おもりの位置では変わる，ということだ　いい」

　まるで 1 人の声だ。子どもたちの前に台本があったわけではないが，複数の声が重なって一つの声に束ねられたその声は言うまでもなく教師の声と重なる。教師がトピックを提示して，コメントを待つ時，その「穴埋め問題」に子どもたちが「変わらない」，「変わる」と求められる選択肢を入れていく。教師が「おもりの重さでは」と問う時，すでにその答えは誰にとっても自明であり，トピック（○○は）にコメント（○○である）を付けることによって，それは一つの命題として教室空間に固定されていった。
　クラスの皆が声を出していたのに，それらの声はあたかも 1 人の声のようであった。ここで強調されなくてはいけないのは，そこに台本があったわけでもないのに，子どもたちが教師の予期に合う応答を皆揃ってしていたことである。

これは不思議である。実験の結果発表において，OI君は「みんなと違い　重い方が速くなり（……）軽い方が遅くなりました」と言っていた。彼はどこに行ったのだろうか。なぜ子どもたちは別な意見があったことをもはや言い出さないのだろうか。こうしたやりとりは日々の授業の中でよく起こる。だが，立ち止まって考えた時，その事実は不思議である。なぜそうなるのだろうか。

　この授業において結果的に達成されたものは何か。それは子どもたちも教師も皆一つの意見を共有することで授業を終えたという事実である。そこから言えることは実は生徒もまた積極的に「授業の成立」に協力していたということだ。ここで授業が一つの共有知識を生み出す形で終わることを子どもたちは一致団結して成し遂げていた。ここで出された単声化された語りは教師の声であり，同時に子どもたちの声だ。子どもたちは自主的にこの授業のやりとりの成立に「協力」していたのである。子どもたちの協力なしに授業のやりとりは成立しない。そのように考えると，いわゆる「学級崩壊」とは教師が子どもたちを「指導」できなくなった状態を指すのではなく，こうした授業内でのやりとりの成立に子どもたちがもはや協力しなくなった状態を指すと考えた方がよいだろう。

　この事実を教師の側に立って考えてみよう。前節で出した疑問がこの最後のやりとりにおいても生じる。前節で教師は「おもりの重さは一往復する時間に影響しない」と言い切ることはせず，「ほとんど同じ」とその場をまとめていた。子どもたちに正解を宣言せず，実験結果を確定しなかった。ここでも教師は答えを言わなかった。答えを言ったのは子どもたちであった。「変わる」，「変わらない」を主張したのは子どもたちであって教師ではなかった。教師はそのあとで「ということだ　いい」とその声をまとめたにすぎない。このような，子どもに発言させる教師のふるまいを確認することで，この授業の中でなぜ教師はOI君の意見を聞いたあとにそれをはっきりと否定しなかったのかがわかる。この授業で達成されるべきは，「実験から導かれた結果」としての「事実」や「法則」であり，さらにそれらは「子どもたちが自主的に発見したもの」でなければならなかったのだ。だから教師は解答を言うことができなかったのである。

　授業が正答に向かって組織立てられて構成されたものである時，最終的に到

達されるべき目標としての正解からみれば、授業の間になされる教師と子どもの発言はそれに向かう手段である。その意味で、そうした授業は正解を閉じ口としたシステムを構成している。こうした閉じられたコミュニケーションの場として授業がなされる時、個々の発話は目標の達成に向けて効率的に準備されることが望ましいものとなる。子どもはそうした「授業の構成原理」を知ると、自らもその「授業の成立」を助ける積極的な主体となる。教師がこうした談話の構成、共有知識の成立に主導的な役割を担っていることは否定できないとはいえ、忘れてはならないことは、それは生徒の積極的な「協力」がなければ不可能であることだ。授業という場は参加者が協働して作り上げている。ならば、学級崩壊は子どもたちがあえて「崩壊」を作り出したのではなく、ただ単に「協力」をやめた状態にすぎないということになろう。ならば、それは子どもたちが授業の安定した状態を維持することを否定して、次の関係に向かいたいという欲望の表れと理解することもできる。そうであれば、そこには絶望ではなく希望をみることもできる。

1-4 閉ざされたコミュニケーション

　正解に向かう閉ざされたコミュニケーション、即ち、授業における予定調和的談話構成は知識が常に教師に管理されるものであり、生徒はそれを伝達されるだけの存在であるという「知識の伝達モデル」を子どもたちにメタメッセージ（Bateson, 1972）として伝える。たとえば、国語の授業では国語の知識がメッセージとして伝えられるのと同時に、そうした教科内容の知識とは別チャンネルで「学び方」についてのメッセージが提供されている。

　知識の伝達モデルでは、知識は学習者から遠いところにあり、それ自体は疑うことが許されないものである。それによって学習者は知識をアプリオリに存在するものと考えたり、誰か天才のみが操ることができるものであるかのように錯覚してしまったりすることにもなる。そして、「凡人」である自分はそうした既存の知識を自己の内部に内化することしかできないかのように考えてしまう。こうしたモデルが当たり前とされる場では、教師は教科書その他からある知識を自分の中に一時的に貯蔵し、それを授業で生徒に転送していくという

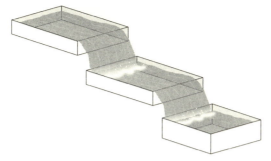

図2：上から下へと流れる水

役割を果たす者でしかない。それに対応するように、生徒も伝達された知識を自分の中に貯蔵していく者という役割しか与えられない。教師が誰かの作り出した知識をまず備蓄する水瓶となり、次にそれを生徒の水瓶に移していくような水路がそこにある。

　水は上から下へ、大きな水瓶から小さな水瓶へと流れる。これと同じく、教室で学ばれる知識も上から下に流れることになるならば、そこには必然的に非対称性が生じることになる。上から下に向かう知識の転送過程に創造はない。それは知識を創り出す過程ではない。ならば、学校にはどこかでつくられた知識を伝える者と伝えられる者がいるだけだ。下で水を待つ者は誰かの用意した知識を流されることを望むことしかできない。

　等時性の原理の学習において子どもたちは教師が「教える」ことができる状況をともに作り、維持していた。そこで子どもたちは何を知ることになったのだろうか。ときに、教室の参加者は世界について知るための活動よりも、教室の中で生き延びるための知識や技能を獲得することに熱心になってしまう。「授業ってこんなもんだよ」と子どもたちはつぶやくのかもしれない。教室にいる大人と子どもは常にお互いに「よく知っている者」と「あまり知らない者」という役割を与え合う。ともに「やり遂げる者」、「学ぶ者」、「研究する者」という役割を作り出すことができないでいる教室がそこにある。

　知識の伝達が常に無意味なわけではない。人間の学習の特殊性は自らの経験としてだけでなく、先行世代の人類の経験を「わがものとして獲得する（appropriate）」(Leont'ev, 1965) ことである。そうでなければ、すべての知識を自らの

体験によって直接学習していかなければならないことになる。それは不可能だ。こうした文化的資源としての知識の獲得において伝達が必然であることは疑いようがない。伝達は親子のやりとりにも，会社でのやりとりにも見られる。中でも，学校はそのために特化された施設である。人間の文化的学習を支えるために特化された施設が学校である。そしてその具体的な教授学習の場が教室であり，そこでのやりとりの媒体が教室談話である。問題なのは伝達そのものではなく，伝達過程において作り出される副産物の肥大化である。実験を通して自然現象に驚くよりも「いつ手を挙げたらいいのか」，「何が正解なのか」を探索し，「教室で生き延びること」にそのエネルギーのほとんどを注いでしまう参加者が生まれてしまうことが問題なのだ。

　だが，そうなると前言を翻すようだが，伝達的やりとりそれ自体を意識的に壊す試みも必要だろう。教師は自分の教えたいことが子どもたちに最終的に「伝わらないのではないか」という恐れを括弧に入れ，ときには「教えない」，「伝えない」ことも必要となる。教師もときに学び手になりきることがあっていい。そこから世界についての問いがつぶやかれ，教室の子どもたちとの語り合いが生まれるきっかけとなることもあるだろう。日常世界には多様なやりとりのスタイルがある。授業においてもさまざまな声があるべきである。事実，教室にも伝達の声だけではなく，疑問の声があり，批判の声があり，歓びの声がある。授業において一つの声を「特権化する」(Wertsh, 1990) ことは世界に対する問い，既存の知識に対する批判，未知の世界に対する憧れを抑えてしまうことにもなりかねない。授業の場が閉ざされたコミュニケーションの場となる時，そこには真の「学び手」を排除する力が生まれる。

　ヴィゴツキー (Vygotsky, 1934) は精神発達の重大なポイントとして就学をあげている。学校は彼によれば科学的概念を体系的に学ぶ場である。きちんと整理された教授過程を組織しようとすれば，それは伝達的やりとりに還元されていくだろう。だが，そもそも「きちんと体系化された知識」とは教える側にとっての表現であって，学習者からみたものではない。教える側からすれば整理された教科書が，それを使用する学習者からみた時，体系性を持たない羅列に見えることも少なくない。その意味で伝達的やりとりは教授者中心の教授学習過程の捉え方だといえる。チェイニーとタルーリー (Cheyne & Tarulli, 1999)

はヴィゴツキーの対話の捉え方は閉じられたモードだと批判する。彼らは教える者と学ぶ者との関係を三つのタイプに分ける。まず一つ目は「移送管的対話（Magistaral dialogue）」である。教授者が自分の背後にいる第三者の声をただ学習者に移送するような対話形式である。ここでは，教授者はただのメッセンジャーでしかないので，自分が伝達する知識について吟味を加えることはせず，学習者もただそれを無批判に受け入れる存在でしかない。これはこれまで述べてきた「伝達的やりとり」といっていた教授学習過程を指すものといってよいだろう。これに対して，学習者がただ単に伝えられたものを受け入れるのではなく，教授者の背後にある第三者の声の意味を問うようになるのが「ソクラテス的対話（Socratic dialogue）」である。「教科書にはそう書いてあるけどそれって本当なの？」といったつぶやきが，今ここでやりとりしている教授者と学習者の間でやりとりされている知識の背後に投げかけられるのである。この場合，教授者と教授者の背後にいる第三者の声は分化され，第三者の声もけっして神聖視されず，吟味の対象となる。三つ目が「メニッポス的対話（menippean dialogue）」である。メニッポス（Menippos）とは紀元前のギリシアの哲学者であり，後にメニッポス風サトゥラ（Satura Menippea）と呼ばれるようになる風刺的文体を用いたとされる。この対話様式では，語られる知識が皮肉られるように，教授者によって提供された知識は常に学習者の上位にあるわけではない。価値逆転も起こる。彼らはこの状態をバフチン（Bakhtin, 1995）のいう価値の揺らぎや転倒が起こるカーニバルの状態だといい，教授学習過程の理想モデルとして捉えている。

2 共謀はどのように可能になるのか？

　学校において特徴的なコミュニケーション形態が「伝達型」であることを述べ，その伝達的やりとりに内在する問題点について指摘した。教授学習過程，特に学校におけるそれにおいてはチェイニーら（Cheyne & Tarulli, 1999）がいう移送管的対話様式が中心となる。先に示した等時性の原理の授業でも，教師が最終的にまとめた言葉には誰も表面的には異論を挟まなかった。

2-1　共謀を成り立たせるのは何か：手掛かりを読む力

　さて，ここで再び問いを戻したい。なぜ教師と生徒は共謀するのか。生徒はなぜ教師の背後にあるチェイニーら（Cheyne & Tarulli, 1999）がいう第三者の声として与えられる知識に異議申し立てをしないのだろうか。先の例でいえば，自分の実験結果は先生のまとめとは異なっていたのにもかかわらず，子どもたちは反論しなかった。それはなぜか。

　授業内の微視的やりとりに着目してこのことを考えてみよう。すぐ気づくことは，教師の意図に子どもたちが沿うためには教師の意図が読めなくてはいけないということだ。この他者の心を理解する（mind reading）能力が等時性の原理の授業の子どもたちには必要であった。では，どのように子どもたちは教師の意図を読んだのだろうか。トランスクリプト 2-1 に戻ろう。そこで指摘したことは，等時性の原理に反する実験結果を述べた OI 君に対して，10 行目で教師が「ちょっと　もう1回聞いてみよう」，「一往復する時間の問題だからね」と応答したことを子どもたちが「OI 君の答は不正解」というメタメッセージを伝えるものとして受け取っただろうということだった。つまり，教師は直接「不正解です」とか「間違っている」とはいわなくても，明らかに誤っているということをクラス全体に知らしめたのだった。

　ガンパーツ（Gumpertz, 1982）は，伝達が直接的なのか間接的なのかは社会文化的慣習の問題だという。「寒いな」がただ室温の状態を指摘するだけでなく，窓を閉めてほしいというメッセージになるのかどうかは状況と言語使用者の知識に依存するというのだ。ならば，共謀が成立するということは教師も生徒もそうした状況的知識を共有していたからだろう。それぞれの状況に適切な解釈を生み出す表面上の手掛かりのことをガンパーツ（Gumpertz, 1982）は文脈化手掛かり（contextualization cues）と呼ぶ。この手掛かりは言語的要因であることも身振りや姿勢などのパラ言語的要因であることもある。もちろんそれらは複合してある手掛かりとして機能することもある。この手掛かりが読めるかどうかが学習者が授業内で適切にふるまう上で重要である。教師もその手掛かりが読めることが大切だ。それによって，授業の進行をうまく進めたり，学習者の人格や能力の「適切な評価」が可能になったりする。次の事例を見てみたい。

2　共謀はどのように可能になるのか？

トランスクリプト 2-3：I don't know（「わかりません」）

1　T： James, what does this word say?
　　　ジェームズ，この語はなんと読みますか？
2　J： I don't know.
　　　わかりません。
3　T： Well, if you don't want to try someone else will. Freddy?
　　　ええと，あなたがする気がないなら，他の人にやってもらいましょう，フレディ。
4　F： Is that a p or b?
　　　それは p ですか，b ですか？
5　T： (encouragingly) It's a p.
　　　（励ますように）p です。
6　F： Pen
　　　Pen です。

出典：Gumpertz（1982，邦訳，p. 194）

　ここで問題とされるのは，2 のジェームスの応答と 4 のフレディの応答，そしてそれらに対する教師の応答である。ガンパーツによればジェームズは 2 を上昇イントネーションで言うことで，先生に対して答えたくないのではなく，「ヒントが欲しい」ということを要求していたという。ジェームズは「なのに先生は自分にはヒントをくれず，次のフレディにはヒントをあげている」と考え，「えこひいき」していると判断したそうだ。教師はジェームズの文脈化手掛かりが読めなかったのである。
　ガンパーツは手掛かりが，エスニシティに関係する文化的知識であることを強調するが，個人的知識の差異としてそれを捉えることも可能であろう。第 1 章で例示した小学 1 年生の学校に慣れる過程は，このような見方からすれば授業に適切な文脈化手掛かりの学習過程として捉え直すことができる。すると，「小学生になる」とは，学校文化に特徴的な文脈化手掛かりを学習し，身体化する過程を指しているといえなくもないだろう。状況に適切なやりとりをする

ためにはこうした知識の存在が必要不可欠であり，それが共謀を可能にする必要条件となっているということだ。だが，生徒が仮に教師の思いを読めたとして，それに反する行動をしてもよいはずだ。手掛かりが読めることとその手掛かりが求めていることを遂行することとは違う。その手掛かりを読むだけでなく，それに応じて相手に望まれる行動を実行するのはなぜだろうか。簡単にいえば，相手が求めている行動を動機づけているものが何かが問われなくてはいけない。そうした行動を子どもたちが教師の意に反することなく，遂行するインセンティブは何なのだろうか。この問いに答えることができなければ，共謀という行動をちゃんと捉えたことにはならない。

　授業のコミュニケーションは学校制度の中に位置づいている。学校において何が教師と子どもたちのふるまいのインセンティブになっているのか，そのことを考えなくてはならないだろう。このことを考える上でブルデューら（Bourdieu et al., 1965）の指摘は導きの糸となる。彼は学校制度に内在するコミュニケーションの様式を問う。

2-2　学校的コミュニケーション

　ブルデューら（Bourdieu et al., 1965）は大学を中心とした制度化された教育機関における教授学習過程のコミュニケーション実態を分析した。それによれば，そこに特徴的に見られるものは「言語的理解不全（malentendu）」である。要するに，教師の言葉は学生に届かず，学生の言葉は教師に届かない。大学に限ったことではないが，学校において教える者と学ぶ者を繋ぐ最も主要な媒体は言語である。したがって，言葉が通じないのは致命的である。教師はしばしば学習者が自分が教えたことをまったく理解していないだけでなく，誤解し，曲解する存在であると苦言を呈する。たとえば，授業の後で提出させるレポートを読んだ時，その質の低さに教師は学習者の学力のなさを嘆くという。教師の嘆きとして挙げられているものを見てみると興味深いことに，今の日本の状況と何も変わらない。「学生は何もわかっていない」，「今年の水準はまたしても去年より下がった」と教師らは「水準の継続的な低下」を嘆き続けるという（Bourdieu et al., 1965/1999，邦訳, p. 38）。学生が提出するレポートといえば，「理

解不全を取り繕う教師の言葉のオウム返し」(同, p. 34)であり, 講義で話された内容を理解せずに切り貼りした劣悪な作品だという。大学生の書く論文は「教師のお下がり」の言葉であり,「二流の(言葉の)結合術がまかり通って」いて,「大方は, どうにもならない断片的な意味の寄せ集めを, また言葉の機械的連鎖を操作することに尽きる」という(同, p. 33)。学習者は学んだことを教師から問われると,「絶望のレトリック, 言葉の呪術的使用への後退, 敬愛する教師の考えへの機械的な反復への後退, さもなければ, 学者ぶった話の片言隻語をちりばめた戯画への後退に陥る以外になす術をしらない」(同, p. 44)という。今の日本でも論述試験の後には, 多くの教師がそうした類の答案に遭遇し,「今年の学生の学力低下」を叫ぶのであるが, その答案も, その嘆きも, 何も今に始まったことではなく, ずっと継続されているものであることをブルデューらは教えてくれる。

　ブルデューは, そうした生徒の出来の悪さが, 多くの場合,「最近の学生は……」といった, 教師の世代と学生の世代の出来の違いに帰属させられて語られる点を取り上げ, それを否定する。彼は, 生徒の中にも「教師によって認められ, 高い評価を受ける」言語使用者がいることを指摘し, 実はそうした格差は教師が求める階級的ふるまいと学習者が身につけている出身階級のふるまいの差異に起因するのだという。こうした着想は彼にとってはのちの文化資本論(Bourdieu, 1979)のアイデアに繋がるものとなるのだろう。だが, ここで着目したいのは, そこではない。

　なぜ「理解不全」に陥っている学生は教師の話していることが「まったく意味不明でわからない」と訴えないのだろうか。この問いは, 等時性の原理の子どもたちのふるまいと同じ類のものだ。教授学習が学習内容に関して学習者が理解を深めることを目的とするならば, なぜ学習者は理解を深めようとしないで, それを「パス」するのだろうか。このことは教師の側に置き換えても同じことになる。なぜ教師は学習者の「絶望のレトリック」を嘆きながらそれを完全に覆すような反撃, つまりさらなる教育指導をしないのだろうか。

　ブルデューら(Bourdieu et al., 1965)は, 教師は自分が考えるような学力を持つ理想的な「架空の主体」に話しかけることで,「自分の教育実践を再検討するに付す危険と努力を回避している」(邦訳, p. 37)という。つまり,「自分は

最良の授業をしている。なのに，残念ながら今回の学生は出来が悪く，自分の言っていることを理解できない」。このように考える余地を残しておくことで，それによって自分の教え方や教える内容には何も問題がないと言い張るというのだ。自分の授業のありかたを疑うことを回避するのが教師だというのだ。では，学習者はなぜそれに対して異議申し立てをしないのだろうか。それはブルデューによれば，学生は「真実が暴露されないようにしてくれる教師の分別に感謝する」からだという。教師は理想状態の一般的学生を想定して，出来の悪い学生をひとまとめに非難することで，結果的に個別の学生の出来の悪さにいちいち構わない。そのことが，学生からみれば，教師の言葉は学生個人ではなく学生一般を批判したものであると受け取ることを可能にする。個々の学生は，授業の中で自分の愚かさを他者に暴露される機会をできるだけ少なくすることに腐心する存在として描かれる。学生は教師が自分を個別に批判しているのではないことに感謝し，そのことをことさら取り上げないことで，何とか教室に居場所を確保する。こうした共存関係が教室にはあるというのだ。「教師と学生は，対立するものの共存の場」（同，p. 51）だという。学習者が何をわかっていないのか厳しく追求しないことで，自分が教えていることや教え方を再考する機会を放棄する教師，そして，自分がわからないこと，あるいは教えられていることがどのようなものかわからないことを真に訴えないことで，自らの能力や学力を正確に評価されることを回避する学習者，このような利害が一致した参加者が教室には共在しているというのだ。だから，教師と学生はお互いの疑問をあえて相手に向けることはせず，安定した授業の流れを維持しようとする。ならば，等時性の原理の時の教師と生徒のやりとりに見られた「理解」を回避するやりとりは，相互の利益に叶った状態だったといえよう。こうして，そのようなやりとりは教育実践の中で繰り返し出現し，そのコミュニケーション・システムが自己維持されてきたのだろう。

　文脈化手掛かりを読めることは適切な応答を子どもたちができる前提である。だが，それだけでは，なぜ子どもたちが教師のふるまいに基本的に共謀していくのかが説明できない。ブルデューの指摘によってわかったことは，学校制度にはどうやら共謀を推進させる力があるということだ。学校制度には参加者にとって二つのインセンティブが内在しているのではないだろうか。一つは能力

あるいは学力といった参加者を価値づけるような明確な評価をしないことだ。これを「能力評価回避のインセンティブ」と呼ぼう。能力別学級や評価の適正化という言葉が教育現場で頻繁に使われる状況からすれば，教育現場では少なくとも表向きには学習者の学力評価を適正に行うことがとても重要視されているように思える。だが，たとえば入試を経て一度入れた人たちを「できないから」といっていつでも放り出せるわけではない。こうした状況ではその評価はあまり切れがよすぎてもいけない。義務教育ならばなおさらであろう。さまざまな要因によって，子どもたちは学校に居続けなければならないのに，「できない」と認定されることで子どもたちが学校に居場所を失うことは問題である。子どもたちが学校に参加する権利は，子どもたちが「学ぶ人」であることを認定されていることによる。そして，子どもたちが学ぶ人でいられるのは学ぶ力があることを認められる状態においてである。学ぶ力がないと評価された存在に成り下がることは，「学習者」としての適格性を失うことであり，学校にいる意味を剥奪されることを意味する。教室にとどまらざるをえない子どもたちは，何があっても「学ぶ人」という正統性が奪われてはならない。だから，たとえテストが零点であったとしても，「それだけでは測れない何かしらの学習力を持っている」といわれなくてはならないのだ。

かつて脱学校運動の旗手として有名になったホルト（Holt, 1964/1987）は自らの教師体験から，子どもたちが教師による能力評価を巧みに避ける技を使うことを指摘した。教師に答えを問われた時に，「Aであるかもしれないし，Bでもあるかもしれない」といった複数の選択肢を提示するような「塀の縁を歩いてどちらにおちてもよい」という方略や「先生の顔色をうかがって」正答を確認しようとする方略など，多彩な方略を使うことで子どもたちは「できない」という評価を避けようとすることが指摘された。ホルトは子どもたちが本来学んで欲しい教科知識よりも，こうした対教師戦略を学習することに労を費やすことを糾弾した。子どもたちのそうした行いはまさに能力評価を避けるための戦略だ。

このことは実は生徒にとってだけ切実なのではない。教師もまた子どもたちの能力評価を適切に，そして厳密に行うことを怖れている。もしもある子どもに「能力がない」ことがわかったとして，それを実際に補償できるのだろうか。

それができないならば,「能力がない」ことを知ってどうなるのだろうか。それができないのであれば,学習者について正確には知らない方がよいということにもなろう。だが,表向き「適正な教授」のために,「適正な評価」を行うべき教師にとって,「できないことを知ろうとしない」ことなどできない。したがって,最低でも「適正に評価しようとした」が「よくわからなかった」,あるいは「おそらくわかった」と言えなければいけない。等時性の原理の授業で教師と子どもたちは「ということはおもりの重さでは変わらない,棒の長さでは変わる,おもりの位置では変わる,ということだ いい」(トランスクリプト 2-2)と唱和した。これでその日の授業は等時性の原理が「わかったこと」が「確認された」のであった。もっと正確にいえば,「わかったこと」が「確認された」ということを「相互に了解した」のだった。それによって,子どもたちはその内実を不問に付し,教師もまた,次の授業で「この間は……がわかったけど」とそれを前提(Edwards & Mercer, 1987)にその次の話を進める権利を得たのである。このようなふるまいに教室の子どもたちと教師を駆り立てるインセンティブが「能力評価回避のインセンティブ」である。

　能力評価回避のインセンティブは経済原則にも対応している。もしも子どもたちが「先生わかりません」と言い続けたらどうなるだろうか。いうまでもなく授業は終わらない。授業内容は年間計画,学期計画,単元計画,週案,その日の授業の指導案などと,より大きな単位のプランから細かなプランへと降ろされていく。すでに述べたように教える側の視点から学習者の学習は整理され,体系化されている。したがって,その時間は目標点となる終点からデザインされた有限な時間である。そうなると「ソクラテス的対話」(Cheyne & Tarulli, 1999)のように,創発的な問いに教室のコミュニケーションを委ねることはできない。学習者を中心にするということは,学習者の問いの流れに沿い,その思考の時間の流れに任せることである。有限の時間の中で,教える立場からすればそれは本来できないことなのだ。そうなると,教師は子どもたちに「対話」を求められても困ることになろう。また,子どもたちも「疑問」を投げかけることが自らの学習課程の進度を遅くすることをよく承知している。ならば,どちらも問わず,問われずという関係を維持することが最も合理的なふるまいとなる。このようなふるまいをとらせるインセンティブをここでは「スムーズ

な管理運営のインセンティブ」と呼びたい。スムーズな管理運営は能力評価回避を前提とする。能力評価回避こそがスムーズな授業進行を支える。移送管的伝達は対面している二人の背後に権威を持った知的な第三者が想定されていた。第三者が作り出した知識を問わないことで，教室にいる教授者と学習者はてきぱきと授業を遂行することができる。移送管的伝達が学校におけるコミュニケーション形態の中心となるのは，そのためである。時間，空間的な制約があるところで知の対話を深めることは原理的に無理である。学習者の疑問を探求する時間の流れと教授者の教える時間の流れの間には根本的な対立があり，その両者を一致させることは矛盾といわざるをえない。このように考えると，通常教えることは学ぶことを支援するものとして語られるが，実は教えることは学ぶことを阻害するものであることがわかる。だが，言うまでもなく，教えられることで学ぶことができることも事実である。教授学習過程ではこうした教える側と学ぶ側の相反する二つの力がぶつかりあっている。教授学習過程とは教授と学習の二つの力が相対立しながら同居する危うい関係なのだ。

3　生徒と教師の声が交差するとき

　前節では出口がないような暗い話をしてしまった。それでは，「学校制度はない方がよいではないか」，「授業など茶番でしかないじゃないか」，そんな声が聞こえてくるようだ。だが，ここでは教育の制度設計に関わるような大きな問題はさておき，教室におけるコミュニケーションについて再び話を戻そう。移送管的伝達モードは授業の中で変わることはないのだろうか。生徒と教師が本気で言葉を交差する時はないのだろうか。このことを検討するために，ギティエレツら（Gutierrez, Rymes & Larson, 1995）が紹介する授業をみてみたい。

　その授業ではアフリカ系，ラテン系のアメリカ人学習者が多く，ヨーロッパ系は少なかったという。9年生（中学3年生）のクラスである。「最新の事件」という時事問題について教師が短い質問をし，生徒が答える場面である。「さあ世界についてよく知っている皆さん，最新の事件についてクイズをします」と教師が質問を始める。教師はその日，『ロサンジェルス・タイムス』の一面トップを飾った記事として，「カリフォルニアのペタルーマで人々は何に興奮

したでしょう」と尋ねる。これに対してある生徒が茶化すように「誰かが刑務所にはいった？」と応じる。教師がヒントとして「ペタルーマには川がある」というと，ある生徒が「新しいダム？」と応じる。やりとりは続くが，結局生徒は正答をいうことができなかった。「鯨が川にいた」というのが正解である。

ギティエレツらはそもそもこの時事問題が生徒たちの生活感覚とずれていることを指摘する。教師は生徒の「時事知識」について問うのであるが，朝『ロサンジェルス・タイムス』の一面をコーヒーを飲みながら読むのはこのクラスの生徒の日常の家庭ではありえないという。教師がそこで当たり前と考えている「日常」は，モーニングコーヒーを飲みながら新聞を読むような中産階級の大人にとっての「普通の世界」である。このクラスの子どもたちはこのやりとりにおいて，教師が問うような事柄に関心を持たない存在である。生徒が鯨のニュースを知らないことよりも，生徒がそうした知識を得るような日常生活を営んでいないこと，またそうした知識がないことを恥ずかしいと思わない感覚が問われたといってもよいだろう。ここだけのやりとりであれば，教師の言葉が想定している世界と学習者の多くが想定している世界がずれていることが明示されたという事実を確認したにすぎない。等時性の原理の授業のように教師も生徒もその交差のなさに気づきながら，それを敢えて取り上げず，「流した」授業ということを確認することができる。

だが，そんな教師の言葉と生徒の言葉が交わる瞬間が現れることをギティエレツらは見つけた。それを彼女らはサードスペース（third space）と呼ぶ。サードスペースとは教師が通常使う公式のスクリプト（台本）と生徒のそれに対抗する非公式のスクリプト（counterscript）の間に立ち現れ，そしてまたすぐに消失するはかないやりとりの時空間である。教師が授業において自分の教授目標に向かってやりとりの全体を方向づけようとするその道筋が（公式な）スクリプトである。これに対して，生徒は生徒で教師や仲間のふるまいを茶化したり，皮肉ったりすることで，自分にとって意味のある舞台と流れを作ろうとする。それが非公式のスクリプトである。この二つの異なる談話世界を繋ぐ新しい談話空間がサードスペースである。別の世界を指し示す異なる言葉が接触し，第三の談話空間が瞬間的に生じる時がある。

授業内のクイズのやりとりの中でのことである。人種に関わる問いに対して，

ある生徒が「あいつらがもしも半分が白で半分が黒だったらどう？ そいつらはどこの学校にいくの？」と教師に質問した。それは白人ではない生徒にとっては，自分のエスニック・アイデンティを問う，真に有意味な問いだ。教師は「（当時の）南部だったら　半分なんてことはなかった」，「もしも南部にいたら君たちが若いとしたって……君は黒人だった」と答えた。この「真剣な」やりとりはその前のやりとりと比べ，音調や空気，すなわちキーが変わったとギティエレツらはいう。自分のこととしてその問題に関心を寄せる学生が多くいるこのクラスにおいて，それは現実的でシリアスな話題であった。しかし，このやりとりはすぐに終わってしまう。1人の生徒が「ターニャが混乱した」と発言し，生徒たちから笑いが引き出される。生徒はそこからまた自分たちのおふざけモードのカウンタースクリプトへといつものように話を誘導する。教師も教師で，唐突に「最高裁判所について言おう　ちょうど今週　大統領が　指名された　誰か（わかるか？）」と問い，いかにも事項の記憶を試すような授業っぽいクイズへと戻った。それにある生徒が「マイケル　ジャクソン」と茶化して応じる。知識当てクイズの台本を実行しようとする教師と，それを茶化すことで自分たちの台本へと教師や仲間を誘導しようとする生徒，両者は再び交差しないやりとりに戻ったのだ。先のやりとりは，アメリカでの人種差別の歴史や白人と黒人の通婚の問題など，人種問題や階級の規範について議論する方向に展開する可能性もあった。授業の中で人種を問うことで，生徒は自分たちが何者であるのかをじっくりと吟味する可能性さえあった。先のやりとりはそうした発言の背後にある，人種や民族にかかわるより大きな社会的ナラティブ（「超越論的スクリプト（transcendent script）」）（Gutierezz et al., 1995）を意識化し，問う機会となってもよかったはずだ。

　超越論的スクリプトとは，局所的な人々のふるまいに埋め込まれた文化モデル（Holland & Quinn, 1987）と考えたらよいだろう。それは多くの場合，自覚されないが，発言やふるまいに埋め込まれている。教師はクイズを通して中産階級にとって「当たり前」の知識や知識に対する構えを生徒たちに示した。生徒たちは教師の質問に対して仲間の受けを得られるような応答をすることで自分たちにとって相応しいふるまいを行った。こうしたすれ違いの中で，社会的な不平等や差別を生み続ける社会構造のありかたは不問に付される。超越論的ス

クリプトは誰も否定できないような権威を持った第三者の声（Cheyne & Tarulli, 1999）だ。ギティエレツら（Gutierrez, Rymes & Larson, 1995）はもしもその第三の空間が継続したならば，二つの異なる社会的空間が橋渡しされ，ディスコースが編成しなおされる可能性があったと考える。教室のディスコースの再編によって，知識を提示する役目を持ち，超越論的スクリプトを支える道具である教科書さえもときには変わる可能性があるという。さらには学習内容だけでなく，そもそも学校で学ばれるべき知識とは何かという知識そのものに対する問い直しの可能性もあったという。それは学校における移送管的やりとりが崩壊するチャンスだった。サードスペースは雑多な言葉が使われる場所である。丁寧な言葉，教科書に出てくる言葉，家で使う言葉，打ち解けた言葉など，複数の言葉がその空間には溢れており，どの言葉も永続的に特権化されることはない。「特権化されない言葉」とは，括弧に括られてその言葉の意味や価値がけっして問われることのない「特権を持った言葉」ではないということだ。意味のズレを持った言葉が同じ場に出されることによって，そこではさまざまな矛盾が露呈され，それこそが学習者にとっては学習資源となる。その意味で，サードスペースは教師と学習者，その両者を巻き込みながら協働的に学ぶ学習空間である。

　サードスペースはそれまでの学習活動を拡張させるという意味で拡張的な活動（Engestrom, 1987）である（Gutierrez, Banquedano-Lopez & Tejeda, 1999）。より先にいる大人と学習途上の子どもが学習空間を構成するという意味でそれはヴィゴツキーのいう最近接発達領域（ヴィゴツキー，1934）でもある。しかし，その空間は即興的に構成されるという点で，足場作り（Scaffolding, Wood, Bruner & Ross, 1976）の概念に示されるような，大人が子どもを意図的に支援する予定調和的な空間ではない（Gutierrez, Banquedano-Lopez & Tejeda, 1999）。予定調和的やりとりの中では，教師は学習者とのやりとりの先にある目標を知っているが子どもはどこに向かうのか知らない。サードスペースは多様な価値を持った言葉が交差しているという点で，雑多な価値を背景に持つ声が混じり合う空間であり，そこは図2（p. 55）にあるような大人が子どもに知識を一直線に流し込む場ではない。閉ざされたコミュニケーションを当然とみなす教授学習過程は，個体中心主義的な学習観（石黒, 1998）を前提としている。それは教授者の公

的スクリプトに子どもを従わせる過程である。そうした教室はたとえ子どもたちが活発に発言していたとしても，結局は教師の声を代弁する場となり，教室は閉じられた単声的な場としかならない。等時性の原理の授業において，教師と生徒は一体となった。物理的には異なる複数の人々が一つの声を発する1人の人に還元されてしまったのである。

　コミュニケーションが開かれる場とは学習活動が豊かになる場である。雑多な声が混じり合い，その交差から疑問が生まれる場である。教授学習のデザインにおいて，通常取り上げられる主要な関心は学習者である子どもにどう働き掛けるのか，教授者である教師の指導力をどう変えるのかというものだ。だが，教室というやりとりの場でどうやら必要なのは，真の言葉の交差を可能にすることであるようだ。サードスペースはおそらくどんな授業であれ，何らかの偶然によって思いがけず生じるありふれた時間であり，空間である。だが，その維持は難しく，すぐに消失するはかない定めにある。サードスペースを意図的に作り出すこと，それを拡張し，多声的な空間をより拡張すること，それが学習の場としての授業には求められている。

　ギティエレツら（Gutierrez, 2008）はその後，サードスペースを意図的に作ることに関心を持った。彼女らはその当時所属していたカリフォルニア大学ロスアンジェルス校において移民の子どもたちに特別なプログラムをもったサマーセミナーを実施していた。参加する高校生はチューターの院生に導かれながら，パウロ・フレイレなどが書いた批判教育学のテキストを読むことで，社会における自らの位置を自覚し，捉え直す。彼女はこの移民プログラムを「集合的な最近接発達領域としてのサードスペース」だという（Gutierrez, 2008）。教室の学習活動を参加者の過去と未来に繋ぎ，教室を越えたより大きな声に繋ぐことが求められる。それによって教室には多くの価値を背景に持つ言葉がなだれ込み，参加者が使う言葉の間にある意味の矛盾が浮かび上がる。その矛盾にどう立ち向かうのか。そこにはどこに向かうのかわからない学習の学習たる醍醐味がある。だが，現実の教室の参加者にはその荒波を越えるゆとりがない。現実の授業には常に「納期」が設定されている。子どもたちが「生徒」となることは，その納期を守るという暗黙の約束を守る共同体に参加することである。学校ではそこに参加することでしか「学習」が保証されないのならば，子どもた

ちは予定された目標に向かう学習しかできないだろう。何を学ぶべきかという，学習の対象を作り出していくような拡張的学習（Engestrom, 1987）は，そうした枠を越えた活動である。自主的な学習とは移送管的伝達に能動的に参与する姿勢を示す学習であるかのように語られることが多い。等時性の原理の子どもたちの姿がそれだ。だが，それは従属的（subjective）学習であって，けして自主的な（independent）学習などではない。はたして学びの共同体を前提とする学級において，自主的な学習は実現可能なのだろうか。

第3章

教室において「書くこと」を学ぶということ

ことばを獲得することが人の発達にとって決定的な影響を与えるものであることを否定する人はいないだろう。生まれてからすぐに身近な人々との交流を通して子どもは母語を学ぶ。だが，学校制度を有する社会においては，子どもたちは就学とともに再度「新しいことば」を学ぶことが求められる。学校のことばがどのようなものであるのか。そこにはどのような学習あるいは発達の課題があるのか。こうしたことはこれまで岡本（1985）など，多くの研究者が議論してきている。

　ここでは，就学後に獲得されることばの代表である書きことばに焦点を当ててみたい。書きことばは話しことばと違い，文字シンボルを利用することでその軌跡を時空を隔てた他者に伝えることができる。書くことは一般的に，子どもに対して他者や自己を含む身の回りの理解を促進させ，それらとのより深い関係を作り出す行為であると考えられているようだ。しかし，常に書くことが理解を深めるわけではない。特に学校で書きことばが教えられるとき，「理解の深化」は必然ではない。本来，子どもにとって新しい世界，他者，自己との新たな接触の機会をもたらすはずの書きことばの獲得が，そうした機会を与えないのであれば，それは単に学校課題の解決にだけ役立つ「貧しい認知的道具」になりさがる。では，何が書きことばをそのようにさせるのだろうか。本章では子どもの理解を促進し，発達に資する書きことばの使用とその学習について考えてみたい。

1　「死んだことば」の学習

1-1　教室で学ばれる書きことば

1　A：空は　青いよ　きもちいいよ　血は赤いよ汚いよ　白い馬はきれいだ
2　B：白い馬はきれいだ　はいーどうぞ
3　A：冬はいつも青空で　白い雲が浮かんでる　ときどき入道雲になる
4　B：ちょっと待って　ゆっくり　はい
5　A：冬はいつも青空で　白い雲が浮かんでる　ときどき入道雲になるけれど　赤い太陽かくれない

6　B：おー　すごいねー

　この会話がどこで話されているものか，おそらく多くの人にとって自明であろう。これは学校における授業の一場面である。小学校に入学して1年経とうとしている子どもたちが「青，赤，白」という教師から与えられた語を使って短い作文を作っている場面だ。「先生」がAB どちらかもすぐわかるだろう。Bが先生である。Aが話したことに対して，Bが評価を加えている。Aの発言を繰り返したり（2），指示したり（4），ほめたり（6）と，多様な形で，子どもたちの応答を評価している。こうしたやりとりが授業の基本形（Mehan, 1979）であることは第2章でもふれたようにすでによく知られていることだ。
　私がここで強調したいのはそうしたやりとりの構造的な側面だけでなく，その内容についてである。たとえば，これは文といえば文だが，いったいぜんたいそれは何を伝えているというのだろうか。教師に指示された青，赤，白という色語彙は使われているものの，色文字を含む一つ一つの文はいったい何を述べ立てているのだろうか。この三つの文には繋がりがまったく意識されていない。ただ，三つの文が並列されているにすぎない。これは三つの文に一貫性がないという点で一つのまとまった文章とはいえない。その意味で，これは作文といってはならないものだろう。
　だが，そうした言語構成上の問題を問う前に，そもそも一つ一つの文が語る内容にまったくリアリティが感じられない。「空の青」「血の赤」「白い馬」，どれも陳腐な一般化された表現であり，この子にとって何か具体的なイメージを表したものとは思えない。(3) の「入道雲」も同じだ。入道雲は冬見えないが，おそらく「白い雲」との連想から出てきた語なのだろう。(1) の発言をした子と (3) の発言をした子は別の子だが，おそらくどちらの子も友だちに対して，あるいは家族に対してこのような文を使うことはないだろう。
　Bは教師の発言だが，この教師は子どものどの発言に対しても肯定的な応答を返している。最後には「すごいねー」とまで言っている。教師の立場からすれば，求めているのは三つの色語彙を埋め込んだ文を作ることなのだから，その要求にあった応答を子どもがしていることを肯定するのは当然なのだろう。しかし，これによって子どもたちは何を学習するというのだろうか。子どもた

ちがことばをどのようなものとして学んでいるのか考える必要があろう。この子どもたちは教室以外の日常のコミュニケーションの中でもこのような語りをするのだろうか。教師はどうなのだろうか。教室で学習対象とされる言語は特別な意識化がなされることによって，日常における言語から異化されている。

1-2 「軽い」ことば

　子どもたちと教師がここで扱っていることばを「軽い」と表現してみたい。学習対象として扱われることばはしばしば「軽い」ことばになる。軽いことばは，すっかり乾燥して生気を失ったことばであり，その最大の特徴は指示性を持たないことである。通常，ことばは何かを指し示すものとして使われる。「いし」と声に出すとき，それは実物の「石」であったり，観念としての「意思」やイメージとしての石だったりを指し示している。何を指し示すのかわからない場合には，その発話は曖昧なものとして確認を求められたり，誤解されたりする。指示性が豊かであるということは，何よりも音や文字がその先に何らかの被指示物を持っていることがはっきりと，話し手と聞き手に了解されている状態にあるということだ。これは語彙レベルだけの問題ではない。

　かりに，「空が青い」と誰かが言ったとしよう。だがその青はいったいどんな青を指しているのだろうか。青にもいろいろとある。その発言を聞く誰かにとってその青がどのように特定されるのか，発話者と聞き手の間でどのような空が共有されるのかが肝心である。小学校に入学して初めて水彩絵の具を使った子どもが常に空を同色の青で横に塗りたくる時，その子はその日の空にも，紙の青にも十分な注意を払っていない。空は青い，どこも空は均一に青い，ということだけで画用紙を単色の青で塗る子どものように，空といえば「青い」とただ語り続けるとき，その「青い空」は特定の何かを指し示しているのではなく，ただことばとして語られただけの「青い空」に過ぎないのである。そうしたことばは被指示物を指さない，現実の，あるいは観念的な世界と関係を持たない軽いことばなのである。よく「口先だけ」ということがある。「あなたは大切な人です。けして裏切ることはしません」と口先だけで語る人は嘘つきや詐欺師と呼ばれる。そのような人のことばは軽く，しばしば聞き手に「こと

ばの軽さ」も同時に伝えてしまう。それによって騙そうとする相手にその真意を見抜かれることで，実害が生じないことにもなる。だが，常に軽いことばしか聞いたことがない人は，もしかしたらことばの軽重を判断できなくなるのかもしれない。

1-3 伝達性の低いことば

「軽い」ことばの一つの特徴は指示性のなさであった。指示性のないことばは，聞き手に対してことばの先にある被指示物を提示しないことばである。でも，聞き手に何も伝えないようなことばなどあるのか。そのようなことばであればそもそも語る必要などないだろう。誰かに何かを伝えたいから，その伝えたいことをことばとして語るのではないのか。このような当たり前の事実を確認することで指示性のないことばの使用可能な条件が明らかになる。それは伝える相手がいないのである。それは何かを伝えたい相手を必要としないことばなのである。先の授業の中で子どもによって発せられた「空は　青いよ　きもちいいよ」という発言は，当然教師に向けられたことばである。だが，その子は「空が青い」ことも「青い空は自分にとって気持ちがよい」こともそのとき，教師に伝えたかったことではない。ただ，組み合わせることが求められている文字と文字を繋げてことばの積木を積んだにすぎない。自分の思いを教師に伝えようとしていたわけではない。

伝える相手を特定しないことばは曖昧である。「こんな風に言ったらあの人には理解できないだろう」「この言い方は誤解を生むだろうな」「この表現はあの人を傷つける」等々と考え，伝えたいことがあるのにむしろことばを選び切れず，寡黙になってしまうことがある。授業中に子どもが自分の思いをことばにできないで困っているとき，それは伝えたいことがないからではない。むしろ，ことばが指示性を持ち，相手に伝えたいことがあるからこそ，そのことばの「重さ」に心が潰されてしまいそうになっているのかもしれない。ことばの重みを知る子どもはときにことばを軽く扱うやりとりに入れず，そこから逃れようとするものだ。

1-4　書きことば教授の合理主義

　教室で使われていることばは，学校の教室に限定されてその使用が正当化されることばである。友達とレストランで食事をしている場面で先の教室のAの発言がなされたのであれば，Aの発言を聞いた人はけっしてこのときの教師のようなふるまいはしないだろう。教師が与えた言語課題を解決することだけがそこでは求められており，子どもはそれを忠実に実行したにすぎない。ここで作られた文章が実際の自然や，あるいはよく練られた思想を表示しているのかどうかなどどうでもよいことなのである。指示性のなさは，メッセージの「宛先」の抽象化，一般化にも連動する。「冬の入道雲」を誰に伝えたいのだろうか。あえていえば，それは教師という役割を背負った，解答をチェックする人だけに向けられたことばである。宛先が一般化する時，個別の顔が見える誰かに向けられてことばが発せられるのではなく，ある人が担っている「役割」や「立場」に対してことばが差し出されるにすぎない。たとえば，選挙の演説は，その話を聞いている個別の人それぞれに向けられているのではなく，「有権者」という立場に向けられている。子どもたちは，教師という役割に向けて自分の文章を話すことで，「生徒の役割」を遂行するのであり，そうした両者のやりとりを通して，ある大人と子どもが教室でそれぞれが教師，生徒となる。相手が担う役割に応じたことば遣いができることは，社会的に適切なやりとりをする条件にもなる。だが，役割や立場に向けて語ることばは，軽く，心に響かない。そこにいる個々の具体的な人に伝えることが目指されず，自らの思考を深めるものともならないことば，それは「死んだことば」の学習といってもよいのかもしれない。その代表的なものが行政的文書であり，「お役所言葉」というものである。学校において子どもたちが教師に向けてことばを使うとき，そのような学校のことばを学ぶことが必然となる。

　学校教育は合理的な教授を旨とする。なぜならば多くの子どもに対して最小のコストで最大の成果をもたらす方法を取ることが求められるからだ。40人学級であろうが，35人学級であろうが，多数の子どもに対して1人の教師が向かい合うことには変わりがない。子どもにはそれぞれ個人の歴史があり，知識差がある。さらに，新たな学習に対する潜在的な学習力に差があるとき，ど

うしたら合理的な教授が可能になるのだろうか。このとき，「基礎からの積み上げ」が叫ばれる。1のレベルを学習したならば，2のレベルに向かい，それが終われば3のレベルに向かう。こうして階段を一歩一歩上るように上に上がっていく。積み木を重ねるイメージは底辺が広く，上に行くほど狭くなっていく三角形である。こうした基礎第一主義の教授は，学習者が下から順番に積み木を重ねていくことを想定している。だが，実際に学習者はそのようにしているのだろうか。残念ながらそのようなことはない。もしも三角形の積み重ね学習が可能であれば，みな時間が掛かることはあってもいつかは完全学習が可能になるはずだ。だが，そのようなことは未だかつてない。むしろ，いつも聞かれるのは基礎学力が落ちているので，複雑なことや応用力が身につかないという嘆きである。レイヴ（Lave, 1996）は，教える側のカリキュラムが学習する側のカリキュラムと実際には一致しないことを指摘した。基礎第一主義に対応した教科書や指導書は実際には学習者にとってわかりやすいものであるというよりは，教師にとって教えやすい順序性を示しているといった方がよい。残念ながら教授事項について自ら疑問も持たず，理解に向けて格闘することができない，いや，そんなことをそもそもする必要などないとさえ思っているような教員志望の学生も少なくない。そんな学生であっても指導書に基づいて「指導法」を教えられると，難なくそれを受け入れ，指導案を書き，「授業ができる」。その結果，学習者にそのまま受け入れられていないにもかかわらず，「順序正しく，スムーズに教えられた」と勘違いしてしまうことにもなる。

　基礎第一主義の問題点は，教えるべき知識を最小限にし，学習者の負担を減らそうとしていることではない。それが学習者の生活に根ざした基礎とはなっておらず，学習者の外側からその学習者にとって将来必要であろう知識が勝手に予想され，それが外から上意下達されることが問題なのである。また，学習者にとって三角形の下の段にある積み木が何を支える積み木であるのか，後で上に積み木が積まれないとわからないことも問題である。部分の先にある全体，底辺の上にある未来，手段が実現しようとする目的，これらはすべて学び始める時，学習者には隠されている。「先生　なぜこんなこと　覚えなくちゃいけないんですか」「大人になったらどうせこんなこと関係ないでしょ」などと詰る子どもの素朴な問いは教師をしばしば苦しめる。この現在の学びに対する不

1 「死んだことば」の学習

可解さは学習に向かう力を弱める。特に，成績がふるわないとなれば，「なぜ？」「何のために？」と，今役立つのではないこと，いつ役立つのかわからないことを学ばなければならないことを恨み，やる気を失う。これを避けようとする大人は子どもたちに実利的な答えを用意しようと躍起になる。「受験があるから」という言い種もそうした「実用的な」答えの一つである。

書きことばの教授の話に戻ろう。先にあげた教室での短作文の授業は，その後に行われる有意味な長い文を作るための基礎学習である。子どもたちはそこで，色を使って書くこと，指示に従って書くことなどを学習する。だが，皮肉なことに子どもたちはそこで同時に，学校で書くという学習が「軽いことば」を用いた指示性のない，伝達する相手も不確かなところで使うものであるということも学ぶことになる。他の教科でも同じような学習がなされているとすれば，子どもたちは「知識学習とは空虚なことばを使うことである」と理解しても不思議はない。人は自分にとって意味あるものを学ぶ。その「意味」には確かに実用的な意味が含まれ，「試験でよい点数を取るため」といったこともあるだろう。だが，長い時間の中で学習者に定着し，学習者の血肉となる，すなわち人格を変えるような学習は実利だけに動機づけられたものではない。他者と繋がり，自らを見直す道具となる知識の学習に人は惹きつけられる。

書きことばは，自分と他者を結びつける上でとても重要な道具である。書きことばの持つ，本質的なこの社会性は，学習のはじめから学習者に見えるものにはならないのだろうか。この書きことばが持つ，人々を結びつけ，社会を創り出す道具性を学ぶことこそが，実は将来に向けた底辺を形成する「基礎」ではないのか。外側から与えられる基礎第一主義の立場に立てば，基礎的なものは学習者にとって「今はその意味はわからなくても，学習後にはわかるもの」とこれまでは考えられてきたのかもしれない。だが，実は最も大切なことは自然に学んでしまうのが人ではないか。学習されやすいものこそが本質的なものであり，学びの基礎となる。このことを確かめるために，幼児にとって文字がどのように使われ始めるのかその文字獲得の始まりを，そして不幸な過去によって，大人になるまで文字を学ぶことができなかった人々の文字学習の過程を確認してみよう。

2 文字が生まれる時

2-1 遊びの中で生まれる書きことば

　文字がどのように生まれるのか，その発生過程はとても興味深い。文字は他者に囲まれた社会生活の中で芽吹く。ここではある男児が遊びの中で文字を発明した事例（長谷川，2004）をあげる。この事例はプレイショップ（石黒他，2004）と呼ばれる，放課後の幼児に対する遊びのワークショップの中でみられたものである。Tは年長の男児で，プレイショップにいつも参加していた子である。この頃のプレイショップでは，蟻をテーマにして，園の隣の公園に行って蟻の観察をしたり，蟻の科学絵本や蟻が登場する物語絵本を読んだりしていた。この日は，蟻に扮した子どもたちがプレイショップを指導する大学院生や幼稚園教諭と一緒に段ボールや新聞などの廃材を使って，蟻の巣を作って遊んでいた。

　遊びの展開の中で，「悪い人間」が自分達の蟻の巣に近づいて来た時である。Tら子どもたちは「人間」が蟻の巣を壊しに来ることを怖れ，自分たちの巣を守りたいと考えた。その時，Tは巣の中にある蟻の餌を人間にとられないように，「餌をとってはいけない」ことを侵入者に対して示そうとしたのである。Tは，段ボールで作った巣の上に，自分が書ける平仮名である「ここ」と書いたあと，一緒に遊んでいた大学院生に「先生　書いて」とその先の文字の代筆を求めた。それに対して，大学院生が「バツでいいよ　字じゃなくていいよ」と応答したところ，実際に巣の外に書かれたものが図 3.1 である。Tはそれによって巣を襲う「人間」に対して，巣の中の餌をとってはならないことを表現したのである。

　プレイショップでは劇化活動のあと，その日の活動を振り返って絵を描く。Tは友だちと一緒にテーブルに座り，蟻の巣の絵を描いた。Tはその絵に「蟻の巣」とタイトルを書きたかったようだが，蟻の平仮名が書けない。そこで一緒にいた大学院生にそのことを告げたが，大人が蟻は絵でもよいと言ったため，その子は蟻を表すものとして蟻の絵を描き，図 3.2 のように「蟻の巣」と命名して見せたのである。「の」と「す」は，Tと一緒のテーブルにいて，先に絵

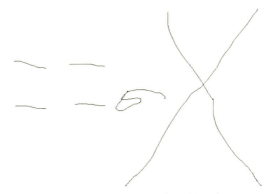

図3.1：Tによる「ここ×（ダメ）」の表記

図3.2：Tによってかかれた「蟻の巣」を示す表記

を描き終えた子が「ありのす」と書いていたのを見てまねしたものだった。文字が「描かれた」のである。こうして右から左へ（①，②，⑥），「蟻の巣」というタイトルが絵と文字の混合されたインスクリプションで書かれたのである。描画後の報告会で，Tはそれを「蟻の巣」と確かに説明していた。Tは文字をまだほとんど知らず，文字をどのように表記するのかに関する慣習（左から右に横書きするなどといった知識の運用）にも熟知していない。しかし，Tは文字を使って何かを表現したい「欲求」（ヴィゴツキー，1931/1987）を持っていた。この「欲求」が誰かに向けて，何かを指示するために書くことを駆り立てたのである。

　Tの事例には書きことばのはじまりに見られる重要な共通点が見られる。その一つは，Tは表現したいものを「文字」で表現したいと考えたことである。彼にとって，文字は自分の思いを他者に確かに伝えることができる道具として

認識されていたのだろう。つまり，文字に対する信頼感がすでにこの子には育っていた。それだけではない。彼は書けない文字を自分に代わって大人に書くよう依頼している。そのことは自分が使いたい文字が自分の私的な物＝道具ではなく，「自分たち」の言語＝道具であることを知っていたということになる。この子はその意味ですでに日本語の文字を扱う言語コミュニティのメンバーになっていたといってよい。そのことは友だちの文字をまねる行為にも現れている。人の書いた文字を写す行為は，文字をコミュニティ共通の媒体として認識しているからこそ動機づけられるものである。だからこそ，自分が写し書きしたものが他者に伝わることにも確信が持てたのだろう。このようにTは文字に対する信頼をすでに持っていた。文字を使えるようになるということは，文字がある思想を表現し，それを誰かに伝える媒体＝道具であるという確信に支えられなくてはならない。これが文字習得の条件である。泳ぐことができない子であっても，水の中に入り，水と戯れることに喜びを感じているのであれば，その子が泳げるようになるかどうかは時間の問題である。水と戯れることに関心が向けられる限り，その環境に応じた技能はいつかは身につく。それと同じように，Tはこの時点ではまだ文字を書けるとはいえないが，日本語の文字を使って思いを伝え合う私たちのコミュニティにすでに参加していたことは確かなのである。

　文字を知り始めた幼児は，その宛先となる他者を意識せざるをえない状況で，文字が果たしている特別な役割に出会う。オアーズ（Oers, 2010）はごっこ遊びをする5, 6歳児の子どもたちの事例をあげている。靴屋になっている子どもたちは複数の箱の中にそれぞれ靴を入れ，それを閉じて商品展示していた。しかし，箱に靴を入れてしまうと中にどんな靴が入っているのかは客にはわからない。どうしたらよいのだろうか。そこで，子どもたちは話し合い，箱の外にラベルとなる靴の絵を描くことにした。しかし，ある子どもがそれでは，中に靴が入っていることがわかっても，その靴がどんな靴かが客にわからないと言い出した。そこで，子どもたちはさらに考えて，箱のラベルに文字を付け加えることにした。たとえば，母親の靴が入っている場合にはMを，父親の靴が入っている場合にはPを，子どもの靴にはKを，というようにしたのである。

　この事例が示すのは，絵では十分示すことのできない特定情報も文字を使え

ば，ちゃんと区別して表現できるという気づきが子どもたちにあったという事実である。言い換えれば，文字がなければ伝えることが難しい事態に子どもたちは遭遇し，その解決を文字によって成し遂げたのだ。オアーズ（Oers, 2010）はこれが学習活動の基礎となる「説明行為」だという。こうした体験を通して，子どもたちは，文字は絵では説明しにくいものも説明できる道具であること知っていく。

　箱の中に隠された物を識別するためのアイコンとして文字を使う子どもたちの姿は，シュマントーベッセラ（Schmandt-Besserat, 1996）の人類史における文字の発生についての仮説を思い起こさせる。彼女は，中東の発掘調査から，文字は会計システムから誕生したという仮説を提起した。それによれば，人は紀元前8000年頃の新石器時代に，収穫した作物や家畜をカリクリと呼ばれる粘土玉でできたトークンで代置し始めた。そのトークンは勝手に誰かが数を操作できないようにするため，円筒の封球の中に閉じ込められた。種類と数の確認の必要があれば封球を壊してトークンを出すしかない。これはまるで日本でよく使われる，入り口はあるが出口はない貯金箱と同じで，中を確認するには入れ物となる封球を壊さなくてはならなかった。このような仕組みは複数の人が収穫期を越えて作物などを保存しておくときには，記録を変更できないという点で正確な記録の保持に重要な役割を果たしたことだろう。やがて，中に入れられるカリクリが外の封球に押しあてられ，その形が封球の外に表示されたり，カリクリに対応した特定のアイコンが封球の外に描かれたりするようになった。そうなると中のトークンを確認するために，わざわざ封球を壊さなくてもよいことになる。封球の中にトークンを入れる必要さえない。その結果，封球の中にカリクリを入れることはなくなり，封球は平らな粘土板となった。粘土板の上の刻み模様は，以前その中に入れていたトークンに対応し，そのトークンは実物に対応していたので，結局，刻み目が実物を表示する「文字」として機能するようになったというわけだ。先に示したインスクリプションで自らの思いを伝えようとした子どもたちの行いはシュマントーベッセラの文字の社会発生過程についての仮説のもっともらしさを傍証する事例といえる。

　言語的な説明ができるようになった子どもは，文字が言語共同体のメンバーだけに効力を発揮する限定性を持つことも知っている。スウェーデンのプラム

リン（Pramling, 2008）は毒キノコについて語る保育者と幼児（女児）のやりとりを紹介している。

 保育者：「あなたはほかの子に，この毒キノコのことをどうやって知らせるの？」
 女児　：「お知らせを書くわ！」
 保育者：「小さい子は字を読めるかしら？」
 女児　：キノコの絵を描き，それが危険であることを表すためにキノコの絵の上に×印をつける。

（Pramling, 2008, p. 256 より抜粋）

　この女児は，保育者の支援を受けながら，読み手を想像し，読み手に対して有効な表現媒体を選択することができた。書くということは，書かれている文字から何かしらの「メッセージ」を読み取る他者を意識した行為である。子どもたちは文字使用の初期において，文字の対人的な道具性，つまりその媒介機能を知る必要がある。ところが，本章の冒頭で示した短作文の授業では文字のそうした媒介的側面についての学習は最小化されていた。これは，他者とのやりとりの中で文字の伝達機能を自然に知っていく子どもたちの姿とは何とも対照的である。

2-2　書きことばの前史

　ヴィゴツキー（1931/1987）は書きことばは就学後，学校で教えられることによって急に身につくものではないという。子どもの生活の中にその前史とでもいうものがあり，それが学校での書きことばの学習の基盤を培うという。前節で挙げた事例はどれもそうした前史の一部と捉えることができる。

　「書きことばの習得は，それがたとえ決定的瞬間には外部からの学校での教え込みによって規定されようとも，実際には子どもの行動の複雑な機能が長期にわたって発達することの所産であり，書きことばの教授のモメントに

は歴史的観点からアプローチしてはじめて，つまりそのモメントを子どもの文化的発達の歴史の中で理解しようと努めてこそ，われわれは書きことばの心理学の正しい解決に近づくことができる」

(ヴィゴツキー，1931/1987，邦訳，p. 228)

就学前の子どもの生活の中心は遊びであるが，その遊びの中で子どもたちは現前にある実在物がそこにはない他の何物かを指し示すという象徴機能の学習を行う。いわばシンボルの学習である。一方の子が園庭に落ちている葉っぱをお札といったとき，他方の子もそれをお札として理解できることが2人の間の遊びを支える。こうした学習を通して，子どもたちは他者とコミュニケーションする力をつけていく。

話しことばは実際の事物をことばによって代置するという意味では，事物に対するシンボルである。だが，書きことばはその話しことばの音を代置するので，ヴィゴツキーはそれをシンボルのシンボルという意味で，第二次シンボルと呼んだ。つまり，第二次シンボルである文字は，事物を象徴する第一次シンボルである文字を象徴するので，文字は音声シンボルを介して，事物と間接的につながっているといえる。文字を学び始めた子どもが，文字をいったん音に置き換えてから，事物との関係を確認する身振りはそのような経路が外化されている状態である。この状態では，文字は音読されなければ，事物に関わりを持つことができず，ただのインクの染みでしかない。だが，やがて子どもは音声化を伴わない黙読ができるようになる。その時，子どもは文字を音に変換せずに，直接事物との関係を把握できるようになる。この状態では，書きことばは再び事物を直接指し示す，一次的シンボルになる。

こうした何かが何かを指し示す関係を操る象徴化能力は，象徴遊びにみられる代置行為から始まる。文字がシンボルとしての機能性を獲得する過程は，子どもたちが学校教育を受ける前に体験する遊びの中に埋め込まれているのである。

だが，ヴィゴツキーは象徴化能力の獲得だけで，文字を使ったコミュニケーションが成り立つわけではないと考えた。彼は文字を使うことは，人と文字が対峙することではなく，文字を通して誰か他者と繋がることを強調した。つま

り，文字は誰かに向けられて使われる媒体であり，その誰かがいないのでは文字は文字として機能しないことを指摘したのだ。書くことは宛先を持つ行為であり，子どもたちが書くことを学ぶとは，誰かと繋がりたいという欲求を確認することでもある。ヴィゴツキーによれば，こうした意味での書きことばへの欲求がない状態での読み書きは単純な「精神物理学的系列の習熟」（ヴィゴツキー，1931/1987，邦訳，p. 321）にすぎないという。彼はモンテソーリ教育を引き合いに出し，4歳であっても手の筋肉運動の強化によって自発的に読み書きを習得することはできるが，それは見かけの書き能力であり，単なる機械的な手段の実行でしかないという。

　「子どもに書きことばへの欲求が熟し，書きことばが子どもにとって必要なものとなる以前に，子どもに書き方のテクニックが与えられるという意味では，六歳であるいは八歳ですらも文字を教えることは時期尚早である」

(ヴィゴツキー，1931/1987，邦訳，p. 61)

したがって，「書きことばへの欲求」が熟す前に，書き方のテクニックを与えることは大変大きな問題をはらむことになる。森田（2005）は物質性，身体性（＝心理運動メカニズム）に支えられたリテラシーを育てようとする実践とそれを越えた観念の学習を分ける。その上で，森田は，ルソーは物質性に支えられたリテラシーを育てれば，後者への移行は自然に生じると考えていたとしてこれを批判し，その移行は自然に生じるものではないという。では，物質性に支えられたリテラシーから，「観念を読み取る」リテラシーへの移行はどのように生じるのか。この森田の問いに答えることは容易ではないが，森田がいうように，読むことが「その声も姿も知らない抽象的他者の声のないことば，すなわち観念を文字の背後に読み取ること」であるならば，遊びを通してことばの意味を他者との間で幾通りにでも読み替えていく力を育てることが必要だろう。遊びの中で子どもたちは文脈に根ざしたことばの意味を知る。意味のある行為の流れの中で複数の行動を一つにまとめ上げることが遊び活動であるとすれば，それは物語るということだ。ごっこ遊びはさまざまなふるまいやことばを文脈づけ，一つの物語へと織り込んでいく活動である。その上で，学齢期

にことば中心の世界で再度「遊ぶ」こと，つまり，言語的文脈の中で意味をずらし，果敢に新しい意味の創造に向かって挑戦することが，観念の読み書きには必要なのではないだろうか。

2-3　学校ことばによる生活ことばの抑圧

　学校で学ばれることばがしばしば役に立たない道具になってしまうのは，それが，子どもの身体に染みついたことばとうまく結びつかないからかもしれない。岡本（1985）は，子どもが獲得することばを，学校で使用されることばである「二次的ことば」と「生活の中で現実経験によりそいながら使用されることば」(p. 27) の「一次的ことば」に分け，現代の日本では二次的ことばが一次的ことばを抑圧しているという。岡本によればことばの発達は大まかに「ことば以前」「ことばの誕生期」「一次的ことば期」「二次的ことば期」に分けられる。一次的ことばは幼児期から小学校低学年に獲得される話しことばが中心となることばである。これに対して二次的ことばは，その会話の場にいない人にもその内容が伝わるような，いわば「誰にでも通じることば」(p. 58) であり，テーマと聞き手が抽象化されているという。目の前に相手がいないところで使われる書きことばはその意味で，二次的ことばの代表であるが，話しことばであっても，授業時にみんなの前で報告する時に使うことばは二次的ことばとなりやすい。

　岡本は，二次的ことばは一次的ことばに下支えされてこそしっかりと根づき，発達するという。ところが，実際には，現代の日本では二次的ことばの重みを支えるほどに一次的ことばが育たないという。彼にとっての一次的ことばは，具体的状況文脈において，特定の親しい誰かと対面的コミュニケーションがなされる時に獲得される話しことばである。その意味で，一次的ことばは子どもの精神に内的な社会をつくる契機となる。コミュニケーションを通して自他の分化が進み，自己が形成されていく（Wallon, 1946）のならば，一次的ことばの乏しさは自我を不確かなものにしてしまうことだろう。さらに，岡本（1985）は，一次的ことばの空洞化は二次的ことばの空洞化をも引き起こすという。このように考えるならば，生活経験の中で培われる一次的ことばが貧しくなると

いうことは，就学後の言語生活全般の貧しさを引き起こし，子どもに人格発達上の危機をもたらすことにもなるはずだ。

　就学前，子どもが家庭や地域において，他者との出会いに十分恵まれず，生活経験を語ることばが豊かでないとき，就学後にそうした経験が急に豊かになることはまず考えられない。通常，学校は生活経験を豊かにする場所ではない。子どもたちは，一次的ことばの獲得が不十分な状況であっても，学校に入れば，新たな「学校のことば」を学ぶことが求められる。ここに一次的ことばの空洞化が生じる。学校のことばをしっかり使いこなすことができる子どもが，「良き」児童，生徒とされる。その過程で，生活言語のさらなる発達は置き去りにされ，その補塡がなされることも，学校のことばと結びつけられることも要求されないとしたら，子どもたちのことばの世界はどんなに貧しいものとなるだろう。本章の最初に紹介した短作文の授業では，生活のことばは学校のことばに入り込まず，作成された文章は生活のことばを介して捉え直されることはなかった。本来，生活のことばと学校のことばは対立しながらも相補的な関係にあるべきものだ。その両者の緊張関係の中で，子どもはことばの幅を知り，自らの思いを豊かにするのではないか。それぞれのことばが互いに他のことばの意味を教え合い，「ああ　こういうことだったのか」と新たな意味を知り直させる（unlearn）ことであろう。

3　世界に触れるためのことば

　学校でことばを学ぶことによって，そのことばが自らの生活経験を問い直させるような二つの実践を紹介して本章を閉じることとしよう。どちらも教室において他者に向けて書くことが書き手の生活経験を再‐媒介化（Cole & Griffin, 1983）し，すでにわかっていると思っていた世界の知り直しを導く。

3-1　ことばを通してふりかえる

　横浜寿町は大阪釜ケ崎，東京山谷とならぶ「どや」（簡易宿泊所）街である。そこは日雇い労働者が職を求めて集まり，生活をする場である。日雇い労働者

の中には文字の読み書きができないことで，安定した職に就けない人が多い。ここで大沢敏郎は公営施設の一室を借り，毎週金曜日午後6時から3時間，寿識字学校を開いていた（大沢，1984）。大沢は文字の読み書きができるようになっていくことはただ単に文字を覚えることではなく，「文字の読み書きができなかったがためにそう生きざるをえなかった自分自身を今度は文字をつかってみつめなおしてゆく自己検証の作業」（大沢，1984，p. 129）であるという。この作業は自分がそれまで体験してきたことがことばに媒介されることで創造的に再体験される過程である。ことばによる過去の再体験は，原体験の単なる繰り返しではない。その時に見たこと，感じたことは今の自分に根づいたことばによって枠づけられ，新たな意味を生み出す資源となる。

　ある夜，大沢によって種田山頭火の俳句が16句読まれた。山頭火の俳句は「泣いて戻りし子には明るきわが家の灯」「年とれば故郷こいしいつくつくぼうし」「うどん供えて，母よ，わたくしもいただきまする」といったものである。それらの句に接したあとに参加者の1人である長岡長一さん（44歳）が書いた文が以下のものである。

　　どうしようもない私しが歩いている
　　　わがむねにはじをかく，私しはなさけない，しかし心わ，いきている，つねに，人間であること，見せつけられました，私くしわはづかしい　そうなこころではなかった，しかし　たそうとはおもわない　とにかく　人になりたい

（大沢，2003，p. 68）

　翌週の教室で，大沢は上記の感想文の中の「人になりたい」ということについて長岡さんに書いてもらった。

　　　人になることわ，どうぶつになりきることがだいぢです，つぎにあまりことばにならないことがあっても，よくかんがいて見ると，そこにまぢがっていることが，あり，あり，わかる　しかし私はそこがわからない，よするにあき目くらである，それが自分わわからないために，障害物がぢやまおする，

しとつあげれば，けんか，ごうとを，人をころす，かぞいだらきりがなく，いろいろさいなんがかざんされます．（以下　引用者省略）

(大沢，2003，p. 69)

　大沢によれば，それまで紙に10行ほどしか書かなかった長岡さんがここでは用紙2枚も書いたという．「『どうぶつになりきる』とは，1人になっても自分で考え，闘い，つよく生きていくというような意味」だと大沢は解釈した．長岡さんの識字や他者に対する態度もこの頃大きく変わったという印象を受けたそうだ．

　長岡さんは種田山頭火の句を介して己の生き様をふりかえった．ことばを学ぶことは抽象的で，汎用的な意味を示す文字記号を手に入れることではない．長岡さんが書いたのは自分にとって特別な意味を持った文字である．文字を学ぶことによって，過去のさまざまな断片がそれに媒介されて，新しい意味の化合物を作り出す．過去の経験だと思っていたものが現在の経験になり，もはや不動の過去の記憶だと思っていたものが新しい意味を持った経験として味わい直される．長岡さんが書いた感想文や随筆はそのようにしてできた新しい化合物である．長岡さんは大沢や仲間に向けて自分の経験を書き記すことによって，自らの体験を「読み直し」した．
　英語のremediationは日本語では矯正と訳される単語である．矯正ということばはそれまでに人が背負った経験や知識を他者が評価する「良きもの」と入れ替えることを求めることばである．これに対して，コールら (Cole & Griffin, 1983) は，re-mediation（再－媒介）という造語によって，それぞれの人がそれまでの生活経験の中で蓄積した固有の知識や技能，意味を尊重しようとした．新たなものを学習することは古いものを新しいものへ「入れ替える」ことではなく，新たな視点から捉え直し，理解し直すという意味で「再－媒介」というのだ．文字を知り，書くことができるようになることは，話しことばによって作り上げてきた豊かな生活世界を捨てることではなく，それを文字によって再び読み直すことなのだ．
　読み直しは，自分の立ち位置を知ることによって可能になる．語る先に他者

を得ることで，自分のことばの立ち位置を知り，多重な視点で自らの経験を眺め直すことができる。書きことばも他者を得て豊かになれる。長岡さんの作文は文字「だけ」で書かれたわけではない。おのれの「声」(Bakhtin, 1981) を聞く誰かの存在をリアルに感じられる，仲間がいる場所がそこにあったことが重要である。自分の記した文字を読む人がいる。自分が語ることばを作品として聞く人がいる。自分の書いたものを鑑賞し，語り合う人がいる。こうした談話空間の存在が長岡さんに社会的な道具としての文字を与えたのだ。文字が書けないのであれば，練習帳に一文字一文字書き記し，「文字」を学べばよいではないか。それだけのことであれば，「文字習得」にたいした時間は掛からないだろう。だが，文字を身につけることが意味を創り出す力をつけることであるならば，意味は誰かと誰かの間で紡がれるしかない。師がいること，仲間がいること，それが文字，そしてことばの学習には必要である。それはただ単に，教師や同級生という役割を担うだけの誰かではない。識字教室に通う人たちが小学校に行けなくなったのは，互いの声を聞き合う，対話する「師」や「仲間」がいなかったからであった。「聞く」ことのできる人が文字の獲得には求められる。学習者に「聞いてほしい」と思わせる人，その結果，簡単にはことばにならず，書き手さえも触れることのなかった声を対話の中に引き出す人，そうした人が教師と呼ばれるべきなのかもしれない。

3-2 生きたことばを学ぶ

前項で紹介したのは，学齢期に書きことばの学習をすることができず，大人になってから文字を獲得した人たちの事例であった。ここでは，「あのね実践」(鹿島, 1981, 2010) と呼ばれる小学校の学習実践を紹介する。

日本では通常，6歳になると小学校に入学し，そこで初めて文字を正式に学ぶ。教科書が使われ，文字の紹介，文字の読み書きの学習，単語の学習，短作文の学習と，その学習は部分から全体へと向かう。その意味で文字学習は書きことばの「基礎」と位置づけられる。ところが，鹿島学級では，初めから教師は子どもたちに「あのつくことばありますか？」と問いかけ，文字は単語とともに学ばれる。日本語では漢字，平仮名，片仮名の三系列の文字が同時に使わ

れるが，平仮名の読み書きができればとりあえず何かを書くことができる。鹿島学級では，僅か1ヶ月のうちに，すべての平仮名を学習し，小学校に入学して2ヶ月も経つと，子どもたちは教師に手紙を書いたり，日誌を書いたりできるようになるという。これは通常の授業の進め方を考えれば信じがたい早さだ。だが，驚くべきはそうやって書かれた子どもたちの文章である。

　　　たのしみ　　　　　　　よしむら　せいてつ

　　おかあさんはなんでもりょうりをかんがえる
　　なんでかんがえるかきたら
　　いきとううちになんでおかんがえらな
　　あたまがさびてしまうんやて
　　せっかくうまれてきたんやから
　　いろんなことをしていろんなことをかんがえて
　　じんせいをたのしまなそんやゆうた
　　おかあさんはたのしんどんかきいたら
　　たのしんどうし
　　これからもっとたのしむんやて
　　ぼくたのしむゆうたら
　　しごとやべんきょうのなかにも
　　たのしみがあるんやな

　　ぼくべんきょういややおもうてたけど
　　これからなにかたのしみみつけようかな

　これは入学後1年目の子どもによって書かれたものだ。子どもは家での母親との会話から，「あたまがさびる」とか「じんせいをたのしむ」といった比喩表現やその表現が暗示しているニュアンスを的確に捉えている。さらに，「しごと」や「べんきょう」を自分が楽しくないものとしてパターン化して捉えてきた自分の認識を反省し，「嫌なもの」と「しごと」や「勉強」との結びつき

は必然的なものではなく,「たのしみ」という新しい関係をそこに見いだすこともできることに気づいたことを告白している。この子は台所でいろいろな料理を創作する母親に驚き,そのわけを聞いた。母親のことばは台所で聞かれただけでなく,再度作文の中で聞き返されたことで,そのことばは料理を越えて,生き方全体を示唆するものと受け取られた。この子は「たのしみ」を「これこれこうだ」と母親に教えられたわけではない。母親とのやりとりを通して「楽しみとは何か」という問いを持ったのである。

　鹿島が「あのね帳」と名づけた日誌帳は,教室のすべての子どもに渡されていた。書いてきたら教師に提出する。鹿島は毎日提出された日誌を学校にいる間に読み,その日のうちにコメントを書いて返した。日々の提出は任意だが,その数は45人学級のうち,ほぼ20名から25名だったそうだ。コメントとして短い感想を書いたり,日誌に対する書き方の修正要求をしたりするという。修正要求は内容を直すのではなく,子どもが見たり,考えたりしたことをよりよく表現するための文の加除の提案などだという。鹿島は子どもや保護者が読んで「楽しめる」と思ったものを,何日かおきに,活字に直して印刷し,配布するそうだ。他の子どもが書いたことを皆で教室で読む。さらに,そのプリントを子どもたちが家に持ち帰り,家族で読む。このように,子どもの書いた日誌は,教室だけでなく,多くの人が鑑賞する「作品」になっていった。

　自分の家庭で起こったごく私的な事実を子どもたちが躊躇なく書き連ね,それを鹿島がまとめて,作品として皆に配布する。鹿島は,学級が子どもたちの意味創出の「解放」空間になることを目指し,子どもたちが「先生と対等に話し合える」場を作ろうと努力していた。「あのね帳」は先生に提出する宿題ではない。子どもたちは自分の疑問,悩み,怒り,見解を鹿島に訴えかける。鹿島は子どもの日誌を通して,教室の中だけでは見えない子ども一人一人の生活全体の様子を知ることになる。

　鹿島は子どもたちに考えさせたいという。日誌は子どもたちが自分で考えるためのきっかけであり,「文字を学ぶ,文法を学ぶ」といった意味での言語学習のために行っているのではないという。文字を学ぶことは日誌を書くのに役立つが,日誌を言語学習に役立てる意図はないという。鹿島は子どもたちが書

くことで自分の周りの世界を知り，自分の世界観を捉え直すことを望んでいるようだ。子どもたちは，日誌を書こうとするとき，何を書いたらよいのか悩む。書こうとすることで，「何か書くことはないか」と日常を見渡す。つまり，書くことは毎日経験している日常を「書き残す」ために，眺め直すことを強いる。子どもたちは書くことで，惰性化し，受け流されている日常生活をじっくりと見つめ直し，当たり前のことが異化されていく。子どもたちは自然の不思議に気づいたり，親のことばが何を意味していたのか考え直したりする。さらには，教師のふるまいの不条理にも気づくこともあるという。「見たことを書く」のではなく，「書くために見る」ことが求められるとき，知覚されるものが変わる。「書く」ことと「見る」ことは相互規定的なのだ。

　日誌として書かれたものから「たまてばこ」という作品集が作られ，子どもたちに配布される。親も配布された作品集を読んで，自分の子どもの作品に込められた想いに触れ，笑い，泣き，時には親としての自分の行いを反省するという。作品集を通して子どもたちとその親は，他の子どもが書いたものを作品として鑑賞することもできる。これは自分とは異なる他者の日常に対する「気づき」を提供し，自分達の生を相対化する。作品を媒介に子どもと大人が言い合うこともあるだろう。自分たちがしていることにいったいどんな意味があるのか，他者として親も考える。子どもの声に耳を傾け，対抗し，悩む空間がそこに開かれる。

　鹿島実践では，「見る(体験)─書く─鑑賞する」という三つの活動が緊張感のある相互依存関係を持つ。それは1人の子どもの中で生じる心の揺れである。同時に，それは他者との関わり方でもあり，どれも他者を意識した社会的交渉として実現される。教室を中心点として，この教室に関わるすべての人々は他者と交わり，自らの立ち位置を見つめ直したことだろう。

3-3　文字の使い手となるために

　横浜寿町の大沢による識字実践と，神戸の公立小学校の鹿島実践には共通点がある。一つは，「書く」という行為には，書き手の背後に多くの他者がいることを自明視していることだ。大沢実践でも，鹿島実践でも，書くことは読み

手を必要とする。宛先があることが大事にされる。そして，書かれたものは，「作品」として他者の鑑賞資源になり，読み手に発達の機会を与える。本章の冒頭であげた小学校の授業では，子どもたちの書く宛先には答えを求める教師だけがいた。その教師は書き手の中に封じ込まれた声にならない声を聞きたかったわけではなく，自分が教えたことへのいわば機械的な応答を子どもたちに求めていたにすぎない。

　寿町の労働者が自らの過去をふりかえり，その歴史を問うように，あのね実践の子どもたちは自分の生活を見つめた。これが共通点の二つ目である。どちらの実践でも，教師はことばの学び手がすでに豊かな知識を持つことを信じて疑わない。それぞれの書き手が持つ豊かな生活経験は，他者にはことばを通してしか触れることができないものである。そして，それは自分にとっても，ことばにして初めて触れることのできる世界である。それは語られたり，書かれたりすることで初めて外化され，人が知りうるものとなる。その媒体として文字が使われる。教師は聞き手，読み手となり，音や文字に乗せられたことばを待つ。どちらの実践でも，書くことは学校内外の全生活体験をふりかえる機会を提供していた。「見る」―「表現する」―「鑑賞する」という循環する活動システムの中に「書き」が位置づいていた。

　学校では日常生活をテーマにして書かせることがよくある。通常，「……について書いてみましょう」という設定である。だが，学校のことばを使って，学校的な枠組みで生活を表現しようとしても，しばしばそれは学校のことばで生活を整理することに置き換えられてしまう（Wertsch, 1991）。それでは，生活が持つ，雑多な声が混じり合った，騒々しい豊かな意味が捨象されてしまう。学校の分類枠組みによって日常のことばの具体性や豊かさが削られてしまう。これを岡本（1985）は，二次的ことばによる一次的ことばの抑圧と呼び，憂いた。鹿島実践は，日常に「ついて」書かせたのではない。子どもたちは日常の中に身を置いて，そこで感受した日々の細部の具体を描いていたのである。子どもたちは就学前の生活のことばのあとで，学校のことばを学ぶ。しかし，その内実は二つの言語の上昇的移行としては体験されない。日々の生活の中には，生活のことばと学校のことばの間を行き来する水平的関係が維持されている。もしもそうであるならば，学校で新しい学校のことばを学ぶことが子どもの生

活のことばを常に抑圧するわけではないだろう。そこに非対称的な関係性や一方の他方に対する抑圧が生じるのは，学校のことばそのものが持つ本質的な特質ではなく，二つのことばの取り扱いの失敗に起因しているのではないか。二つのことばの関係は複雑である。二つのことばは常に緊張関係を持つ。だが，その緊張関係こそが生きたことばを磨く。それが書き手の人格発達を促す。

　ヴィゴツキー（前出 1931/1987，邦訳，p. 62）は綴り字の学習は「生活上どうしても必要な課題の中に含まれていなければならない」という。子どもたちが自分の生活の中に「書く」という行為を位置づけることができたとき，その表現行為は自分を発達させる契機となる。教師の役割は学校のことばを生活のことばと切り離して教えることではなく，その二つを結びつけることにある。生活のことばを学校において再‐媒介することが求められている。そして，新たに学ばれる学校のことばもまた，生活のことばによって再‐媒介されなければならない。最も学校的なことばといわれる書きことばも生活のことばに再‐媒介されてこそ，参照する言語外文脈と言語内文脈を拡張し，断片的な体験を一つの世界観へつなぐ。ここにおいて，書き手は文字の使い手となるのである。

第4章

学びの場としての教室空間

子どもたちが平日の1日の三分の一ほどの時間を過ごす場所，そこが学校である。学校は学ぶ場であり，その学びの中心となる授業の舞台が教室である。日本では，理科や家庭科，美術，音楽などを特別教室で行うことはあっても，基本的に朝入った教室が1日の居場所の中心となる。まさに「ホーム」ルームである。ここを起点に1日の学校生活が組織される。本章ではこの教室空間が子どもたちにいったいどのようなものとして体験されているのか考えてみたい。

1 教室という舞台

1-1 教室イメージ

今からもう20年ほど前，1990年代に教室のイメージを大学1年生に描いてもらったことがある。大学生は小学校から高校まで長年「学校」生活を重ねてきたベテランであり，しかもそれが直近のことであるということで一番印象が残っている人たちであろう。描かれた絵をみるとその細部には多様性が見られたが，概して四角形の組み合わせが多かった。まず，四角い教室である。南側から光が入り，教室の北側に廊下がある。教室の廊下側には窓があったり，壁になっていたりする。教室の前方には教壇が低い長方形として描かれ，教卓が直方体として描かれる。その後ろには四角い大きな長方形の黒板が描かれている。教室全体には多くの四角い机が描かれる。これが学生たちにとって典型的な教室のイメージである（次頁図4.1）。

1-2 合理的な空間利用

そこに教師や生徒の姿が描かれていることもあったが，基本的に教室は四角形によって描くことができるところであった。この印象はたぶん今でも変わらないだろう。教師のいる位置を中心に扇形になるように机の配置を変えることもあるようだが，それでもなぜか教室は基本的に四角い。これは大学でも同様で，講義室はホールのような所を除けば，10名以下のためのゼミ室も数百名を収容する講義室も四角である。おそらくこれは，空間設計上の合理性に基づ

図 4.1：教室イメージ図の例

いているのであろう。校舎が四角であればその中の小部屋である教室も四角になるのが自然だ。丸や五角形の部屋があれば，建物全体がそれに対応して丸や五角形の校舎となっていなければ，隙間が多くなり，「無駄な」空間が増えてしまう。合理的な空間利用である。そして，先に述べたように，教室の形に合わせ，机などの備品も四角になっていく。学校はまるで四角い積木から成っているかのようだ。

　四角い教室はそこで生じる活動に制約を課す。四角い教室が想定するのは一斉授業である。1 人の教師が多数を教える時，教師は皆を見渡したい。生徒はどこにいても教師が見えることが望ましい。講義だけを考えれば扇形で，さらに前後に段差があって，前の生徒が後ろから見て邪魔にならない配置がもっとそれに適した形になるのかもしれない。しかし，日本の教室は講義だけでなく，学習者同士の討論を行う班活動が奨励される場でもある。班活動は多数の集団を分割することで，それぞれの子どもの参加意識を高めるやりかたである。通常 30 名以上いる日本の小学校の教室において，班活動を行うことは避けて通れない授業形態である。グループに分かれたときに，グループごとに机を寄せた小さな四角を複数つくるには，部屋は扇形よりも四角が適している。さらに，子どもたちのランドセルを置く場所の確保，資料の置き場所，教室四面の壁の使い方などを考えていくと，四角であることはとても合理的な空間であること

がわかる。1895年（明治28年）の「学校建築図説明及設計大要」による学校建築の時代から，日本の教室は約7×9メートルの四角形で，衛生上の理由から北側廊下が基本とされてきた。世代が変わっても日本の学校は四角いものとして記憶され続けている。

2 教育空間を変えれば学習は変わるか

2-1 「多目的スペース」のある学校

　四角い教室は四面が囲まれている空間という意味で，閉鎖性を連想させる。この閉鎖性を開き，新しい教室を作ることを行政が積極的に支援したことがあった。それが1984年に始まった「多目的スペース」の補助である。「多目的スペース」とは文科省[注1]によれば，「普通教室や特別教室では実施することが困難な合同授業などの多様な学習指導方法を実施するために設けられた学習スペース」のことである。その補助以降，オープンスペース（第1章参照）や多目的スペースを持つ学校が多く建てられ，10年間に「全公立小・中学校の1割を越す」までに増えたという（上野，1999, p. 104）。それらは当時「ニュー・スクール」[注2]と呼ばれ（江澤，2011），教室と教室の間仕切りをなくした設計や，オープンスペースと呼ばれる教室以外のフリースペースを持つ校舎が多く作られるようになった[注3]。

　その後行われた学校施設に対する調査報告書（「教育方法等の多様化に対応する学校施設の在り方に関する調査研究会議」，1988年3月22日）では，「学校教育においては，直接子供たちを指導する教師が重要な役割を果たすことは明らかであるが，学校施設も，単に教育の場を提供するのみでなく，児童・生徒の成長・発達そのものに深くかかわっており，豊かな人間性を育む環境としての大切な役割を持つ」とされ，子どもたちにとっては「学校施設を教育の場としてだけでなく，生活を含む教育環境」として，また地域の人々にとっては「生涯学習の場」として位置づけている。このようにニュー・スクールは学校施設を変えることで，そこで行われる活動を変えようという意欲的な試みであった。

2-2　ニュー・スクール構想

　ニュー・スクール構想は，教室空間の変更だけでなく，教育活動の質を変えようとしていた。その構想には，「個人差に応じた新しい学習指導」（熱海，1989）や「一人一人の児童・生徒の個性を生かす教育」（文部省文教施設部，1990）など，「個性の尊重」という主張が結びつけられていた。それ以前の日本の学校の教育方法の特徴を一斉教育，画一的な学習と捉え，それらを批判する「主体的教育」，「学習・学習者中心の授業」などといった「改革」の声（加藤，1987）がその構想と連動していた。

　ニュー・スクールでは，従来の「クラス数に応じた普通教室と理科・音楽・家庭・図画・視聴覚などの特別教室」から「全ての教科が特別教科として編成され，児童・生徒は毎時間教室を移動して授業をうける「教科教室型」」か，あるいは「全ての教科の学習をクラスルームのまわりで行う「総合教室型」」への移行が目指された（船越・飯沼，1987）。ニュー・スクールに共通の特徴として，まずあげられるのは空間の連続性である。それまでの学校は北側に廊下が続き，それに接する形で，南側にクラスルームや特別教室が存在するというものであった（青木，1988）。教室は窓と前後の戸を除くと外との連続性がなく，四角に仕切られている。教師はその部屋の前方に立ち，子どもたちに語りかける。

　これに対してニュー・スクールでは，教室は閉じられず，クラスルームのための空間は「クラスコーナー」などと呼ばれて，廊下や他の部屋とそのまま間仕切りなしに繋がっている。このため，他の教室の声や廊下スペースを通る子どもたちの声が必然的に聞こえることになり，「うるさい」，「落ち着かない」といった問題が，設立当初から使用している教師らから指摘されていた。他方，教室が多目的ホールやワークスペースなどと呼ばれる空き空間に連続しているので，授業中でもすぐに作業のための移動ができることや，その空間を教室スペースと合わせて使うことで複数の教師によるティーム・ティーチングもやりやすいといわれることもある。

　既存の学校に比べ，ニュー・スクールでは総じて天井が高い。また，床にはカーペットが敷かれていることが多く，子どもたちはしばしばその上に直接座ったり，寝転がったりできる。従来の特別教室や図書室などもメディアセンタ

2 教育空間を変えれば学習は変わるか

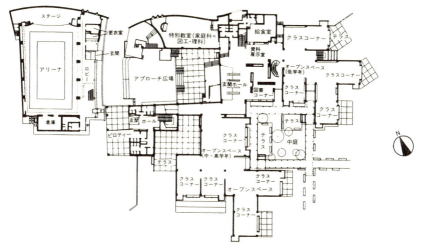

図4.2：ニュー・スクールの例：中新田町立鳴瀬小学校 （文部科学省，1990，p.175）

ー，図書コーナーなどと呼ばれ，クラスコーナーとの連続性が保たれた多機能空間として設置された。校舎にはふんだんに木が用いられ，RC構造の鉄筋コンクリートで造られた何とも味気ない白壁校舎の直方体に慣れた訪問者には，その校舎は「美しく」，学校の持つ閉鎖性や堅さが和らぐといった印象を与える。ニュー・スクールは，学習活動の多様性に対応できるように物理的な空間の柔軟性，連続性を実現することで，物理的に閉じた教室の開放を目指し，学習者と教師の心理的開放を試みようとしたものといえよう。

2-3 空間の開放と学習活動

ニュー・スクール構想には学校建築としての斬新さがあった。確かにそれまでの日本のほとんどの学校は「無味乾燥で，頑丈だが何の潤いもない施設。教えやすい，管理しやすい，という観点だけでつくられた施設」（上野，1999，p.9）であったことは否めない。だが，訪問者にとって「素晴らしい」と感じる空間が，利用者にとって「使い心地がよい」のかどうかは別の問題である。ニュー・スクール構想では，建築物としての空間的開放性が学習活動における開放性や柔軟性に直接的に結びつくという暗黙の前提があった。はたしてそうな

のだろうか。この点について，ニュー・スクールを推し進めてきた側で十分な議論がなされているとはいえない。

一般的に「開放」といえば，「閉鎖」よりもイメージが良いかもしれないが，人の居場所としては，閉じられた空間も必要である。閉じられている場があることで開放されている空間の良さも感じられる。たとえば，人は他者の視線にとても敏感である。喫茶店でどこに座るのかを観察してみると，おもしろいほど他者の視線を避ける場所に座ることがわかる（間宮，1992）。喫茶店が仮に四つの大きなブロックに分かれるとすれば，新しく来た客はその各ブロックで相互の視線が絡まない場所に座る。仮にすべてのブロックに1人ずつ入ると，次は各ブロック内で相互の視線が絡みにくい場所を埋めていく。学校でも視線を意識してか，オープンスペースの教室を使う教師が学期の進行とともに，廊下コーナーとクラスコーナーの間に物を置いて，空間的な仕切りを作ることがよく観察される。それは物理的に閉じることで，「私たちの学級」を枠づける象徴的行為といえる。

大学はほとんどすべての授業を移動型教室で行い，自分専用の空間を持たない文系の大学生と，実験などのために常駐する空間を持つ理系学生では，所属母体となる研究室や学科，専攻などへの帰属意識が明らかに異なる。かつて宮城教育大学では「合研」と呼ばれる教員と学生が同一の部屋に常駐し，そこを大学における居場所とする制度があった（宮城教育大学，1998）。そこでは学生たちは自分を語る時に，「〇〇合研の誰々」として名のることが多く，確かに帰属意識を高める効果があったようである。出身地，居住地を名字のように名のることはよくあることだが，それは空間上の区切りを自分に関わる半私的領域として特定し，自らをそこに位置づけようとする自己確認の作業といえる。

先に述べたように，「多目的スペース」とは「普通教室」（クラスルーム）や特別教室では実施することが困難な多様な学習指導方法を実施するためのスペースである。多目的スペースは，「特別教室」のように「用途が限定」されていないことを条件にしており，クラスを置く「普通教室」と音楽室のように用途が限定される「特別教室」の中間に位置づく，いわば弛緩帯であり，柔軟性を持つ場とされる。それゆえ，多目的スペースは個々人の個性的な学習過程に応じた多様な指導に適した場所とされる。

現在，多くの学校で採用されている習熟度別授業は，このような多目的スペースの設置と深い関係にある。多目的スペースの設置への助成が始まる1984年に，文部省は「各都道府県教育委員会教育長」に宛てて，「昭和59年度以降に昭和58年度までの小中学校校舎必要面積を超えて整備を図ろうとする学校で，多目的スペースを設置しようとするもの等について，設計内容聴取を行う」よう指示しており（文管助第111号），その指示の中で，多目的スペースの使い方を「グループ学習，個別指導，自習スペース」などとするように具体的に例示している。その例を見るとその後の多目的スペースの利用のありかたはその例示の中にすべて含まれているといっても過言ではない。その例の中には，「学年合同のティーム・ティーチング」もすでに組み込まれており，それ以後，オープンスペースとティーム・ティーチングは密接な関係を持つ対語として継続的に文部行政文書に登場するようになるのである[注4]。

2-4 オープンスペースを持つ学校の実態調査

多目的スペースが登場すると，それは補助金を伴う事業であったことから多くの学校に取り入れられた。多目的スペースを取り入れた改築当初は，先の文部省の「例示」に応じた使い方がなされていたところも多かったようである。しかし，その後はどうだろうか。鈴木（1996）は1993年に緒川小学校の実際の使用状況を調査した。緒川小学校は1978年改築の愛知県知多郡東浦にある公立小学校であり，オープンスペースの学校として有名である。それによれば，「一斉講義」「調べ学習」「実習」「集会」の四つの学習形式の中で，どの学年でも一斉講義の授業形態の割合が平均で50%と高く，使われる授業の場所は普通教室が6割強で，オープンスペースは2割程度の利用であったという。オープンスペースは調べ学習や作業に使われることが多かったそうだ。

鈴木（1996）の調査からさらに12年後，オープンスペースを持つ学校建築に長年携わって来た長倉康彦，上野淳らの首都大（旧都立大）グループにより行われた調査報告がある（寺嶋，2009）。調査は2008年に実施された。多目的スペースが取り入れられてから実に四半世紀経ってからの調査であり，当初の設立意図がどのように実際の学校で「扱われているのか」を知る上で興味深い

調査である。

　調査されたのは，1980年代にオープンスペースを持つ学校として注目された，先に挙げた緒川小学校，1984年改築の神奈川県横浜市の本町小学校，1985年改築の東京都目黒区宮前小学校，それに1999年に改築された東京都世田谷区の桜ヶ丘小学校である。児童の学習・生活活動の展開に関する終日観察調査と教師による学校環境調査アンケートが実施された。前三校はオープンスペースを持つ校舎になってから約20年以上経過してからの調査であり，オープンスペースなどの空間が，その後，教師や児童によってどのように使われているのかがわかる。

　児童の学習・生活活動を終日観察調査した結果，2008年度調査時点では，緒川小学校を除いた他の学校は「クラス単位・一斉授業が主体で，クラス解体による学習展開はほとんどみられない」と総括された。ただし，部分的に本町小では学年単位の総合学習を行い，宮前，桜ヶ丘では中学年以上の算数でクラスを解体した活動を行っていたそうだ。算数ではティーム・ティーチングによる習熟度別授業が行われていた。三校ともクラス単位でグループワークを行うときに，散発的にオープンスペースを使っていたという。中でも，緒川小学校では，クラススペースで授業を行う時には一斉学習が中心となるものの，学年ごとの合同学習，グループ学習も多く行われていたという。緒川小学校は自らを「オープン・スクール」と呼ぶように，その後もオープンスペースに対応した「個別化・個性化教育」を継続して推進しており，空間と教育との対応づけを自覚的に行っている学校であるようだ（緒川小学校「平成27年度緒川小の研究」）。

2-5　建築空間評価の根本的な問題

　以上の結果は，相当の継続的努力をしないと，オープンスペースを持つ学校は本来の設計思想にあった使い方ができないことを示している。この結果によって，オープンスペースが成功したのか，失敗したのか論じることは早計であるし，それをここで断じたいわけでもない。強調したいことはそもそもオープンスペース単独の効果を論じることなどできはしないということだ。学習活動がどのように組織化されるのかはその学習の目標や子どもたちの状態，教師の

指導行動など多くの要因を含む複雑な環境要因群が創り出す活動のありかたに依存するのであり，そこから空間要因だけを取り出して，それが学習に有用であるのかどうか論じることは無謀である．言い換えれば，学校建築という箱物を独立変数にし，その利用者の行動を従属変数として，その両者の間の関係を一対一対応させて捉えようとする因果モデルは，学校評価や授業評価には適していない．

「学校にオープンスペースができることで，授業が変わるのか」，あるいは「オープンスペースがあることで，授業だけでなく，子どもたちの学校生活での動き方が変わり，子どもたちは個性化していくのか」といった，建築に特化して教授学習過程を評価する問い方はそもそも間違っている．それは不毛な問いである．建築空間がどんなに優れていてもそれは直接，そこに生きる人々の活動や心理に一方向的な因果関係を持つことはありえない．個別の物理空間はそれぞれの実践において独特な機能を果たす．そうなると，たとえば，オープンスペースがティーム・ティーチングに適切かどうかといった一般的な問いには意味がない．その時の学年は何人なのか，どのような指導をする教師が教えているのか，いくつのグループにするのか，子どもたちはグループに分けられることにどんな思いを抱くのか，空間はそれら多様な実践に埋め込まれた多くの資源の中の一つでしかなく，他の資源との相互関係の中でその場に独自な寄与をするのである．

たとえば，こんなことがよくある．少子化によって，空き教室が増え，使わなくなった教室を各グループワークに補助教室として使う学校が多い．その方が，子どもたちにとって他のグループの授業が見えないので，自分たちのグループ活動に集中でき，担当の先生に質問しやすいという．この状況はクラスルームを出るという意味では開放性を持ったクラス活動であるが，学習グループごとに部屋を指定し，ドアを閉めるという意味では閉鎖性を持ったクラス活動でもある．これは空き教室があるという空間的資源の余剰によって偶然実現されたものだ．教師もたいした理由もなく，空き教室を利用したにすぎないのかもしれない．このようにいくつかの偶然が重なって，そこに固有の独自な学習状況が作り出されるのだ．

1990年代に著者が「ニュー・スクール構想」で紹介されていた学校を訪問

した折,教師に学校の感想を聞くと,「ここに異動してきて,大変になったのは,プリント作りと掃除だ」と言われたのが印象に残っている。それは半分冗談まじりのものだと聞こえたが,その一方でつまらないことに時間を潰されていることを嘆く教師のぼやきにも聞こえた。個に応じた習熟度別指導を徹底していくと,形式的には個人ごとに異なる学習を行うことが理想となり,究極的には個人教授の形態を必要とする。当然人的資源の不足からそれはできないので,口で説明し,問う教師の代わりに,文書で説明し,問う方法,すなわちプリント学習がはやることになる。先の教師は子どもたちが学期中に使うプリントを夏休みの間に準備し,プリント棚を満たすことに忙しいと言っていたのだ。掃除が大変だといったわけは,我々のような訪問者が多く,いつでも見学に備えて学校を磨いておかなくてはいけないということである。当時は行政が予算を投入していることもあり,行政関係者,教師,研究者の訪問が絶えなかった。これは学校建築と教師の仕事のいわば主従が逆転した状態である。とても残念なことであるが,そこには笑えないリアリティがあった。

　学校建築改革を推進する人たちの教育に対する思いや夢には,既存の教育に対する真摯な批判とそれを何とかしたいという変革の精神があり,大いに賞賛されるべきものである。そして自分たちが設計した学校が実際にどのように使われているのか,そのフォローアップをするために継続的に調査を行うという労力の掛かる仕事をしていることも賞賛されるべきだ。だが,繰り返しになるが,建築空間と活動や心理との直線的な対応づけを前提にした調査は,そもそもその前提が間違っている。物理的空間はあくまでも教室や学校の一資源である。学校実践は多様な資源が織りなす複雑な活動システムとして実現されている。オープンスペースは空間の開放を文字通り意味しているが,それがそこで行われる活動や心理をオープンにするという保証はどこにもない。空間上の「オープン」がいつの間にか学習活動や心理の「オープン」へと素朴な語彙連想によるイメージの拡大解釈がなされてしまっていたのだ。どんな空間が作られるのであれ,そこで望ましい学習活動が組織されているかどうかはまったく別の話である。

　確かに,ニュー・スクールといわれる学校に入ると,通常のコンクリート校舎に比べてはるかにきれいだと感じるし,居心地が良いと感じることも多い。

曲面が取り入れられたり，木の香りがしたり，ガラスが大きくて日の光がたっぷりと教室に入ってきたりする。学校のトイレが家庭に比べて時代遅れの和式中心で，しかも臭い，汚い，古いというようなことがよく問題になる。そのような一般的な空間の居心地の良さを向上させることは必要である。だが，それらは教育施設固有の問題ではない。どんな施設でも時代に応じて，期待される設備や備品が変わり，それに応じた改善がなされるべきである。家庭の物理空間や備品の進化に比べ，学校という公的な施設のそれらがまったくついていけず，今や退化しているかのようにさえ見えることこそが問題である。明治の頃の疑似洋風建築は田畑を耕す親にとっては自分の日常の住環境とは異なる，未来の建物と映ったことだろう。しかし，今や，子どもや親が学校建築を過去の遺物として見るような時代になってきているとしたら，それは確かに問題である。

　学校が子どもたちの未来への扉を開く場所であるならば，それにふさわしい学校建築があるべきなのかもしれない。オープンスペースを持つ学校建築を求めた建築家らも，実はオープンスペースに即効的な実利性を求めていたのではなく，そのような意味での象徴性を建物に委ねていたと考えることもできよう。しかし，予算確保のためには常に実利性，すなわち学校建築に対する投資効果を示さなくてはならない。このことが学校建築と教育効果の間に単純な因果関係を描く素朴な図式をもたらしたと考えることができる。教育予算は常に「公平に」配分されることが望まれる。つまり，限られた教育予算であればそれは適切に配分されなければならず，さらに最小の投資で最大の「効果」が教育現場に生じることが望まれる。しかし，予算の請求，使用には常にその適切性を示す証明が求められる。皮肉にも，教育においてはこのような証明手続きこそが，教育実践そのものの質を変える最も効果的な手段になってしまうのである。

3　空間と活動

3-1　大きな学校，大きな学級

　学校における子どもたちの学習活動のありかたは学校建築に直接影響される

わけではない。重要なのは学校における実践そのものである。どんな実践がそこでなされているのかが問われる。学校建築は誰の目にも見えるという意味で，注目されやすいが，それによって実はもっと大事な問題が見落とされてしまっている。それは学校規模の問題である。集団の大きさはその集団の実践のありかたに大きな影響を与えている。

　学校規模がその学校に在籍する子どもたちの行動とどのような関係にあるのか組織的に調べた研究として有名なのが，バーカーら（Barker & Gump, 1964）の「大きな学校　小さな学校」である。彼らはアメリカのカンザス州で経済的・文化的・政治的に等質と考えられた同一の州教育行政管轄区域の高校3年について，その課外活動への参加度を調べた。生徒数の大きな学校の在籍者数は2287名，それと比較された4つの小さな高校は83名から151名であった。つまり，両者の生徒数比は約20倍である。しかし，クラス劇，フットボールの試合，宴会，パレードなど生徒が参加する行動場面の数を調べたところ，その差は5倍あったが，1人あたりどれぐらい異なる行動場面に参加していたのか，その行動場面の種目数の差をみたところ，それは僅かに1.4倍でしかなかったという。このことは，生徒数の大きな学校は小さな学校に比べて全体としては多くの行動場面を提供するが，生徒1人あたりが参加する行動場面の種類にするとそこにはたいした差がないことを示している。大きい学校は多くの場面を生徒に提供するが，すべての生徒が均等にそこに参加するわけではないので，そこには当然偏りが生じる。さらに，それらの行動場面に参加した生徒にその時の感想を報告してもらったところ，生徒の満足度は生徒自身が行動場面の中で重要な地位を占めることができたかどうかに依存しており，小さな学校に在籍する生徒の方がその満足度は高かったという。小さな学校の生徒はその参加によって自分の有能さを確認したり，批判的な思考能力を高めたり，文化的な価値にふれることができたと報告したのに対して，大きな学校の生徒は，情報を知ることができたとか，参加を通じて点数かせぎをしたなどと答えたという。

　彼らは自主的に参加した活動を分析しており，学校では強制参加となる教科学習の授業については取り扱っていない。したがって，この結果がそのまま教科学習における参加の指標とはならないと述べている。また，バーカーら

(Barker & Gump, 1964)はそのような大きな高校ができたことの社会歴史的背景，あるいは教育行政上の文脈について言及していないが，アメリカにおける学校規模の拡大にはそれなりの歴史的背景があるはずだ。一つの学校の収容人数が大きくなったことはその学校へ通学する児童・生徒の範囲が拡がったことを意味する。19世紀から20世紀にかけて，アメリカにおいて学区が拡大した背景には，教育行政当局により，地域ごとの教育の質の高低をなくし，教育の平準化が目指されていたためだという（小松，1989）。当時，特に農村では教師が1人しかおらず，一教室を使うだけの学校も多くあったという。そのことは当然，行動場面の種類が少ない学校が多数存在していたことを推察させ，学校の統合，すなわち学区の拡大は，限られた予算の中では地域ごとの教育資源の均質化をはかる上で有力な方法であったのだろう。

　学校規模拡大の論争点は日本でも似ている。大分県の明治末期から昭和初期の学校統合の記録を分析した永岡・鈴木（1972）によれば，学校規模の拡大は教育効果を高め，学校経費を削減すると主張されたという。日本では現在でもコミュニティデザインのありかたとして，小さな地域ごとに設置された公的施設が古くなるとその場所で建て替えるのではなく，複数の地域にあった施設を1箇所に統合し，中範囲，あるいは広範囲ごとに一つの大きな施設を建てることが多い。これが経済的合理性にかなった予算の使い方なのだろう。しかし，そのような施設では結局使う人が限定され，地元に密着した利用はなされない。広域を対象とした施設はそこに来るための移動手段の確保という新たな問題を生み，その移動手段確保には，その地域の財政状況やそれぞれの利用者の経済力が影響することになる。

3-2　教師にとっての学級規模

　日本において2000年代に行われた学級規模と教員の指導，生徒児童の学習に関する調査結果を見てみたい。西本（2007）は2004年12月に全国の国公私立小中高の校長と教員に学校規模と学習との関係についての調査票を配布し，それぞれ1222名の校長と6438名の教員から回答を得た（回収率は校長が32.1％，教員が33.1％）。質問項目は「児童生徒の学習順調度」と「教員の学習指導順

調度」からなり，それはそれぞれ以下の内容であった．

「児童生徒の学習順調度」
　　授業中，児童生徒は教員の話をよく聞いている
　　チャイムが鳴ったら着席して教員の到着を待っている
　　平時の授業内容を子どもたちはおよそ理解している
　　宿題をやってこない子どもがいる
　　学級内の児童生徒の到達度に幅がありすぎると思う
　　逆に授業内容がやさしすぎて退屈している子どもがいる
　　分からないことがあると子どもはよく質問する

「教員の学習指導順調度」
　　一人ひとりの子どもを分かるまで指導するだけのゆとりがある
　　理解できない子どもに繰り返して指導する時間がある
　　理解不十分でも次の単元に進まざるを得ないことがある
　　教員は子どもが授業をどの程度理解しているか把握できている
　　一人ひとりの子どもの学習状況によく目が行き届く

（西本，2007 より）

　公立校に限って分析すると，その結果は非常にクリアで，校長も一般教員も，「児童生徒の学習順調度」と「教員の学習指導順調度」の「順調度」が高いのは 7 名以下のクラスであり，36 名を超えると最も低くなるというように，学級規模と「順調度」は反比例の関係になっていた[注5]．これはあくまでも校長と一般教職員の意識調査なので，実際に学習者である児童生徒の学習が「順調」であったかどうか，教員の学習指導が「順調」であったかどうかはわからない．しかし，多くの教員が，少人数学級の方が学習指導がしやすいと考え，少人数学級の方が児童生徒も適切に学習していると捉えているという事実は無視できないだろう．そのような教員意識がどこまで実態に対応しているのかどうかはともかく，教員が学習指導の成功や失敗を児童生徒数に帰属させて説明しようとしている事実を見逃してはならない．

教員が持つ認識はその教員の指導行動に影響を与える。たとえば、教員研修を通して、いまや「特別支援」や「発達障害」という言葉が学校現場に定着している。すると、多くの教員は「この学級には気になる子が多いので、指導が十分できない」といった語りをする。教師は「気になる子」が多いから「指導ができない」と嘆くのであるが、冷静に考えれば、「指導ができない」子どもたちが「気になる子」になるのであるから、それは同語反復でしかない。しかし、そこに因果的な関係を当てはめるのである。教師が学級規模を指導における障害と考える認識は、「学級規模が大きい」から何をしても「指導はうまくいかない」という説明を正当化する言い訳を生み出し、下手をすれば指導の改善を回避する口実にさえなる。実際に学級規模と学習の関係を成績に対応させて多様な条件で調べることは容易ではない。しかし、多くの教師がそのような認識を持つに至ったのであれば、そのような認識を定着させる環境が今の日本の学校にあると考えるのは自然なことだろう。

学級規模は学習意識に関わるだけでなく、学級規模、学校規模が大きくなるほど、総じて学校におけるいじめ、不登校、学級崩壊、対教師暴力などの問題状況が増え、さらに教員の教師生徒関係に対する満足度も学校規模、学級規模が大きくなると下がるという調査結果もある（須田，2005）。学校規模と学級規模は、児童の教師や学校に対する肯定的評価や自己肯定感にも負の影響を与える（須田，2005）という。これらは学級規模が大きくなればそれだけ児童それぞれが教師との間で適切なコミュニケーションの質や量を確保することが難しくなり、さらに、一人一人の児童が学級の中で空間的な居場所を得ることが難しくなることを示している。

3-3 子どもにとっての学級規模

授業を受ける子どもたちの側はどのように捉えているのだろうか。須田ら（2007）は、児童、生徒の側から見た学級規模の適切さについて子どもの意識調査を行った[注6]。その結果、小学5年生では、現在の学級の人数が「ちょうど良いかどうか」という質問に対しては、「21-25人」学級が最も高い値を示していた[注7]。最も満足度が低い在籍人数は62.6％の36人から40人の学級であっ

た。教科別では，小学校の場合，国語と体育では 21 人から 25 人の学級が最も満足度が高く（国語が 82.9％，体育は 59.0％），算数，社会，理科，図工，家庭・技術では 12 人以下の学級で最も満足度が高かった（それぞれ 79.8％，85.4％，71.6％，68.2％，73.9％）。音楽では 31 人から 35 人の学級が 68.2％で最も満足度が高かった。総じて 12 人以下の少人数学級が「ちょうど良い」人数であると児童は評価していたことになる。

中学 2 年生では，現在の学級人数が「ちょうど良い」と考える最も多い在籍学級は 21 人から 25 人の学級であることは小学校と変わらないが，教科別の「ちょうど良さ」は小学 5 年生に比べ，学級人数が総じて大きくなる傾向にあった。21 人から 25 人の学級が「ちょうど良い」と評価している子どもが国語（87.0％），社会（89.1％），理科（84.8％），音楽（82.6％），英語（84.8％）で最も多い。次に多かったのは数学（84.8％），美術（87.2％），家庭・技術（88.5％）の三教科で，26 人から 30 人の学級が最も「ちょうど良い」と評価された。体育では 31 人から 35 人の学級が最も「ちょうど良い」と評価された（72.4％）。

以上の結果は，小学生も中学生も 21 人から 25 人の在籍者数の学級に所属している子どもが最も適切な規模だと自己判断し，さらに教科別に見ると小学生は 12 人以下が，中学生では 21 人から 25 人の学級規模がちょうど良いと評価していたことを示している。いずれにせよ，2014 年度末現在で文科省が設定している一学級あたりの人数よりも，子どもたちの学級規模に対する適切さの意識はだいぶ少ないことがわかる。

3-4　学級規模と実際の指導

須田ら（2007）において興味深いのは，子どもたちが経験したことのある指導法と学級規模の関係である。児童数が 12 人以下，13 人から 20 人以下の学級に在籍する子は，「わかっていない子どもに先生は丁寧に教えてくれる」（13-20 人の学級で最も多く，89.9％），「先生が，算数や数学のプリントやドリルを見てくれる」（12 人以下の学級で最も多く，92.1％），「書いた作文を先生がほめたり直したりしてくれる」（12 人以下の学級で最も多く，80.2％），「先生が生徒によく質問し，生徒がよく発表する授業」（13-20 人の学級で最も多く，

77.8％），「算数や数学の問題を解いて，みんなの前で説明する」(79.7％)，「国語で，1時間に1人が1回以上発表する (76.4％)」，「放課後に，先生がわからないところを教えてくれる」(47.8％) という項目について，それよりも在籍者数が多い学級に在籍する子どもよりも「よくある」，「ときどきある」の割合が高かった。他方，36人から40人の児童が在籍している学級では，「朝の授業の前に，学習や読書の時間がある」(96.5％)，「先生は宿題をたくさん出す」，「理科の授業で，道具や器具が足りないことがある」，「先生が1時間中説明し，生徒が聞いている授業」(38.9％) が他の学級規模に比べ，最も高い割合を示していた。

　中学校も同様の傾向を示し，細やかな指導に関わる項目は，13人から20人の規模の学級で最も頻度が高かった。児童・生徒自身の授業態度も概して少人数学級になるほど授業に積極的に取り組んでいるという意識を持っていた。また，この調査票には算数・数学と国語のテストが付けられていた。その結果によれば，小学校では僅かな差であるとはいえ，両科目の合計点は学級規模に比例して低くなっていた。中学校では13人から20人，20人から25人，26人から30人の学級の間には差がないが，それらは31人から35人，36人から40人の学級よりもやはり僅かながら合計点が高かった。この結果から須田ら (2007) は「小中学校ともに，学級規模が小さい方が学力が高いようである」と結論づけている。以上のことは，学級内の子どもの数が減ることによって，子どもと子どもの間の相互のやりとりや教師と子どもたちの間のやりとりに質的かつ量的な違いが生まれ，それが学習に対して良い方向で影響を与えていることを推察させる。

　通常2クラスで運営されている学年が，ある教科で補助教員を入れることで3グループ体制になることがある。ティーム・ティーチングや習熟度別指導を導入する時の集団分割形式である。習熟度別の個別学習状況では，個々の子どもが1人で黙々とプリントの問題を解いていき，終わったところで指導者に確認をしてもらい，次のプリントを受け取るということがよくある。そこでは日本の授業が得意としてきた学級全体での語り合いによる問いの探求がなされない。それは答えを覚えていくための合理的な学習にはなるかもしれないが，問いを深め，疑問を出し合うことはできない。

そもそも何をもって習熟度を測るのか。それは通常個人が達成した結果であり，成績であろう。しかし，実際にはまだ1人では正解に至らない子が，すでに正解を知る子の理解を深めるような問いかけもある。クラスはそこに参加する人々がその活動の展開を可能にするような相互に補完し合う一つの機能システム（Griffin & Cole, 1984）を構成している。学習活動にとっては，個々人の学習特性だけでなく，集団で行う学習活動それ自体が持つ組織特性も重要である。問われるべきは一斉授業なのか，個別学習なのかという表面的な活動形態ではない。そこで組織される活動が，その参加者にとってどんなアクセスを可能にし，どのような社会的編成を可能とするのか，その結果，その学習活動がどんな意味を持つ場となるのか，こうしたことが問われなくてはならない。

4　一時滞在空間

4-1　借用される教室

　教室には物があまりない。そういうと現場の教師は「いや　狭くて困るんです。散らかっています」というだろう。確かに7×9メートルの部屋に35人もの子どもがいるのであればそれは狭いし，置ける物はたかがしれている。子どもたちが学校でふだん使うものを収納する棚は作品などを置けばもういっぱいいっぱいということにもなる。家庭では，生活の軌跡が家具の配置の中に透けて見えるが，学校では常に机が黒板側に向かい合うような形で設定され，バリエーションは少ない。いわゆる生活感があまりないのである。これに比べて職員室の机ではその人の仕事をしてきた過去の軌跡が見える。山積みにされた参考図書や埋まっていてなかなか取り出せない書類のファイルなど，何をその人が今使用していて，何をやり残しているのか，また，今何を大切にしているのかなどがわかる。作業者の作り出す空間はいわばそこに住まう人の知性を現す（石黒，2001c）。

　教室に生活感がないのはなぜか。それは借用空間だからだ。しかも，それは単年度のレンタルである。4月に配置された教室を子どもたちは通常翌年3月には去っていく。1年しか使わないのに1日の多くを過ごす場，そこが教室な

のだ。そこは私的な空間ではない。誰でもが原則としてどの椅子に座ってもよい共有空間である。自分の机というものがあっても，それは私有物ではない。あくまでも借りものである。小学校新入生の4月の教室では，一人一人の名前が大きく紙に書かれ，机に貼られていることがある。それは，「あなたはここに座るのですよ」という借用指示であり，誰それの所有を示すラベルではない。すぐ返す場所，それが教室である。オフィスも私的な場ではなく，それなりの共有性が保障されていなくてはならない。しかし，時間とともにデスクの上に私有物が増えていき，各個人特有のレイアウトがなされていくのが自然の流れである。借用される空間は常に私有化される危機の中にある。

　学校では椅子，机といった学校に帰属する物だけでなく，子どもが持ってくることができるものにも制限がある。仮にそれが私有物であってもだ。それもまた教室が借りもので，一時的な場であるという事実による。机の上に落書きをしたり，彫刻刀で彫ったりする小さなレジスタンス行為は，子どもたちにとっては自分の居場所感や所属感を醸成する私有化（appropriation）の手続きとでもいえる。こうした特別な借用感覚を学ぶこともまた子どもたちにとっては学校を知ることであり，入学後に求められる重要な学校適応課題となる。

4-2　子どもにとっての教室

　教室が一時的な場であるということを子どもの側から，そして教師の側から考えてみよう。通常子どもたちは毎年進級し，教室を変える。それに伴って，形は同じだが少しずつ大きくなる椅子と机を使うようになる。自分が今いる部屋は1年の「レンタル」である。自分が学校で作った作品は1年後には破棄するか，家に持ち帰らなくてはならない。自分が学校で成し遂げた成果は「単年度決算」され，翌年は新しい場所で活動することが求められる。そこに私物を貯め置くことは原則許されない。わからないことを調べるための辞書や本は，教室の隅に置かれることはあっても，個々の子どもが自分の机の中にそうした資料を好きなだけ置けることはない。紛失を心配することもその一因であるが，本来物が置けるだけの場所を確保できないし，それらは試験時のカンニング誘発資源としても警戒される。

職員室の教員の机に物が溜まっていくように，子どもたちにとっても本当はさまざまな資源が学びの過程で蓄積されていく。小学校低学年の子どもたちに対する教師の指導の中に，明日何を持ってくるのか，今日何を持ち帰らなくてはいけないのか，一つ一つ確認することがある。それにはさまざまな理由があるだろう。しかし，そもそも自分の物を「自分の机」や「自分の学級」に置けないという，今の日本の学校の状況がそのような指導を必要としているという事実を忘れてはならない。現在の日本では，教室は常に自分がいてよい場所ではない。教室は朝の登校時間から決められた下校時間までいることが許される一時滞在場所でしかない。放課後の学校を利用した学童保育活動は，学校が放課後そのまま居続けることができない場所だからこそ必要とされている。この事実が持つ意味はよく検討されなくてはならない。

4-3 異動する教師

教師にとっても教室は1年ごとに移動する場所である。さらに，通常公立学校であれば，教師には異動がある。都道府県によって規定が違うようであるが，たとえば，東京都では異動の原則（東京都，平成15年）として，現任校において「引き続き3年以上勤務する者」が異動の対象となり，「6年に達した者」は異動しなければならないことになっている。異動によって，教師の地域における均一化が図られ，どの学校にいっても教師の質に差がなくなることが求められているのであろう[注8]。だが，この3年から6年というのは一つの場に馴染み，その場を使いこなすのに十分な時間なのであろうか。小学校では子どもは1年から6年まで6年間を同じ学校で過ごす。子どもと一緒に進級していくのであれば，仮に一つの学校に6年間いたとしてもその学校での各学年の経験は1回限りである。

オープンスペースの学校に異動しても，その空間に馴染むには時間が必要だ。使用者である教師はその空間の設計思想を知ってやってくるわけではない。言葉ではわかっていたとしても実際に子どもを前にしてその部屋を使用することで，その空間の持つ実践上の意味が体得されていく。長く一つの学校に在職することにより，自分の学校や地域特性をよく知り，学校を変えていくことに積

極的に関与することができる可能性が出てくる。フィンランドのある就学前施設を訪れたとき，施設長はすでに20年以上もそこにいるとのことだった。日本の大きな家程度の小さな施設は隅々までよく整備され，部屋の利用にもいろいろな工夫がなされていた。アメリカのオハイオ州の公立小学校を訪れたときにも，校長や各クラスの担任は長期間その学校に勤め，地域特性をよく把握していた。日本では，子どもはもちろんであるが，多くの教師もショートステイの「一時滞在者」である。教室空間を変えて学習環境を整備したいと思ってもやがてその教師は異動するので，あとの人のことを考えるとせいぜい机の位置を変える程度のことしかできないのであろう。

　最近では，学校を実際に使う子ども，教師，子どもの保護者，地域の人々など多様な利用者を設計段階から巻き込んでその意見を生かそうという動き（片山，1996）がある。これはこれで望ましいことではあるが，実際のところ，その空間を利用する子どもも教師も「ショートステイ」であり，使ってみないことにはわからないことが多いため，自分が頭の中で思い描いただけの理想論を言うだけになってしまうことにもなりかねない。日本の学校は，異動がない一部の私立を除き，利用者にとっては通過施設でしかない。したがって，誰が本来の意味でのユーザーなのかその利用の時までそれは確定できないのだ（畔柳ら，2010）。使う人に適切な空間を作ろうといってもそのユーザーが確定しづらいのである。

　設計において，部屋の利用者である教師や児童生徒よりも，建築設計に精通している建築家の声が中心になるのは，そうした利用者の一時性，移動性による。自分の家を設計依頼するのであれば，依頼主はこれまで住んでいた家の状況を建築士に話し，自分の理想を語らずにはいられないだろう。建て替えられた家もまた自分が使うのだから。同様に，長く勤務することができる施設ならば，使い勝手の悪い場所を指摘して，その改善を建築士に依頼することもできる。しかし，異動を前提として勤務する場合には，「自分はこうした方が便利だと思うが，次に来る人はまた別な使い方をするかもしれないので」と口を濁すことになる。住民参加，使用者参加といっても，「住民」も「使用者」も移動性が高い公共施設では実のところそれが誰か確定しがたい。学校や教室を知っている人がその空間設計に関わればよいということはたやすいが，いったい

誰が学校や教室をよく知りうる人なのか。そもそも「学校や教室を知っている」とは何を意味するのか考えなくてはならないだろう。

5 子どもたちの制度的空間の変化

ここまで小学校入学後の教室について論じてきた。本節ではそこにいたる前の子どもたちの生活環境である家庭や就学前施設を取り上げ、それらと小学校以降の空間経験の連続性、非連続性について考えてみたい。

日本の就学前施設は多くの場合、可変的な単空間の状態にある。幼稚園と保育園は給食室の有無の違いはあるが、子どもの利用空間としては通常「ホール」などと呼ばれる多目的スペース一室があるだけで、あとはクラスルームからなっていることが多い。これに職員の在所となる事務室がある程度である。多目的スペースはクラスを横断して行う活動に使われることが多く、入学式や卒業式、クリスマス会など各種行事を行うための場所である。全体で一つしかないことが多く、同時間帯に複数のクラスが活動することは行事以外にはなかなか難しい。そのため、必然的に各ホームルームの中で子どもたちは1日の大半を過ごすことになり、ホームルームとして使われる部屋は、朝の会、作業、給食、午睡、おやつなど1日の大半の活動を行う場所となる。椅子だけ出して保育士に対面する形で扇形で座ったり、テーブルを出して製作したり、給食をとったりするのである。午睡時には椅子もテーブルも片づけられ、床に布団を敷いて寝室にもなる。このように、一つの単一空間が、活動に応じて形を変えながら複数の機能を果たす。雨で園庭が使えない時、保育者に与えられる空間の選択肢は僅かなのである。

このように単一空間を可変的に利用する主な理由は利用できる部屋数が限定されていることによる。子どもたちが家庭でどのような部屋利用をしているのかは各家庭の部屋の数に依存するが、一般的な住宅設計では、食事には食事用テーブルが常設されている場所があり、作業や娯楽には居間が、寝るためには寝室が用意されている。食べる、寝る、作業をするなどの各活動に対して固有の空間があることとないことの違いを考えてみよう。食事をするために食事用テーブルを出すと食事用テーブルが常設されていることにはどのような違い

があるのだろうか。常設されている場合は，そこに物を置き続けることができる。たとえば，常設されたテーブルの上には季節の果物を置いておくことができるし，花を飾ることができる。しかし，食事の時だけ出されるテーブルの上に物を置き続けることはできない。さらに，テーブルを出す場合，一緒に食べるグループを固定しても，椅子の位置は常に可変的であり，場所が変わることもしばしばである。これに対して常設されるテーブルでは椅子の位置も固定し，家族の中で自分が座る場所が決まっていることが多い。同一のテーブルであっても，常に座る場所が変えられるという条件は子どもたちに，「座る場所」を争うきっかけを作り，どこの場所に座るのかが特別な象徴的意味を持つことにもなる。就学前施設でよく見る光景として「誰々の隣がいい」と言い張り，他の子と座る場所を争う子どもが少なくないが，それはこうした空間制約が引き起こす行動と考えることもできる。

　以上から家庭と就学前施設を比較してみると，可変的単空間を利用する就学前施設では，その空間制約に応じた保育活動が行われていることが見て取れる。このように考えていくと，「片づけられない子」，「時間内で食べ終えることができない子」などという語り方が適切ではないことに気づくはずだ。そうした事態は常に特定の空間構成の中で生じているにもかかわらず，その結果はあたかも子どもが原因で起きたかのように語り変えられてしまっているのである。

　ホールなど，ホームルーム以外のところで食事をとる園もあるが，通常ランチルームは共用空間なので，次に使う人のために片づけなければならない。「栄養指導」と称し，保育士によって子どもの給食指導がなされることがあるが，実際の様子をみているとそれは園の空間制約によるところが大きい。単一空間で食べている場合には，次の活動に皆が移行するためには，全員が今の活動，すなわち，食べることを終えなければならない。しかし，全員が次の活動に完全に移るのを待っているのでは，なかなか先に進まないので，他の子どもが布団を敷いて寝ている隣で，いつまでも食べ物を前に格闘する子が出てくることになる。

　おもちゃで遊んだあと，保育士に促され，皆でおもちゃを片づけるのも就学前施設でよく見る光景である。これも部屋が単一空間であることにかかわる。ブロックで大きな作品を組み立てた子どもが保育士の「お片づけ」コールに従

わず，トラブルになることがよくある。子どもからすれば，せっかく作った作品を壊したくはなく，もう少しその作った作品をそのまま置いておきたいと思っても，それを置く場所がない状況では，ブロックはばらばらにされて箱に収納されなければならない。午睡後にその創り上げた「ロボット」や「車」でまた遊びたいとごねる子がいるが，たいていそれは保育者に拒否される。共用のブロックを個人に占有させられないのはもちろんだが，仮に全員分のブロックがあったとしても，それこそそれを保管する場所などないのである。これが家庭であれば，その作品を居間の隅において，食事をすませ，午睡後，再びその作品で遊ぶこともできる。

　保育士や幼稚園教諭など，保育者の側からは片づけができない子どもは「まだ幼い」とか「集団活動に馴染んでいない」などと評されるが，上記のことを考慮するならば，子どもたちのそのような行為は必ずしも保育者の指示に反抗しているとか，利他性がないということを意味しているわけではないことがわかる。それは，機能に応じた空間が用意されている家庭に住む子どもにとっては，まったく納得できない理不尽な指示と映るのかもしれない。ブロックであれ，お絵かきであれ，子どもが創り出した「作品」には，その背後にその日その子が織り上げた独自の物語が埋め込まれている。特別な意味ある世界の一部としての「作品」である。その作品を活動空間の制約のためにいきなり解体することは，子どもがそこで創り出した物語世界を壊すことでもある。保育実践者がよく幼児について「集中力がない」ということがある。だが，自分の物語を完結するような猶予を与えられない状況では，「集中したり」「拘ったりする」力はむしろ邪魔なものであり，皮肉な言い方をすれば，大人の指示に従ってすぐに今の活動をやめる力こそが育てられなければならないことになる。保育園が家庭的な場であることが強調されるのであれば，このような空間の補償や使い方について，もっと真摯に検討する必要がある。

　家庭では機能的分割空間で過ごし，就学前施設では可変的単空間で過ごした子どもたちは，やがて固定的単空間の小学校に入学する。教室は，教えられる部屋であり，学習のための部屋である。音楽室や理科室のように特別教室があるといっても，ほとんどの学習は教室で行われる。教室には学習の成果が貼られ，黒板やチョーク，辞書など学習のための資源群はそのまま置かれる。給食

を教室でとることはあっても「教室は基本的に学習の場である」ことがその空間においては強調され続ける。子どもたちは，家庭の空間，就学前施設の空間を経て，小学校の空間利用を体験する。現場教師がよく語る「気になる子ども」とは，通常大人にとっての「気になる子」のことであるが，多様な空間をさすらう子どもたちの立場からすれば，自分がそれまで体験した空間のありかたと小学校に入って今新たに出会った教室空間とのずれが「気になる子」なのかもしれない。

6　望まれる学校空間

　学習活動が建物の特性だけでは決まらないことがわかった。学級規模の大小の方が建物の特性よりも子どもたちの学習に対する影響が大きいこともわかった。子どもたちが年齢とともに家庭，就学前施設，学校と，異なる空間で育っていることもわかった。だが，やはり施設デザインはそれなりに重要ではないだろうか。いったいどのような施設設計が望ましいのか。こうした問いはそのまま残されている。しかし，ここでは建築空間特性としてどんな施設デザインが良いのかを問うてはいないことを再度強調したい。そうしたことは設計の専門家を巻き込んで行うべき議論だ。ここで最後に問いたいのは，そうした施設デザインを考える際の枠組みである。

　学校空間はもっと柔軟性を持ち，使用者が「交渉できる空間」であるべきだ。つまり，使用しながら変えていくことができる空間である。仮にこれまで学校施設設計者が心掛けてきたことが「このようなもの」としての建物であったとすれば，ここでは「このようなものではないことも可能にするもの」である。つまり，いつでも同じではなく，時間の流れや活動の変化にともなって変更を加えることが容易にできる施設である。必要に応じて間取りを変えたり，付け足したりすることが可能な施設，これはおそらく学校建築だけではなく，公共施設に常に求められることだ。大きな住宅地が開発され，多くの家族がそこに住み着く。そこには小学校，大きな住宅地であれば中学校ができることもある。しかし，やがて子どもたちが成長し，進学や就職でその地を離れ，次の世代の住民がいなくなると子どもの数も減っていく。それに伴って，数の上からはも

はや必要とされない学校も出てくる。それは同時に郊外に別な住宅地が造成され，子どもの数の増加とともに学校の設立が求められることを意味する。このようなことが日本の各地で起こってきた。子どもの減少に対して学校を廃校にすべきか，統合すべきか，それは地域にとっては象徴的な場所を失うことでもあり，とても深刻な問題である。

　同じ名前の学校が長年継続されていたとしても，かつて1学年6学級あった学校が2学級になってしまったとすれば，それは同じ学校とは思えないほどの変化を示すことになる。通常我々は創立100周年といわれれば，常に同じ活動を行う文字通り同じ学校が100年続いたかのように錯覚する。しかし，実際には時とともに，学区が変わったり，配置クラス数が変わったり，学校は時々に多様な姿を見せてきたはずだ。教師や生徒児童が常に変わることはすでに指摘した。そうなると同じ「〇〇小」といっても何が「同じ」で，何が伝統として維持されているのかはそう簡単には答えられない。持続可能であるということは常に変化を伴うことである (Cole, 2001)。コールらはカリフォルニア州サンディエゴにおいて放課後学習教室を実施する場所を求め，学校や図書館，青少年クラブなど多くの施設を使うことを余儀なくされた。そしてそれぞれの場所にはそこ固有の制約があることを知り，その制約に応じて活動が変更されることを体験した。つまり，「同じ活動 (work)」を継続して行うことは，「違う活動 (activity)」を行うことなのである。

　学校を廃校にしないために統廃合するということは，学校を持続させるためにその質を変えることである。持続は変化を前提にしてこそ成り立つ。そうなると学校建築もそうした変化を当然のこととして受け入れる「潜在的な力」がなくてはならない。統廃合といった大きな環境変化はめったにないとしても，同じ教室を使う子どもは変わり，教師も変わる。学校の使い手は常に変わる。ユーザーフレンドリーといった時，これまでそれは「学習者」や「教師」という抽象的に語られる一般化された人に対して適応的であることを問題にしてきた。つまり，役割に基づいた使用特性を分析し，それに対応する設備，施設を考えてきた。だが，教室空間はそこに参与する子どもと教師によって常に交渉され続ける，形を固定できない場である。その参加者の声を生かすには使いながら変えていくことができる空間が望ましい。

低学年と高学年の間にある大きな学力の溝をどうやって埋めていくのか。これは常に議論されている難問（森田，2005）である。コール（2012）は仮によい教師や教育プログラムがあったとしても，教育実践はそう簡単に変わるものではないという。仮にある教育プログラムがとてもよいものだとしても，そのプログラムが生かされないのでは意味がない。大切なのはそのプログラムが稼働する条件を整備することだと彼は主張する。その条件も時間とともに変わる。一般的に，その条件の変化に教育は十分対応できていない。現在の学校施設のありかたはまさにそうしたものである。建築時にはその理想的な使い方が想定されるが，以後はそれは交渉される余地を持たない。空間のありかたはその空間を使う前にすべて決められており，使用者である子どもや教師がそこに入った時にはそれらは「所与」なのである。与えられた空間をどのように使いこなすのかは使用者の義務とされてしまう。新しい公共施設にあとから貼られた手書きの使用上の注意書きやあとから買い足され，その施設には似つかわしくない備品の数々，それらは使用者と設計者の齟齬そのものの現れだ。設計者が「思ったように使えない」からこそ修正や説明が必要となるのだ。

地域の人口変化に伴う児童生徒の増減，就労人口の増加による放課後学童保育の必要性の高まり，経済的な格差に対応した子どもたちに対する学力補償環境の整備要望，子どもの宿題をみるゆとりのない家庭の増加，仮にそうした変化があった時，学校空間も学習環境資源の一つとして，そのような社会背景の変化に伴って変わっていくべきだろう。コンピュータになぞらえていうならば，これまでの学校建築はハードウェアを固定し，それに対応したソフトウェアを開発することを使用者に委ねてきたのかもしれない。だが，社会が変化する中で，コンピュータに求められる用途は劇的に変わった。iPodやiPadが示したように，今やハードウェアとソフトウェアは相互に影響を与えながら新たな活動を創り出している。学校空間，教室空間は子どもたちの未来に向けてこれまでにない創造的な学習活動を展開する場にならなければならない。それにふさわしい空間とは，使用者である子どもや教師がいつでも手を加えることのできる柔軟な空間でなくてはならない。

［注1］　文部科学省ホームページ内，「教育＞学校等の施設設備＞用語解説」（http://www.

mext.go.jp/b_menu/hakusho/nc/t19840228001/t19840228001.html，2012/07/07 access）

　［注2］　学校建築に関わる人々の間では，英米のオープン・スクールに影響を受けていることもあり，「オープン・スクール」という呼称が好まれているようである（江澤，2011）。ただし，その呼称は英米では建築だけでなく，学校の活動のありかたを含む，総合的な思想を反映したものであるが，日本の場合には学校建築の建築的特徴を指すものになっているようだ。本章では，「オープン・スクール」という呼称の混乱を避けるため，ここで取り上げる新しい学校建築上の特性を持つ学校をその建築上の特性から文部省文教施設部（1990）にならって，「ニュー・スクール」と呼ぶことにする。

　［注3］　学校施設の近年の政策的な変化の概要は江澤（2011）にまとめられている。

　［注4］　例えば，平成12年度「第2部　文教施策の動向と展開　第11章　新たな時代の文教施設を目指して　第1節　快適で豊かな文教施設づくり　2　特色ある文教施設づくり」を参照せよ。（http://www.mext.go.jp/b_menu/hakusho/html/hpad200001/hpad200001_2_385.html，2012/07/06 access）

　［注5］　私立学校では学級規模が35名を超えても「児童生徒の学習順調度」，「教員の学習指導順調度」は低くならなかった。西本（2007）らはこの結果から，通常学級規模が公立に比べ大きくなる国立と私立学校を除いて再分析を行ったところ，このような結果を得た。

　［注6］　須田ら（2007）は2005年末に郵送で北海道，広島，島根，沖縄の四道県の公立小中学校または市町教育委員会に調査（「少人数学習・TTと家庭での学習に関する児童生徒調査」）を送付し，小学5年生と中学2年生の児童生徒への配布と回答を依頼して，2006年3月までに回収した。有効回答数は小学生が1664名，中学生が3384名であった。有効回答をした子どもたちの所属する学校（学級）は総数で小学校が58，中学校が29，そのうち広島県の小学校が45，中学校が18と多数を占めていた。

　［注7］　須田ら（2007）によれば有効回答数1172名中209名がその規模の学級に在籍し，その79.5％が現状を肯定的に評価していた。

　［注8］　教師の「異動」は明らかに学校選択制のありかたと矛盾する。仮に親が前年度までの学校の実績に基づいてある学校を選んだとしても，教師の異動によって同じ質が保証される根拠がなくなるからだ。だが，実際には保護者の選択基準は授業の質などよりも地域の中心部にあるとか，便利な場所にあるとかなどといった，本来問われるべき学校の質とは別な理由によるとの指摘もある（杉並区，学校選択制廃止へ　「教育内容で選ばれず」―朝日新聞WEB版2012年3月31日版　http://www.asahi.com/national/update/0331/OSK201203310060.html，2012/07/06 access）。

第5章

指導者のジレンマと成長

1 教師が子どもを叱る時

1-1 子どもが学ぶべきこと

　授業中に教師が子どもを叱る時がある。いうまでもなく，叱られるのは何かしら子どもが「悪いこと」をしたからである。しかし，「悪いこと」とは何であろうか。それはなかなか簡単に決められることではない。というのは，たとえば，「笑うこと」は通常日常生活において一般的に別に悪い行動ではない。授業でさえも笑いが賞賛される時がある。「笑い」が悪いものとして判断されるのは，みなが無言でノートをとっている時に，黒板に注目しないで隣の席の子とおしゃべりをしていて笑い声を出す時などである。それは一言でいえば，授業の流れに合っていない「不適切」な行動をとっている場合である。

　では，授業において「適切なこと」や「不適切なこと」はどのように判断されるのであろうか。親の海外赴任について転校した時，他国の教育制度に馴染んでいない子どもがそうした適切性の判断ができないことがある。あるいは，教師が冗談を言って子どもたちが笑うことを期待している場面で，それに気づかず，それを受け流してしまうのも不適切な行為に入ろう。子どもがそうした指導を受けたくなければ，不適切な行動をしないことだ。子どもたちは常にそうした「この場での適切性」を学習しなければならない。それが教室で生き残るための技能である。次の事例をみてみよう。これは石黒（1998b）で取り上げた事例である。

■叱責場面の説明的言説
抽出トランスクリプト1

　337　T：M　S　［しばらく間が空く］　はい　たちなさい　邪魔です
　　　　　　［2人の席に近づいて行って　Sの前に立つ］　もうお勉強しなくていいよ　ね
　338　C（S）：［首を振る］

339　T：はい　床に座りなさい
340　C（2人のすぐ前の席の子）：何で？
341　T：さっきから2人でお話しして全然聞いてないもん　床に座っていいです　椅子をよけてください　ね　起きてよ起きてよってゆって　［すぐ前の女の子が前を向く，横の男の子は2人を見ている，その後，すぐ前の男の子が前を向く］　たぬきさんはどうしたでしょう？

注：M・Sは叱責された2人の子。
(石黒，1998b) より

　このトランスクリプトにおいて示されている叱責の原因は2人の子どもが「さっきから2人でお話しして全然聞いていない」ことである。だが，この2人以外にも授業中に私語をする子どもはいた。なぜこのタイミングで教師の指導が入ったのだろうか。その前後の場面をみてみると，この叱責場面の直前で，クラスの子どもたちは教科書を使った授業に「飽きて」きて，ふざけはじめていた。集団で授業に対して「不適切行動」を始めたことになる。そこで，教師は子どもたちの注意を再び引きつけるために，大きな紙に書かれた漢字シートを提示し，全員で「漢字テスト」を行い，いわばリフレッシュさせた。その結果，子どもたちの注意は再び教師に向けられることになったのである。それにもかかわらず，この2人は教師に視線を向けず，教師の提示した話題に注目しなかった。教師の聞き手（Goodwin, 1981）であることを拒否した態度をとったのだ。このように見てくると，そこは教師にとってこの授業の後半に向けたとても重要なターニングポイントだったのに，叱責された2人の子はこの大きな授業の流れにうまくのることができなかったことになる。これが，2人が非難された理由と考えることができる。
　2人に対するその叱責のあと，教師はクラス全員に宛てて，「今がどんな時間なのか」と問い掛けた。この疑問形は形式としては質問だが，疑問命令文（whimperative）と呼ばれるもの（McDermott, 1977）である。この質問は「今何をする時間なのか考えなさい」という思考命令をすることで，「今そんなことをしてはいけない」という行動指示となる。マクダーモットによれば教師は

自分が期待する行動を指示するとき，直接的な命令（order）よりも「質問による命令（question-command）」をよく利用するという。疑問命令文では，何をすべきかは，その疑問文をもとに問いを投げかけられた側が考えなくてはいけないものなので，「何々をしなさい」といわれて指示に従うよりも発言者の期待に合わせることは難しい。しかし，発言者からすれば，同じ活動に参加している聞き手は，当然自分の期待をわかっていると考えている。したがって，発言者の疑問命令文で示された期待された行動を取らない人は，その期待する行動がわからなかったのではなく，発言者の期待をわかった上で，あえてその期待に反する行動を意図的に取ったと判断することになる。このようにこの教師も子どもの行動をそのように受け取ったとしても何ら不思議ではない[注1]。

「今がどんな時間なのか」の問い掛けには別な特徴もある。それは進行中の活動から少し心理的に距離をとり，その場の状況定義を求めるメタ質問である。通常，ことが順調に進んでいるときにはこうした発言はなされない。何かがうまくいかなくなると，「ちょっと話がずれてきた気がする」「今は何をすることが大切だっけ」といった発言がなされる。このような活動から一歩ひいた視点取りは全体の活動を方向づける立場にいる人がよく行う。たとえば現場の指導者は活動を振り返り，俯瞰した時に，何か問題があればその活動を変える努力をしなければならない。その意味で，授業の参加者であり，授業を構成する当事者である子どもに向けて，そうした発言をすることは，子どもも教師と同様に全体の流れをモニターし，活動の進行に注意を払う責任があるのだということを教えていると考えてもよいだろう。言い換えれば，教師は生徒に自分と同じ立場から授業を捉えることを求めていることになる。この指示に適切に従える子どもは，教師の視点に立つことができる子どもであり，それを自らの期待と重ねることができる子どもは第1章で述べたような「小さな教師」と呼ぶことができる。

授業の中で生じる「問題行動」とは，「笑う」「話す」などの単独の行動に対する判断によるのではない。その行動の活動文脈上の適切性が問われるのである。授業全体の流れに沿っているのかどうか，さらに学級集団全体の中で適切な行動であるのかどうかが教師の視点から判断される。それは，子どもたちは教師の視点に立って適切な行動を予測できなければならないということだ。教

室で生き残るにはそうした力が必要である。こうした状況判断が何らかの理由によって苦手な子どもたちが、授業の中で「無傷」のままいることは簡単なことではない。表面的に「無傷」であったとしても、毎日毎時間そのことを気にしながら教室に居続けることはとても疲れるはずだ。発達障害を持った子どもが授業で「疲れる」と言うことがある。これは教科学習に対する情報処理上の疲れであると同時に、教室で傷つかないように自己防衛することに対する疲れでもあるだろう。

2　教師に期待されること

2-1　「指導すべき」存在

　授業内の叱責では、教師が生徒を叱責する。生徒は教師を通常叱らない。もしも子どもたちが教師を叱るとすれば、それは悪態であり、反抗と判断されるだろう。叱る、あるいは指導するという表現自体がその場合は成立せず、生徒が教師を「まるで指導するかのように」ある行動をしたと表現される。それゆえ先ほどから何度もふれているある行動の「適・不適」の判断は、教室においては教師だけに許されるものであり、子どもたちがその主導権をとることは許されていないと考えるべきだろう。

　日常場面において、他者の行動を公衆の面前で注意したり、指導したりする人は稀であるし、そのようなことをするのであれば、よほど特別な関係をその他者との間に築いていなければならないだろう[注2]。このことを認めるとすれば、教室という場において、教師の叱責が適切な行動であるということは、教師は同時に教室で子どもたちを「指導」すべき存在であると認知されていることを意味する。さらにいえば、教室で子どもたちが「不適切」な行動をした時に、教師がそれに対して何ら対応しないとすれば、第三者がそのことをもって、その教師を非難することが許されるということだ。つまり、教師は教室において指導する権利があるというだけでなく、指導が期待される存在なのである。この期待に応えるために教師は生徒の行動の「適・不適」判断が即座にできなければならず、さらに「不適」と判断される場合には、是正措置をとることが

期待される存在であるということになろう。逆にいえば，子どもの行動が教室においてふさわしくないと判断されるような時に何もしない教師は，教師としての適格性を欠くものとして他者から評価される。そして，当然ながら教師はそうした指導力の欠如を他者に知られることを恐れるためにそのような評価が下されないようなふるまいを自らに課す。生徒を常に注意深く監視することもそうした行動の一つだろう。それによって，教師は自らが教える子どもたちに対して指導者として適切な行動をとっていることを示し，さらにそれに加えて，他の教員に対して適切な行動をとっていることを知らしめようとする。子どもたちが教師の教室でのふるまいを家庭で親に話し，それをもとに保護者がその教師を評価することもある。ときにはこれによって教師への信頼が揺らぐこともある。こうした評価サイクルが想定される中で，子どもが不適切な行動をするという事実は，結局それをうまく指導することができない教師である自分自身に問題があると考えてもなんら不思議ではない。

2-2　冷静な指導

　子どもを指導する教師は冷静でなくてはならない。私情を挟まず，感情的にならず，授業全体の流れを見据えて，「ここは抑えるべき」と判断し，適切な指導を行うことが求められる。だが，感情が入らない冷静な叱責というのはあるのだろうか。そのように問えば，それはそもそも叱責などではなく，純然たる指導の言葉なのだという人もいるかもしれない。だが，それはただの言葉の置き換えにすぎない。ここで問いたいのは，そのような冷静な「指導の言葉」がありうるのかという，人と人の間で使われる言葉のありかたについての根源的な疑問である。一般的には感情が入らないような指導の言葉は他者に向けた言葉，特に他者に行動変容を引き起こそうとするような指導の言葉としてはインパクトが弱いものになるだろう。もしそうだとすれば，指導の言葉には本来他者を揺さぶるような情緒的な思い入れが必要であるにもかかわらず，なぜ学校ではそれは抑制的で非感情的に遂行されなくてはならないのだろうか。サットンら（Sutton, Muderey-Camino & Knight, 2009）は，教えることは情動的な仕事であるという。現職の教師は教室において情動調整がうまくできるという。そ

のため，アメリカにおける教育実習（pre-service training）において情動調整の仕方が教えられていないのは問題だという。

では，日本の教師は実際にどのように自らの感情を管理[注3]しているのだろうか。伊佐（2009）がインタビューした教職歴23年目の男性教員は，「同じレベルになったらあかんよ。相手は子どもなんやから。落ち着いて，感情的になったら絶対だめだって」（p. 134）という。また，黒羽・黒羽（2011）では，教職歴24年目の女性教員が「正直私も生身の人間なので，子どもの反抗的な態度や言葉に，「何だ，その態度は」と，ムッとする時もありますね。そんな時，「私は教師だから，教師だから」と自分に言い聞かせて，一呼吸してから話しかけるようにしています。（引用者省略）子どもと同じレベルで怒ったらダメですね。ストレスはなくはないですけど，感情を剥き出しにして怒ることはないですね」（p. 323）と述べている。これらの語りは人間として感情的になるのは必然だとしながらも，それを律することができてこそ教師なのだという教師に望まれる態度を示す。先に指摘したこととあわせると，教師とは学校における子どもの行動の適切性が判断でき，さらに不適切な行動がなされた場合には適切な指導を感情的にならないで行える存在だということになる。

イリッチ（Illich, 1971）は，「現代の学校を基礎にしてリベラルな社会を築くことができるという主張は逆説的である。個人の自由に関する保護条項は，教師が生徒を取り扱う際には，すべて無視される」（邦訳，p. 68）と述べている。これはもちろん大人である教師が子どもを「扱う」ことに対する皮肉なコメントである。しかし，教師の育ちについて考えてみたとき，ここまで述べたような「適切性」の判断と執行を求められる教師は，はたして民主的な人として育つのかという問いを提起することもできる。人は人生において常に変化し，職業労働を通して，自らの成長を遂げていく存在である。教師も学校において当然成長していく存在である。教師の成長にとって，指導対象である子どもたちはともに学校で長い時間を過ごす仲間としてその成長の資源であり，「教師」となりうる。このような状況において，教師が自らの職業上の適切性を，「子どもと対等ではない」ことを前提として採用する指導戦略ははたして妥当なのだろうか。子どもたちは教師が話したことだけでなく，おそらくそれ以上に，教師の教室におけるふるまいに注意を向けているはずだ。教室は教師の子ども

に対する「教師としてのふるまい」「大人としてのふるまい」を学ぶ機会を子どもたちに日々提供し続ける。ならば，教室は教師と子どもの間の権力の非対称性を学習する場であり，子どもたちが学習者として自分達の力の限界を知る場になる。戦前の日本の軍隊教育では「絶対服従」(河合, 1952) が重視されていたという。そのようなとき，求められるのは「服従させる」力があることと「服従する」力があることだ。その内容はある意味どうでもよい。そこでは服従関係を維持することが両者の関係を安定させる手続きであった。教職という日々の実践が，常に子どもたちに自らを「指導者である教師」として確認し続けるものであるとすれば，確かにイリイチが述べたように，子どもたちは学校において「リベラルな社会」を築く主体として育つのは難しいかもしれない。民主的な運営，他者に対する配慮のありかたを子どもたちが学ぶ場として教室を位置づけようとするならば，指導そのものの意味とありかたが変わらなくてはならないのではないか。

3　指導者のジレンマ再考

　指導者が自らの適格性に不安を持つとき，そこではいったい何が起きているのだろうか。ここでは私が別書でも何度か取り上げてきた「保育者のジレンマ」(石黒, 1996a) あるいは「指導者のジレンマ」(石黒, 2008) と呼んできた事態を再考し，このことを考えてみたい。

3-1　事例1

　それはいつものように保育者が紙芝居を読み終えて，子どもたちに向かってお話をしていた場面である。ホールのステージの縁に保育者が座り，子どもたちは保育者に対面する形で床に座っていた。子ども集団は扇形を形成し，やや下から少し高い位置にある段に座る保育者を見上げる位置にいた。この「事件」は時間にすればわずか22秒ほどの出来事である。保育者が紙芝居を丁度読み終わり，昨日の保育について語り始めたところである。真之介は他児と軽く言い争いをしたあと，部屋の後ろの方に移動していた。しかし，すぐ戻って

きて，子ども集団の真ん中辺りに座っていた民子の上を後ろからまたぐように通り過ぎていった。真之介はそのままステージのすぐ近くまで進むが，また後ろに向かう。その後，再び真之介は民子に近づき，2回目の「襲撃」をした。1回目は軽くまたがってそこを通り過ぎただけだったが，2回目は民子の肩の上に留まり，自らの体重を掛けて，上から押すようにした。そのため，民子はしばらくして泣き出してしまった。民子が泣くと，保育者は「しんちゃん」と声掛けをする。それに呼応するように，民子の隣にいた沙樹が真之介の身体を横から強く押し，真之介は突き飛ばされる。これが「事件」の概要である。

　ここで何が起きていたのか。以前の事例検討で私が最初にあげた素朴な問いは，「真之介がなぜ民子に対して2回も「襲撃」したのか」というものだった。この問いに対してはいくつかの回答が可能である。このビデオを見た人に尋ねた時，よく言われるのは「真之介は民子が好きなのでかまってほしくてちょっかいを出したが相手にされないので泣かせた」，あるいはその逆に，「真之介は民子が嫌いなので民子をいじめた」というものである。この回答は一般論としては十分考えられるものである。しかし，民子が泣いたあとの真之介の行動をみるとその見解は否定される。沙樹に突き飛ばされたあと，真之介は驚いたような顔をして，床に手をつきながら泣いている民子を下からのぞき込み，「大丈夫」と問い掛けたのである。真之介は民子が泣いていることに驚き，心配して気遣うような態度であった。この様子からは真之介が民子との間で何か特別な心理的なもつれがあったようには思えなかった。急に泣き声がしたので何かと思えばそこに泣いている民子がいて驚いたように顔をのぞき込んでいたのだ。

　だが，そうなると，次の疑問が生じる。なぜ真之介は2回目も「襲撃」して民子を泣かせたのか。真之介が民子に対して何もこだわりがないのであれば，泣かせる理由などないではないか。そこでこの場面を何度も繰り返しビデオで視聴すると，ある重大な事実に気づく。それは，1回目の「襲撃」の時も，2回目の「襲撃」の時も真之介は民子にほとんど注目していないという事実である。カメラは真之介の背後からとられているので真之介の目を直接確認することはできないが，その首や上体の位置関係からして視線は民子にはなかったと判断できる（トランスクリプト1）。では，どこを真之介は見ていたのか。トランスクリプト1に示されているように，真之介は1回目の「襲撃」において，

3 指導者のジレンマ再考

民子に向かう時，民子の身体の上をまたぐ時，そしてまたぎ終わった時，そのどこの地点でもずっと見ていたのは保育者だと思われる姿勢をとっていた。1回目の「襲撃」を終えて保育者のいるステージに近づいた後，真之介は自分の頭を掻きながら保育者の方を見てから子ども集団をさっと見た。そして後ろに戻り再度民子を「襲撃」したのである。これは真之介が民子を「襲撃」のターゲットとしていたならば明らかにおかしい。「獲物」に対してよそ見しながら襲いかかる動物はいないだろう。真之介が関心を寄せていたのは自分が「襲った」民子ではなく，どうやら保育者だったようだ。

トランスクリプト1：Sと保育者とのインタラクション

```
1  T :(1) そしてさ （30）ね （62）昨日さ （90）ほら先生さ （121）
        うんと （150）2階で
      Θ                           (80----------------C---------------

2  T :     （181）お仕事していて （209）X先生 （241）KJRさんに
      Θ --------------------- C --------------------------------
   Y :(179----- 足をあげまたぐ -------217 （232 全体を眺める 242）
      Θ                    (208--T-214  （232----T-----242）
      Θ                                       (241----------C---------

3  T :(270) 入ってくれたでしょ                     （361）うん
      Θ ------------- C ------------309） （337S） （340----- C ------369）
   S :(278 頭を掻き後ろへ下がる 308) （309--Mに近づく--351A にま
        たがる -------
      Θ    --C-----------300） （307A）

4  T :                          (391) 休みに
      Θ （370----------S----（途中 391-393 不明）-------520） （521-E-530）
   S :----------------------------462 手をたたく ------------------
```

A：　　　　　　（387------------- 泣く ------------495）
　5　T：　　　　　　（541）Sちゃん
　　　　Θ　（535-------------- S ------------616）
　　　S：-----Aにまたがっている-----570 横の子どもに突き飛ばされる-----
　　　　658）

注：先頭の数字はトランスクリプト番号，Tは保育者，Sは真之介，Aは民子を示す。括弧内の数字は分析対象とされた映像フレーム先頭からの映像フレーム番号。各第1行は発言あるいは行為で，その下に表示されているΘの行は確認された注視対象を示す。保育者の発言は斜線で表示されている。本トランスクリプトは大澤麻子・和泉知子・萱場るみ・鈴木努が作成した一次資料から筆者が修正し，完成させたものである。真之介の（208-214）のTに対する注視対象の確認は，カメラが背後からのものとなっているので，真之介の眼によるものではない。頭を中心とした姿勢によって判断している。
石黒（1996）より

3-2　指導者の「積極的無視」

　真之介の視線が保育者に向けられていたのであれば，さらに新たな疑問が生じる。なぜその視線の先にいる保育者は集団行動を乱し，1人他児にちょっかいを出す真之介を放っておいたのだろうか。そもそも保育者は子どもたちに対面する形で座っていたので，真之介の様子がよく見えていたはずだ。ところがビデオを注視しても保育者は真之介の方に首を向けるようにはしていない。どちらかといえば，電車に座っている人のように，前を向いていても，あたかも何も見ていないかのような視線で，前方やや下の方に視線を置くようなうつろな目だった。左右に首も身体も動かすことなく，じっと同じ姿勢で座り，子どもたちに語り続けていたのだ。トランスクリプト1を詳細にみると，1回目の「襲撃」後，保育者は一瞬だけ真之介を見た（フレーム番号337）ことが確認できる。しかし，すぐその視線を外し，その後，民子がのしかかられて頭を傾げる（370）までは真之介に視線を明示的に向けることはなかった。つまり，保育者は真之介の行動に気づいていたのだ。そうなると，この保育者は真之介の行動に気づいていたが，敢えてそれに気づかないふりをしていたことになる。だからこそ，見てはならないものを見てしまった人のように身体を硬くしていたのではないか。

　上記の推測が正しいのであれば，保育者はこの一連の事態を意図的に無視し

ていたと考えられる。なぜ，何のためにそんなことをしたのだろうか。当然こ
のことが問われなければならない。その心理は推し量るしかないので確実なこ
とは何もいえない。ここで第一に考えるべきは保育者のその時の気持ちではな
く，そのような状況にある人がそうした行動を取ったときの，その行動のコミ
ュニケーション上の働きを考えることだ。つまり，保育者の行動はどんなメッ
セージを真之介に送ったのかということが検討されなくてはならない。真之介
が保育者の顔や眼をじっと見ていたのだとすれば，保育者が自分を見える位置
にいながら，自分を見ていないことを当然知っていたはずだ。そうなると，保
育者の態度は真之介にとって「私にはあなたが見えません」ではなく，「私は
あなたを見ません」というメッセージとして伝わっていたことになる。そうで
あれば，2回目の真之介の「襲撃」は自分が見えるのに見ない者とする保育者
に対して，「見えている」ことを認めさせるデモンストレーションと映る。そ
れでも保育者はそれにすぐ応えなかった。そこで真之介は民子の上をさっと通
り過ぎるのではなく，そこに留まり，民子が泣くまで，すなわち，保育者が
「見えている」ことを認めるまでその「襲撃」を継続したのである。ここから
真之介の民子に対する「襲撃」は，それを交渉の道具とした真之介と保育者の
間のとてもシビアなコミュニケーションだったことが浮かび上がる。

　保育者のこの一連の行動には当然疑問が生じる。なぜ，保育者は目前で集団
行動を乱し，悪さをする真之介を無視し続けたのか。保育者が意図的に無視し
ていることを相手に明示する「積極的無視」という方略をここでとったのはど
うしてなのか。繰り返しになるが，保育者が本心でどう思っていたのかを問題
にしたいわけではない。この保育者でさえ真之介と同様どこまで自分の行動を
自覚していたのかわからない。知りたいのは保育者がその状況で積極的無視を
するに至る行動の流れである。私はこうした指導者が自らの身体を硬くするこ
とに示されるように，次の一手を出せなくなる，動きがとまる状態を「ジレン
マ」（石黒，2008）と呼んでいる。保育者が「積極的無視」をしたのは，それを
保育者が好きで選んで行ったというよりも，他に打つ手がなかったといった方
がよい。ジレンマに陥って何もできないという状態が結果的に「積極的無視」
を生んだと考えるべきだろう。この「積極的無視」の「積極的」とは保育者が
能動的にしているという意味で「積極的」なのではない。むしろ，この保育者

はこの状況の中で身動きが取れなくなってしまったという意味では「受動的」ですらある。この「積極的」とは，その行為の宛先である真之介に対して「無視」していることがはっきりと伝わるという意味で，積極的な無視行動だったのだ。

3-3 指導におけるジレンマの構造

　ここで保育者が抱えた「ジレンマ」の構造を解き明かそう。実はここには二つのジレンマが組み込まれている。まず，一つ目は集団指導場面に必然的に生じるジレンマである。通常指導者は特定の個人に自分の労力を過大に向けることで，その他大勢に関われなくなることを危惧する。仮にこの保育者が真之介の最初の「襲撃」時に彼にやめるように個別に注意をしたとしよう。その時，どのようなことが予測できるだろうか。保育者がこの子に対して指導をするとしよう。真之介は毎日このようなことを起こしていた子なので，保育者が「やめなさい」といって簡単にそれをやめるとは考えられない。そうなるとその個別指導は延々と続き，その間，保育者は他の子どもたちには何も働きかけることができない。その時間に予定されていたことができないだけでなく，他の子どもたちが自由気ままに動くことで別なトラブルを生み出す可能性さえある。実際，最終的に民子が泣いたあとには，保育者はこの「事件」に関わらざるをえなくなり，その後保育者はこの「事件」について皆に「解説」と「指導」をすることに多くの時間を費やすことになってしまった。就学前施設であれ，学校であれ，1人の指導者が多くの子どもたちを指導しなければいけないような集団指導状況では，悪さをした特定の個人に自分の指導時間を充てることは集団指導時間の減少を導く。ある集団に対して指導者が1人しかいないとき，そうした「事件」が起きた場合には，指導者は容易にこのジレンマに陥り，自分が個人指導を優先すべきか，集団指導を優先すべきか悩んで身動きが取れなくなってしまう。小学校でよく行われるティーム・ティーチングのメリットとして教師がしばしば挙げるものに，1人が集団の指導を行っている時に，もう1人のサブの教員が個別指導できるというものがある。ティーム・ティーチングの存在は，学校には上記の集団指導上のジレンマが存在することを逆照射して

いる。

　集団と個人の間で生じるジレンマが空間的なものだとすれば，時間的なジレンマとでもいえるものもある。仮に指導者が個人に対して注意をしたとしよう。そこで，注意された個人がその行動を中止し，以後その行動が出現しなくなったとすればそれはそれでおしまいである。ところが大人と子どもの間の指導においてよく見られることは，個人のそうした問題行動が中断されることはなく，繰り返されることである。真之介も毎日といってよいほどそうした行動を繰り返していた。平凡な語り方をすれば，保育者はそうした真之介の態度に疲れ果てていたことだろう。

　だが，なぜ一度注意され，その時点ではいったん中断される行動がまた繰り返されるのだろうか。それには，真之介の行動の意図[注4]を考えてみることが必要だ。彼は民子を「襲撃」することには関心がなかった。注目し続けたのは「指導者の視線」である。このことは彼の行動の意図が指導者から注意を受けることだったことを示す。一般的に指導者の叱責場面とは「ある個人が指導者からみて望ましくない行動をとったので，指導者がその望ましくない行動の中断を求める」場面である。しかし，真之介の側からみれば，さきほどのやりとりは，「自分が保育者に応答してもらうために合図を送ったら指導者が応えてくれた」というものだったのではないか。彼にとって重要なことは，それが叱責の言葉であろうと，最終的に指導者が自分の「呼びかけ」に「応答」したことが成果である。彼は自らの「応答要求」に対して満額回答を得た。この成功によって，彼の「呼びかけ」と応答のパターンは強化され，継続されることが予期される。

　指導者が個々の子どもを指導する時，当然その指導は個人の具体的な行動のその状況における不適切性に対してなされる。他方，指導される子どもの側は，自分の「呼びかけ」に相手が応えてくれるかどうかという呼応関係の成立そのものを問題とする。したがって，子どもにとってみれば，指導者が自分の行動を非難しようが，注意しようが，その内容はどうでもよい。指導者にとっては子どもの「不適切な行動」も指導者の注意を喚起する力が強ければ強いほど，子どもにとってそれはより「適切な行動」ということになる。強い指導が入る事態が引き起こされるということは，それだけその行動が「効果的」であると

いうことだ。指導者が「何度（「やめなさい」と）言っても（その行動が）直らない」と嘆く事態とは，実は当該の子どもにとっては「そのようなことをすればあなたに何度でも注目するよ」と言われるようなものなのである。

　指導者のジレンマを構成する二つのジレンマは，集団で活動する保育，教育場面では相互に絡み合っており，実践者から見るとそれはそもそも分けて考えることすらできないものだろう。しかし，前者は子どもに対する指導者の数を増やすことで解消まで至らなくても多少の改善は可能である。すでに例示したように，ティーム・ティーチングは生徒指導だけでなく，教科指導においてもそうしたジレンマの解決策として実際に運用されている。塾の個別指導や家庭教師という発想もそう考えると，そもそもがこうした集団指導につきものの空間的なジレンマに対する一つの解決策と考えることができる。ところが，時間的なジレンマはそうした物理的資源による解決が不可能であるという意味でより深刻である。生徒と教師の数が一対一でも同様のことは起こりえる。実際，家庭において親子の間で生じる「しつけ」と称される指導過程において同様のジレンマを抱える親は多い。後者はそもそもコミュニケーションに潜在する意味のズレを下敷きにしている。指導者がどんなに「それは悪いことだよ」といっても，言葉の意味が「その行動をやめることがあなたにとって適切である」というメッセージとして相手に受け取られない限り，その発言は指導の言葉として「適性に」機能しない。だからこそ，指導者は次の行動が取れなくなり，まさに言葉を失ってしまうのだ。

　子どもが悪さをするとき，そこには二つの場合がある。一つは，大人に気づかれないように行う場合である。この場合，その子はその行動を身近な大人に気づかれないように配慮している。それに対して，子どもがわざと大人にわかるように悪さをする場合がある。それは大人に知ってもらうことが意図されている。子どもが成長してくると，この二つの境界線が曖昧で複雑になる。真之介の事例では，それは指導者の目前で行われていることから，当然指導者に気づかれることを意図していたはずだ。気づかれるだけでなく，応答してもらうことも期待されていただろう。子どものそうした行動に応答した指導者は，その事態をよく「子どもの挑発にのってしまった」という。子どもの行動がそうしたいわば自分の応答を引き出す罠になっていることを重々承知していても，

この事例のようにもはや「無視」できない限界を超えてしまうと，子どもの応答要求に応えざるをえなくなる。先の保育者は何とか真之介の挑発に乗らないように努力したが，最後はその要求に屈服してしまったと感じたのではないか。

私が別なところで取り上げた小学校低学年のクラスの事例（石黒，1998）でも同じ構造が見られた。国語の時間に，教師が教科書を使って授業を進めているところで，急に1人の子が立ち上がり，黒板にいたずら書きをし始める。教師は他児に直接被害が及ばない状態ではその子のふるまいを無視していたが，その子が他の子どもの机の上にあるものを取ったりして，その学習を妨害するようになると，もはや無視し続けるわけにはいかなくなった。ついには，教師は何とその子が移動しないように後ろから身体を羽交い締めして教科書を読み続けたのだ。子どもの力が強かったことから，2人は最後には床に倒れて寝転がり，教師は柔道の寝技を掛けるような姿勢で教科書を読み続けていた。この事態は，まさに，先に挙げた二つのジレンマを体現したものだ。寝転がっている教師に向かい，机に座っている子どもから質問がなされ，それに対して教師は床に寝ながら応える。まるで押さえつけられた子どもは存在しないかのようである。この状態で質疑応答が可能であるということは，もはやこの学級ではそれが自然なものになっていたことを示している。

この教師の「寝技」はまさに，空間的なジレンマとして指摘した集団指導と個人指導を両立させる技術として実行されていたと考えることができる。教師が特定の子どもに関わることでクラス全体の授業が遅れることを指摘し，そうならないように要望する保護者は多い。ジレンマを抱えた状態で，教師は何とかそこをやり過ごすことでいっぱいいっぱいになってしまい，本来であればクラスの子どもたちに対して学級の崩壊を知らしめる手続きになるような奇異な解決策を自分がもちいていることに，思いやるゆとりもなくなっていたのかもしれない。それが望ましいことではないと知っていたところで，どうしたらよいのか，なす術がない状態ではそうした対応が精一杯だったのだろう。身体を硬くして，何もなかったかのように少し笑みを浮かべて子どもの質問に答える教師の辛さは並大抵のものではなかったはずだ。この章の冒頭に述べたように，指導者は「指導すべき存在」であることが期待されている。「自分は子どもの指導ができず，子どもの行動に引き摺られた行動しか取れない」，指導者が自

分の状態をそう判断したとき，教師がその職を辞する覚悟を決めるのも無理からぬことである。

4　ジレンマは越えられるのか

　指導者のジレンマはどこでも観察される。この事態を乗り越えることはできるのだろうか。真之介の事例に出てくる保育者は若手の保育者であり，これからキャリアを積んでいくその入り口でこのジレンマの洗礼を受けた。対照的に，後者の小学校教員はすでにベテランの教諭であった。そのキャリアにかかわらず，指導者としての成長がここには期待される。以前指導者のジレンマを検討したとき（石黒，2008），私は現在の日本では就学前施設であれ，小学校であれ，学級を構成する子どもの数の多さや施設空間，時限管理の硬直性によってそうした事態が生まれやすいと指摘した。そうした事態を越えるためには，子どもにとってその行動がどのような意味で「合理的」であり，「状況適応的である」のか十分吟味する必要がある。子どもが教室で生き残るための適応戦略としてそのような行動を学習したのであれば，その行動が適応の手段となっている状況をまず分析し，改善しなければならない。

　だが，「状況適応的である」とは実のところ何を指すのだろうか。デューイ（Dewey, 1938）によれば状況は環境と行為者の相互作用の産物であるという。そうなると，「今ここがどのような状況なのか」を事前に確定することはできず，刻々と変わっていくことになる。仮に多様な状況に対応できるような複数のスキルのセットを指導者が持っていたとしても，今そのうちのどれを適用すべきなのか判断することはとても難しい。真之介の事例でいえば，真之介が最初の「襲撃」をしたときと，2回目の「襲撃」をしたときではその行動の意味は異なっていた。2回目は保育者が真之介に声掛けしなくてはならないような状態をつくるため，民子が泣くことが必要だった。保育者の真之介に対する言葉掛けは子どもたち全員の注意を真之介に向けさせた。その時点で真之介の行動はその教室全員にとって「事件」として位置づけられたのだ。それによって保育者は自分がなぜそうした声掛けをしたのか，その説明を真之介だけでなく，子どもたち全員にしなければならなくなった。この子どもたち全員に向けて話

される保育者の状況説明は当然その場でそれを漏れ聞く真之介にも届き、事態を複雑にし、さらにその指導を難しくしたことだろう。保育者はこうしたことを何度も経験しているので、その流れに巻き込まれたくなかったはずだ。だが、残念ながら、その保育者による「積極的無視」もまた新たな困難な状況を作り出してしまった。

ここで、真之介が保育者との間で行っていたシビアなやりとりの流れを確認してみよう。仮に、「真之介が民子を泣かせた」から、「保育者が注意をしたところ（沙樹が真之介を押したために）真之介は民子から離れた」と記述してみよう。この記述によって真之介と民子の間のトラブルに保育者が介入した物語を読み込むことができる。ベイトソン（Bateson, 1972）はAとB2人の間でやりとりが続いている時の行為の流れについて次のように整理している。

2人のやりとりを、次のように抽象化してみる。

・・・$a_1\ b_1\ a_2\ b_2\ a_3\ b_3\ a_4\ b_4\ a_5\ b_5$・・・

ここでa群はAの示す個々の行動、b群はBの示す個々の行動である。Aの任意の行動項目a_iについて、その前後を単純に、3つの違った学習コンテクストへと括ることが可能である。

[$a_i\ b_i\ a_{i+1}$]——このコンテクストで、a_iはb_iに対する刺激として見られることになる。
[$b_{i-1}\ a_i\ b_i$]——ここでa_iは、b_{i-1}に対する反応として見られることになる。その反応をBがb_iで強化する。
[$a_{i-1}\ b_{i-1}\ a_i$]——ここではa_iはa_{i-1}に対する反応であるb_{i-1}に対する強化として見られることになる。

同じa_iが、行動の連続の切り取り次第で、Bへの刺激にも、反応にも、強化にもなるということだ。

(Bateson, 1972, 邦訳, p. 406)

抽象化された記述をされるとわかりにくいかもしれないが、a_i を真之介の2回目の「襲撃」としてみてみるとその流れがわかるだろう。最初のフレームでは、保育者がそれを注意するという行動 b_i をしたことになる。二つ目のフレームでは、保育者が真之介の1回目の「襲撃」を「積極的無視」した行動 b_{i-1} に真之介が反応し、2回目の「襲撃」a_i が生じたことになる。そしてそれに対する保育者の注意行動 b_i がその行動を強化するものとして機能したことになる。最後のフレームでは、真之介の最初の「襲撃」a_{i-1} に対して応答した保育者の行動 b_{i-1} を真之介の「襲撃」行動 a_i が強化したことになる。

　一つの行動に対して3つのフレームを当てはめて、そこに物語を読み込むことができるとすれば、仮に目の前で起こっていることであってもその行動の意味は一義的には定まらない。誰にでも同じ因果関係が即時的に感受できるわけではないということだ。真之介が「1回目の襲撃」をしたから保育者が介入したのか、つまり、真之介の1回目の襲撃が保育者の介入の原因だったのか。それとも保育者が1回目の「襲撃」時に「積極的無視」をしたことが真之介の「2回目の襲撃」を引き起こしたのか。あるいは、以前にそのようなことがあって、真之介はそうしたタイプの行動をすでに十分強化されていたのか。さらには、保育者が以前類似経験を他の子との間でしていて、そうしたタイプの行動が強化されていたのか。これらの問いに答えることは容易ではない。要するに何が原因で何がその結果なのか、その特定は簡単ではない。ならば、大切なことは「正しい因果関係」を特定することではなく、そもそもその確定が難しいことを認め、出来事の区切り方次第でそこで展開される行動の機能的意味が変わるという事実を確認することであろう。そして、当事者として自分に自然に浮かび上がってくる一つの解釈に固執せず、少なくとも上記の三つのフレームで行動の流れを確認してみたらどうだろう。それによって同じ行動が違って見えてくるはずだ。たとえば、この保育者であれば、真之介の最初の「襲撃」の前に自分の行動がそれを引き起こす刺激となっていたと考えてみたらどうだろう。それは保育者に真之介の「襲撃」がまだ起きていないときの自分の状態を振り返る機会を与える。あるいは、自分の「積極的無視」が真之介の先行する行動によって引き起こされたものだと考えてみれば、自分が何をしているのか気づく可能性もある。そして、自分の行動が真之介の行動を強化していると

考えてみたらどうだろう。何より重要なことは複数のフレームの中に同じ行動を位置づけてみることだ。それによって保育者は自分の行動を相対化でき，次の一手となる複数の選択肢を手に入れることができる。

　ベイトソンによれば，行為者本人がそのやりとりがどのようなコンテクストへ続くものと考えるのかによって各行為の意味は変わるという。これは行動の意味は確定できないということでなく，むしろ多重な意味を持つことを指摘していると理解した方がよい。だからこそ，人は自分の行動が意味することをつかみ損ねるのだ。個人の小さな記憶がその後の大きな物語の中に位置づく時，ある意味が生まれる。だが，またしばらくしてまた別な物語の中にそれが組み込まれるとその記憶は別な意味を映し出す。一つの確固たる因果関係を探し出し，それに基づいて「問題行動」を解消しようとする態度は事実を歪める可能性が高い。さらにその行為の持つ多重な意味を抑え込み，将来にわたって一つの物語を固定化してしまうことにもなろう。一度「粗暴な子」「～のために～な子ども」というラベルを子どもに当てはめてしまうと，そのラベルは固定化され，その固定化された認識からその子の行動を解釈するようになる。これは指導者自身の行動に対してもいえる。「指導力不足」という物語の中に自分の行動を落とし込んで納得してしまうとき，指導者としての成長もまた止まってしまう。

　個々の行動を包み込む物語を自覚的に変えてみようとする努力は大切である。だが，それは並大抵の努力では変わらない。人は何かがうまくいかないと感じている時には，気持ちを奮い立たせてもすぐに悪い物語に戻ってしまうものだ。それよりも，各行為の流れを自覚し，ベイトソンが示唆したように因果関係を構成する各行動の前後関係を変えてみて，どんな物語がそこから立ち上がるのか，その変化を確認する方が容易であろう。これを繰り返すうちに，複数の物語がそこに立ち上がることに自分自身が気づく。同じ小説から作られた戯曲であっても，その構成のしかたでまったく違うテーマが焦点化され，異なる世界が立ち上がる。おそらく毎日毎日同じことが繰り返していると感じていたであろう保育者にとっても，真之介とのやりとりにはいくつもの別なバージョンの物語を読み込むことができたのではないだろうか。そこで起きていることに一つの物語しか与えないことは，その物語の登場人物の性格を固定化することで

もある。ならばその子の性格はそれを読み取る人の物語化の過程で編み込まれてしまうことにもなるだろう。

5　場を拓く

　前節では真之介の行動をコミュニケーションの綾として読み解いてきた。ここでは、彼の知覚した世界について考えてみたい。彼は、そもそもなぜ皆と同じように座っていなかったのだろうか。それに対して「落ち着きがない」とか「座りたくなかった」という答えは何も説明していない。座る場所があれば人は座るし、前に見るべきものがあればそちらを向くものだ。そうしていなかったということは、それなりの理由があるはずだ。たとえば、バスを待つ人が列を作っているとき、男性の後ろに少し間を開けて女性が立っていることがある。多くの人が列を作っているので詰めればよいようなものだが、詰めることをしない。公園に椅子が並べられているとき、明らかに座る場所を探しに来た人が席はあっても座らないことがある。テーブルを囲む4つの椅子のうちの2つに人が座っているときに、後の2つが空いていてもそこにあとから来た人が座ることはあまりない。こうした現象は個人空間（personal space）や縄張り（territory）の問題（Hall, 1966; Sommer, 1969）としてよく取り上げられる。縄張りはアザラシが自分の周りの空間を占有するように、第一義的には生得的なものであり、個人空間という把握の仕方はそうした行動が人間の一般傾向であることを指し示すにすぎない。

　人にとって場の持つ意味を考えるとき、セルトー（Certeau, 1980）の「場所（place）」と「空間（space）」の差異化はおもしろい。彼によれば「場所」とは「もろもろの要素が並列的に配置されている秩序（秩序のいかんをとわず）のこと」（邦訳, p.242）であり、「二つのものが同一の位置を占める可能性はありえない」（邦訳, p.242）という。これに対して、空間は「動くものも交錯するところ」（邦訳, p.242）であり、「運動によって活気づけられる」（邦訳, p.242）ものである。この定義だけではわかりにくい。彼は次のように空間を語る。

　「要するに、空間とは実践された場所のことである。たとえば都市計画に

よって幾何学的にできあがった都市は,そこを歩く者たちによって空間に転換されてしまう。同じように,読むという行為も,記号システムがつくりだした場所——書かれたもの——を実践化することによって空間を生み出すのである」

(Certeau, 1980, 邦訳, p. 243)

ここに示されるように,「場所」とは通常我々が考える物理的な拡がりを指す。学校の場所は何平米といった物理量として示すことができる。それに対して,「空間」は物理的な測定ができない。先のバスを待つ例でいえば,「場所」は空いていたが,「空間」がなかったのでそこに入れなかったということになろう。真之介の事例でいえば,絵本を読み聞かせていた部屋には,座る「場所」はいくらでもあったが,彼が座る「空間」はなかったということになる。彼は皆が扇形になって座ったとき,自分の「空間」が見つけられないことからそこを飛び出し,部屋の後ろから全体を見渡していた。それは彼が自分の入る「余地（space）」を探していた行動として捉えることができる。自らの入る余地がないとき,他児の身体の上を通ることで,自分のための「空間」をこじ開けようとしたのかもしれない。しかし,1回目の「襲撃」では,誰も彼の行動に注目する者はなく,彼の入る余地を作ることはできなかった。2回目の「襲撃」のあと,保育者の注意によって彼は束の間の居場所（space）を得るが,すぐにその「空間」は閉じられ,彼はまたそこから外に飛び出さざるをえなくなった。こんな風に彼の知覚を読み解くことはできないだろうか。

セルトーは「場所」は地図に描くことができるという。しかし,地図上に描かれた場所は自らが入る「空間」を保障しているわけではない。逆に「空間」は歩くことで「わがもの」とされた領域である。新しい街に引っ越したあと,そこは自分には落ち着かない場である。だが,レストランに入り,本屋に立ち寄り,知り合いと談笑するようになることで,その街に自分の「居場所（space）」ができる。教室という「場所」の所有者は市であったり,国であったり,学校法人であったりするだろう。だが,教室で過ごす子どもたちはそこに自らの「空間」を切り拓いていく。事例としてあげた真之介も,先の小学生もみながともにいる部屋に居場所を創ることができていなかったのではないだろうか。彼らは,日々自らの「居場所」を探して,あるいは創り出そうとして,

荒れ地を開拓しようとしていたのではないか。だが、その開拓のしかたはまったく素朴で、他人の領分を侵すものとなってしまっていた。その結果、居場所を創れないままでいた。学校や就学前施設など、共用の場所では、それぞれの参加者が自分の「空間」を渇望し続ける。

　学校や教室の中に自分が落ち着く空間へのパスポートをまだ持てずにもがいている子どもたちに対して、指導者は何ができるのだろうか。この「場所」と「空間」の区別によれば、第4章で取り上げたオープンスペースの設計は「場所」のデザインが焦点化されていたといえる。だが、学校で生活する生徒や教師に必要なものは「場所」よりも、自分を生かせる「空間」である。そのような「空間」のデザインが実践者には求められる。真之介に対して、保育者が「ここにおいで　しんちゃん」と言ったらどうなっただろうか。そこに来たとしてもまたすぐに逃げ出したかもしれない。そしたらまた「ここにおいで」と語りかけ、彼に「居場所（space）」があることを示し続けたらどうなっただろうか。それによって、保育者もまた「自らの居場所（space）」を得ることができたかもしれない。小学校の事例もまた然りである。

6　学ぶ場を創る

6-1　「空間」の不在

　セルトーは「物語は、たえず場所を空間に、空間を場所に転換させるはたらきをおこなっている」(Certeau, 1990, 邦訳, p. 244) という。教室において指導者は「空間」創りをどのようにするのかが重要な課題となる。指導者のジレンマを生み出す物語が問題なのは、それが子どもにとって、そして実は指導者にとっても、心地よくそこにいられるような「空間」を創り出す力を持たない物語に囚われているからだ。どちらの事例でも指導者にとって、そこで起きたことはまるで劇のようによく構造化されていた。主役の子どもがいて、その子と主として関わる脇役の教師がいた。そしてその2人を取り囲むようにその他大勢の子どもがいた。

　集団活動の中で、叱責などの個別指導を公開で行うことは、教室内に劇場を

作ることであり，演じる者とそれを鑑賞する者を生み出す。最初の小学校の事例で立たされた2人の子どもは，教師の叱責によっていきなり「ステージ」に上げられ，その他大勢の子どもたちの鑑賞の対象となった。観客である子どもたちは，2人の子どもと教師のやりとりを通してそこに立ち上がる世界を鑑賞した。「ステージ」に上がった教師は必ず観客を意識しながら自らの役柄を演じることになる。そこでの教師の発言，ふるまいは同じ「ステージ」に立つ子どもだけでなく，観客となる子どもにも聞かれ，見られている。それゆえ，教師はその「ステージ」を使って，聴衆に対する教育を行うことを意識することになるだろう。教師は「ステージ」上で選ばれた子と一緒に寸劇を演じてみせることで，観客であるその他大勢の子どもたちの教育をする。教室全体のやりとりも劇だとすれば，「ステージ」を作って演じる寸劇は劇中劇である。シェイクスピアの戯曲「ハムレット」の中で，ハムレットは父親を殺し，母親を奪い取った叔父にその悪事を思い起こさせるために旅役者を使って父親を殺す場を見せる。教室に生まれる劇中劇も状況に「適切な行動」を思い起こさせる道徳劇の役割を果たす。

　教室という舞台で，「問題児」は「居場所（space）」創りに励むが，指導者も他の子どもたちもそれを悪役が暴れ回る破壊物語として読み取る。「問題児」は教室の秩序を破る者として配役され，なかなかその役を変えてもらえない。固定化された配役では，そこで演じられる物語もまた決まり切ったものとなる。テレビの怪獣物語で正義の味方が怪獣を倒して終わるように，誰が悪く，誰が良いのか，そしてエンディングはどうなるのか，その予測は容易で自明である。街を破壊する怪獣は街を破壊する以外の生活は持たないかのように扱われる。食事をするとき，家族と過ごすとき，きっと多くの異なる時間がその怪獣にもある。だが，そのことに思いを馳せる者はいない。怪獣は破壊者としてのキャラクターだけを与えられる。もしも硬直した物語から離れられなくなったらどうしたらよいのだろう。硬直した頭と身体をほぐすためにいったい何ができるだろうか。ある行動，ある出来事がいくつもの意味を持つことはわかる，子どもの行動を異なる物語の中で読み解くことが大切なこともわかる，だが，それは簡単にはできないと嘆く人が多いことだろう。指導者のジレンマに陥った指導者，そしてそれを誘発するように定型的なふるまいをする子ども，どちらも

その結末がわかっていながらそのサイクルからなかなか抜け出せない。

6-2　文脈を変える

その悪循環から逃れる術はあるのか。それはおそらく問題が生じているその場を枠づけている文脈を揺さぶり，転換させるための活動を必要とする。かつて存在したバーバラテイラースクール（Barbara Taylor School）の教育モデル（Strickland & Holzman, 1989）[注5]は，そうしたことを考える上で大変参考になる。一般に問題行動は子どもが抱える生理心理的条件やその子を取り囲む社会的条件の劣悪さによって生じるものと考えられることが多い。それゆえ，内因であれ，外因であれ，そうした原因によって作り出された結果である「問題」は個人に内在するものとして捉えられる。そして，子どもの中に居着いたその「問題」は簡単には「除去」されないと考えられ，結局その子ども自身が非難の対象となる。たとえば，学校でいじめが起きれば，いじめた子たちが非難され，ときには退学などの「排除」措置を受ける。しかし，このバーバラテイラースクールでは，問題行動を引き起こす個人の背後には社会的に生成され，維持されている「思い込み（ism）」があると考える。つまり，対人的な対立は純粋に個人と個人の間の衝突などではなく，人の行動を枠づける社会歴史的な「思い込み（ism）」に媒介されたものだというのだ。この考え方に沿えば，いじめはある特定の個人の私的な「悪意」が他者を攻撃するわけではない。したがって，いじめをなくすためには，その行動の背後にある「思い込み（ism）」をしっかりと対象化し，そのような思い込みが生まれた社会歴史的起源とその「思い込み（ism）」がどのような特質を持ったものなのかを学ぶことが求められる。

4歳のアフリカ系アメリカ人の少年スティーブがいじめを起こした。この子の母親は父親と離婚していたが，離婚後もその子は父親と頻繁に会っていたという。ところが父親が刑務所に入り，そこで面会したあと動揺してしまった。この子の家庭状況を確認していくと，この子の父親はいつも男は泣かないものだと彼に教育しており，母親も自分は泣いてもスティーブには男だから泣かないでほしいと望んでいたという。教師たちはこうした状況から，両親はこの子に「本当の男」というモデルを押しつけていたと考えた。それによってスティ

ーブは自分の心の傷を表出する情動表現手段を失ってしまい，それがいじめとして表出したと分析したのだ。つまり，「男らしさ」についての「思い込み (ism)」がスティーブを追い詰めていたのである。真之介の事例もそうだが，いじめの多くは必ずしも当事者間の問題として生じるわけではない。さらに，この学校では，いじめを解決するにはいじめた側の個人だけ取り上げて注意しても効果が薄いことも指摘され，クラスの中で集合的に差別的行動や態度を減少させる方法を発達させる努力が試みられていた。ある「思い込み (ism)」に基づいて，状況に応じて「力」のあるものとないものが割り当てられる。ある時には優越感を感じる者が別の時には劣等感を感じることにもなる。劣等感が「思い込み (ism)」に媒介されて生み出されるのであれば，その苦しみを救うにはやはりその「思い込み (ism)」を集合的に振り返り，子どもたちが生きる文脈を再構築していくことが必要だ。居場所 (space) をデザインするのである。このことが自尊心の育成に繋がる。

6-3 学校を越えた文脈変換活動

　行動の背後にある文脈を変える活動を，学校という枠を越えて行っている実践もある。それはニューヨーク市で行われている「警官と子ども (Cops and Kids)」と呼ばれるワークショップである。そこに参加するのは現役の警察官と若者である。ニューヨーク市では若者は警察官にとって取り締まりや指導をする対象であり，警察官は若者にとって自分たちを犯罪者のように扱う「敵」である。このように表象される対立は現代のアメリカではエスニシティや階級などを含む複合的な構築物である。このワークショップは若者のためのNPO組織オールスタープロジェクト (All stars project)[注6] の創始者の一人で，教育心理学者であり，独立系政治組織の代表レノラ・フラニ (Lenora Fulani) 博士がニューヨーク市警察の協力を得て始めたものである。彼女によれば，この活動を始めたきっかけは2006年11月に起きた警官によるアフリカ系青年シーン・ベル銃殺事件 (Sean Bell Shooting)[注7] だという。2012年末の時点で，ニューヨーク州の5つの自治区のすべてでそれは開催され，これまでに935人の若者と713人の警察官が参加しているそうだ。このロールプレイングを中心

としたワークショップにはニューヨーク市警察署長のレイ・ケリー（Ray Kelly）が積極的に協力して警官を送り込んでおり，警官にとっては研修としての役割を果たしている。一方の若者は自主参加である。時間は約90分。プログラムは，ワークショップの意義の説明，参加者の自己紹介と参加理由を話すことで始まり，この後，警官と若者が一緒になって寸劇を演じ，最後にみなで思ったことを話し合う。最後の話し合いの場では，参加者はみなで一緒に寸劇を演じたこともあり，お互いに打ち解け，ふだん思っていることを素直に語ることができる生産的な場になるという。

オールスタープロジェクトのCEOであるガブリエル・カーランダー（Gabrielle L. Kurlander）がオブザーバー参加した時の報告記事[注8]からその様子を紹介しよう。最初に参加者は部屋にある軽食を楽しむ。アメリカでは講演会などの前に飲み物や軽い食べ物が置かれていて，それらを食べて少し和んだところで会が始まることが多い。その後，参加者はフラニから椅子に交互に座るように指示される。警察官は銃を携帯しており，ガブリエル自身もこんなに多くの銃を持った人と自分が同じ部屋にいることを経験したことがないので緊張したという。その後，参加者は自己紹介をし，身体をほぐすウォームアップを行う。フラニの指示によって，身体を動かす。みなが満員電車の中にいるように，小さく集まって接近する様子は街で若者が警官に不審者として声を掛けられる時の距離感を感じさせられるという。そこには当然高い緊張が生じる。その後，フラニはみなに即興で寸劇を演じることを求めた。この日は，みなが違うペットを飼いたがっている家族を演じることが課題である。寸劇を終えたあと，フラニは参加者にお互いに話すように促した。そこで若者の腰パンが話題の中心となる。警官は腰パンが気になるという。若者は警官に止められ，パンツを上げるように言われるが，これは自分たちのスタイルであり，プライドを持ってやっているという。そこで，フラニは警官になぜ腰パンがそんなに気になるのか尋ねたところ，1人の警官が「それは刑務所の若い奴がすることだ」といって，自分のベルトを外してみせた。そしてそんなことをしていたら人から尊敬される人にはなれないという。それに対して若者はこの着こなしが気に入っていると応じた。フラニは自分が若いときには，若い女性はとても短いスカートをはいていたものだ。大人と若者の間のスタイルには違いがあると

指摘し、警官にこれから子どもたちを通りでみかけたら近づいて挨拶してほしいと頼んだ。そして、「彼らのそのままを認めたらどうか。仮に彼らが腰パンであっても挨拶することで何が起こるか想像してみてほしい」と続けた。最後は警官と子どもたちがそれぞれ1列に並び、握手しながらお互いにこのワークショップに参加してくれたことに感謝して終わる。終わり際、個別に声を掛け合う警官と若者の姿があったという。

　ニューヨークには行き場（space）のない若者が多くいる。現在ではだいぶ治安がよくなっているが、それは繁華街を警備する警官の数を見れば納得できる。つまり、その安全は警察の力によるものである。このことがときにシーン・ベル銃撃事件のような悲劇を生み出す。相互不信の状態で秩序維持をするには武装して力で抑え込むしかない。フラニはワークショップの目的は警官と若者の相互不信と敵対心を解消し、新しい関係を作ることだという。相互不信はお互いを知らないところから生まれる。腰パンをめぐって、二つの解釈が先のワークショップでは議論された。自分の解釈が自明で疑う余地のないものに感じられる時、他の解釈があることなど気づきもしないだろう。まして、相手と自分の立場が、公権力を持った警官と「不良が疑われる」若者であればなおさらだ。だが、話してみれば自分が相手の服装に対して持っていた理解は自分の先入観が創り出したものであることに気づく。そして、その服装を通して、自分が相手に抱いていたイメージもまた生身の若者から感じられるものとは違うことを知る。若者も警官が自分たちを理解したいと語る言葉を聞き、ともに活動することで人としてわかり合える部分があることを知る。警官は彼らにとっていつも敵であり続けるわけではないことを子どもたちも知ることになるはずだ。この活動はアフリカ系アメリカ人青年に対する警察官の対応を巡って激しい議論が交わされている現在でも継続実施されており、オールスタープロジェクトのニュースによれば、2015年12月の時点で警官と若者合わせて3000人以上の人が参加しているという。

7 信頼の構築

7-1 安定の罠

　フラニの実践は指導が信頼関係の構築から始まることを改めて教えてくれる。信頼関係を形成するためには実際に生身の相手にふれることが必要であり，それによって自分がいかに自分の作り上げた先入観を通して相手を見ていたのかを知ることができる。先ほどの保育者はジレンマに陥っている時，真之介に対して自分の作った物語を事あるごとにその行動に当てはめ，「やはりそうだ」と自分の物語を強化していなかっただろうか。ジレンマに陥った保育者には，真之介は自らを困らせる存在にしか見えなかったということはないだろうか。「彼がいなければこのクラスはよいクラスなのに，自分の保育は楽にできたのに」と思うことはなかっただろうか。毎日その保育者が辛い思いをしていたことは事実であり，そのような考えに陥ったとしても何ら不思議ではない。だが，真之介のそのような行動の第一の原動力は皮肉にもその真之介のふるまいに苦しむ保育者に認めてほしいという思いだったようだ。彼にとって保育者は敵などではなく，教室に自分の空間（space）を作るための「かすがい」だったのだろう。そうであれば，真之介に対する理解と対応はそこから始めるべきだったのではないか。小学校の事例も同じことだろう。

　「彼がいなければ」と考える思考は，予期に沿わない行動を嫌う安定した社会関係を求める思考である。他者の行為を自分の予期の中に収めたいという欲望がそこにはある。すべて予期の中で事が進む社会は「安心社会」（山岸，1999）である。顔が見える人たちだけで構成される伝統的な共同体には相互信頼が醸成されており，それによって利他的行動をお互いが取っているといわれることがある。しかし，山岸はそれは誤解であり，集団の利を優先するかのように見える行動の背後には他者に排除されないための利己主義的な生存戦略があることを指摘する。変化が少ない共同体では人々の行動はおよそ予期できる。逆にいえば，予期できるような行動をみながするから変化が少ないということでもある。信頼があるから裏切らないのではなく，信頼できないから裏切れないのである。他者を信頼できない状況では，人は他者が自分を裏切らないように常

に監視していなくてはならない。同時に,「自分は裏切り者ではない」ということを常に他者に表示（display）し続けなくてはならない。こうした状況はフーコー（Foucault, 1975）がいうパノプチコン的監視状態（本書第1章）の中で不特定の他者の視線に怯え，身動きできなくなっている状態に等しい。

　指導者は自分の実践の場が「安定した安全の場」，つまり，常に予期可能な範囲にあることを望む。そのためにさまざまな指導上の仕掛けをする。しかし，真之介は自分が保育者との間で信頼関係を築けていないという自らの不安をストレートに保育者にぶつけた。これに対して，保育者は「どうしたら真之介との間に信頼関係を形成できるのか」を考えたのではなく,「どうすれば安定した，つまり安全な教室社会」が形成されるのか悩み，ジレンマに陥っていたのではないだろうか。相手を信頼できない状態で「安全」を確保しようとすれば，他者が絶対に自分を傷つけないように，何らかの「人質」や「担保」をとりたくなるものだ。だが，それは言うまでもなく，「裏切りにくい状況」を作り出すだけで,「裏切らない」ことを保障しはしない。

　フラニの実践は大人が若者を観る見方を豊かにする実践だといえる。目の前の若者は挨拶もできない腰パンの若造であるだけでなく，一緒に笑い，冗談をいい，打ち解けると可愛い奴でもあることを警官は知る。人間だから多面性があるのは当たり前だ。しかし，自分の物語を固定化してしまうと，他者は一つのキャラクターしか与えられない。劇中人物が一つのキャラクターを際立たせられるように。指導者に必要なのは，子どもの事実にふれる力である。その力を得るには長い時間が必要だろう。その間，指導者は日々の実践にもがくことになる。だが，それがまた指導者としての楽しみでもあるはずだ。そうでなければその人はその職に向かないということになろう。閉じられた「安全な」教室を作ろうとするのではなく，どうすれば一人一人の子どもと信頼関係を築けるのか，ときにはだまされてもよいという開き直りの中で，子どもと接してみたら何が起こるだろうか。日本ではよく校内暴力に対して，教師による体罰の容認が議論される。しかし，力によって子どもたちを抑え込もうとするやり方は他者に対する不信感を強化するやり方でしかない。それによって粗暴な行動が一時的に減ることはあるかもしれないが，子どもたちの民主的な市民としての育ちは疎外されることになろう。

そもそも子どもたちが教室に来る目的は何だろう。真之介は保育者の態度から何を学んだだろう。自分を信頼しない人が世の中にいることや自分の居場所を作るには他者を傷つけることさえ厭わないということだろうか。いったい子どもたちは教室で何を学ぶのか。教室で本来仲間である「問題」児の扱われ方を他の子どもたちが「鑑賞」する時，子どもたちは何を学習するのだろうか。もしも教室という閉じられた社会で自分の信じる行動を行うのではなく，「期待される行動」をすることを学ぶだけであれば，子どもたちは教室というその閉じられた世界の中でのみ意味をもつ規則に支配され，その規則に対する相互の従順さを相互監視する門番になるだろう。第2章でも教室が閉じられたコミュニケーションの場となりやすいことが論じられた。「なぜそれは守られなければならないのか」，「それは教室の外の世界においても必要なものなのか」，常にこうした問いとともに教室と外の世界をつなげる努力が必要ではないか。教師には教室を民主的な市民を育てる場として創り上げる責任がある。

7-2　教室の解放

バーバラテイラースクールのプログラムは，子どもたちが日々の生活の中で無自覚的に獲得してきた多様な文化的判断や価値を直視することを提案するものであった。しかし，それに役立つ教育教材を探してみると，人種，階級，性など現代のアメリカ社会を理解する上で重要な事項について子どもたちが学べる教材は不足しているという[注9]。1989年のNHSA（National Head Start Association）の会議で，300人中90％以上の教師がヘッドスタートプログラム[注10]のカリキュラムとしてそうしたテーマは扱うべきでないと答えたという。その理由は，(1)自分がそれらについて教える訓練を受けていないからであり，(2)そうしたことを論じるには，それらに対する自分の立場をまず示さなくてはならないからである。さらに，(3)自分たち教師が，子どもや学習や発達をどのように理解しているのかも示さなくてはならない。このような見解は，教師が自分達の世界と子どもたちの世界との間に柵を設けることで自らの立場を維持しようとしていることを意味する。教師は指導する存在であり，叱責する権利だけでなく，その義務も持つことをすでに指摘した。だが，もしも教師がそれ

ぞれの行動の背後にある自らの「思い」を子どもたちに示すこともせず，それをブラックボックス化して，子どもたちに「正しい行動」を求めるならば，子どもたちはその「指導」から何を学ぶことになるのだろう。指導の背後にある「思い」は子どもたちに届くのか。それこそが専門職である教師の学習課題であろう。体罰はそうした専門性の放棄の表れである。有無を言わせずに抑え込み，訳もわからずある行動をとられる場合には，その反動も大きい。教師の体罰が子どもの間にいじめの連鎖を引き起こす発火点となることはよく指摘されるところである。

　民主的な場を教室に創ることは教室を開放し，外の世界とつなげることだ。教室での判断と外の世界の判断の間に連続性を求める。それは教室の中で次第に安定化する集団力学とそれに伴って固定化されていく教室独自の特殊ルールや秩序を「それでよいのかと」問い続けることだ。こうした実践の場がかつてアメリカにあった。ロサンゼルスの高校に赴任した新米教師で入門英語 (Freshman English) 担当のエリン・グルーウェルとそのクラスの子どもたちである。赴任したロングビーチの高校は以前は成績の良い子が多かったというが，ロス暴動 (1992年) のあとに，統合がなされ，成績優秀者が来なくなったという。エリンは中でも家庭環境に恵まれず，勉強どころか，まるでギャングの予備軍のような生徒達が集まるクラスを担当させられた。そうとも知らずにエリンは初日から張り切って学校に向かうが，すぐに子どもたちの民族間対立の凄まじさを教室で経験することになる。ほぼ全員が自分の親戚や友人が銃で撃たれて亡くなったり，刑務所に入ったりしているという。教室の現状を同僚に語ると先輩教師は「そのうちあの子たちはいなくなるからそれまでの辛抱だ」と慰めたという。学校が平和で安定するためにその子たちはドロップアウトすることが期待されていたのである。だが，その子たちを学校から分断 (segregation) することは，その子たちが持つ「学校を楽しめる奴ら」との間にある，「思い込まれている差違」をより強化し，社会に流布する対抗意識をその後の人生において煽るだけである。

　入門英語ということで，校長はギリシャ神話を題材にした簡単な文章が書かれた教科書を薦める。しかし，エリンはその内容が子どもたちの心に響かないことを悟り，ホロコーストについて子どもたちと学ぶことにする。それによっ

て差別を受け，思い通りにならなくても自らの人生を放棄しない人たちがいることを子どもたちは知ることになった。子どもたちはホロコーストを紹介する博物館に行き，アウシュビッツで生き残った人（サバイバー）に講演に来てもらう。さらには，アンネ・フランクの日記を読む。彼女の実践は，「フリーダムライターズ」(The Freedom Writers & Gruwell, 1999) という名前で出版されている。日本語訳もあり，それにもとづいた映画も作られたことから日本でも知る人は多いだろう。子どもたちのために校長とやり合ったり，教育長に直談判したりしたこと，自分がアルバイトをしてまで子どもたちのためにテキストとなる本を購入したこと，サバイバーの人たちに手紙を書き子どもたちに直接話してもらったこと等々，彼女を自分のすべての時間と情熱を傷ついて行き場のない子どもたちに捧げたヒロインとして捉えることも少なくない。確かにそれは大変なことであり，なかなかできることではない。しかし，彼女の志の高さと情熱とともに彼女が行った実践そのものがもっと知られるべきだろう。彼女は子どもたちが自らの経験と教科学習を関係づけるための接点作りに努力した。その題材の一つがホロコーストだったのだ。教室の子どもたちは死ぬことよりも軽蔑されることを恐れていた。特に他の民族グループとは常に縄張りを争っている。下に見られることは辱めを受けることであり，見ればすぐに殴り合いが始まる。「死んだらみんなに尊敬される」と答えた子どもに，エリンは「死んだら誰もがあなたのことなんか忘れてしまう」と告げ，ホロコーストについて語り出す。生徒は博物館でわずか5歳でこの世を去ることになった子どもの真実を知り，その無情さにやりきれなさを感じる。それはまるで自分のことでもある。傷ついた者同士がお互いに反目し合うことで，さらにお互いの傷を深くしている事実を学ぶ。

　エリンに提出する日誌は子どもたちが自分の秘密をはき出す場となり，ついには，エリンだけでなく，クラスみなで読み合うものとなった。こうした活動を通してそれまでお互いの違いを一生懸命探し，それを相互に攻撃し，反目しあっていた子どもたちがお互いの共通性に注目するようになっていった。他者に向けて自らを表現することで自らの解放が進められた。こうした実践が可能になったのは，エリンが生徒と対立することを恐れず，教室の中に子どもたちが知るべき「教室を越えた社会生活において有用な知識」を持ち込んだからだ。

エリンには子どもたちが変わりうる存在であることを信じる姿勢があった。校長が「あの子たちには学力的に無理だし，貸したら返してくれない」といって貸そうともしない本を自費で用意した。子どもたちが入ったこともないような高級ホテルで食事をふるまい，サバイバーとの対話集会を用意した。こうした実践を通して世界を書き換えていくコミュニティであるフリーダムライターズ[注11]が子どもたちとともに作られていったのだ。ここで子どもたちが学んだのは生きるためのリテラシーである。

　エリンの実践は，与えられた境遇にめげず，未来に向かって力強く歩いた人々の生き様を知ることで子どもたちに希望を持たせるものであった。サバイバーやアンネ・フランクは子どもたちにとってヒーロー，ヒロインである。しかし，学びを通して，生徒は自分自身が一人一人ヒーロー，ヒロインであるべきだということを知っていく。初めは白人のエリンを憎んでいた子どもたちが自分の「思い込み（ism）」の垣根を越えていく。子どもたちの学びは子どもたちの他者に対する信頼や寛容さ（tolerance）を育てた。エリンが教室の安定化を安易に求めず，教室に「置かれている」のに誰もが直視しようとしなかった問題をすくい上げ，子どもたちに提示し続けたことで可能となった学習である。それには子どもたちに対する信頼と寛容さがどれほど必要とされたのだろうか。

　フラニによる「警官と子ども」ワークショップは警官と子どもたちの関係再構築の場である。それは放課後教室という学校外の場で子どもたちが他者と出会い直す実践である。エリンのフリーダムライターズ実践は，教室の中の関係を変えることで子どもたちが自分と家族，仲間，社会との関係を変える実践であった。どちらの実践も，バーバラテイラースクールプログラムの言葉でいえば「思い込み（ism）」の社会的形成の歴史を直視し，それを集団的に乗り越えようとしていた。どちらの実践も教室で，あるいは教室外で，他者との出会いに緊張と波風を立たせることを厭わず，他者を受け入れる空間（space）を創り出そうとしていた。これは確かに大変なことであるが，絶対にできないものでもないことをこれらの事例は教えてくれている。

[注1]　もしも子どもが教師の疑問命令文に対して教師が期待する行動を行わなかった時に，教師がその行動を自分の「意図」に対する反抗だと解釈しやすいとすれば，そうした隠された命令文に適切に応答することのできない子どもは，教師から見ると，教師の指示する行動をしないだけでなく，その期待を読んだ上でその期待に反した行動を意図的に取っている子どもと理解される。他者の心を推測することが苦手な子どもたちはその場合，二重の誤解を受けることになる。

　[注2]　いわゆる「他人」に対して注意をする人はもちろんいる。ここではそうした行動がありえないかどうかを問題としているのではなく，稀であることを指摘しているにすぎない。また，こうした行動の頻度はコミュニティによってずいぶんと違うことも事実である。

　[注3]　このような特徴を持つ教師の仕事に対して，それを「感情労働（emotional labor）」(Hochschild, 1983)の証であると捉え，教師に特徴的な「感情管理（emotion management）」が必要であるという（伊佐，2009）見解がある。教師の「燃え尽き」などもそのような職務上の特徴に由来する（黒羽・黒羽，2011）と考えるようだ。だが，感情さえも他者に差し出さなくてはならず，自由にすることができないという感情労働と名指される行為に向けられる非難のまなざしは，感情は個人に内在すると考える素朴「感情論」に由来する。認知や感情が他者との社会生活の中で生成され，使用され，さらに変化していくのであるならば，他者とのコミュニケーションを一方が完全に支配することができないように，社会生活を営む人間にとってそれらを個人が勝手に扱うことなどできない。教師の指導の難しさを「感情労働」に帰属させて差異化させるためには，個人が私的に扱える感情の存在が前提となる。だが，そうした前提を置くことはそもそもそうした心の個体内在視を批判するホックシールド（Hochschild, 1983）の見解に反するのではないだろうか。彼女自身は，当事者が感情労働に従事する中で「本当の自分」と「演じる自分」との乖離に悩むことを感情の商業化として告発するが，「本当の感情」をどのように扱うべきなのかについては曖昧にしている。

　[注4]　この場合の意図とは真之介が行動の目的を自覚し，そのための実行プランを予め組み立てていたことを意味しない。朝靴紐をどのように結んだのか自覚的に記憶している人はあまりいないであろうが，靴紐を結ぶときには明らかにその後の行動が意図されていたはずだ。そのような意味で，本人は自覚していないが，その後の行動を予期させる意図である。

　[注5]　The Barbara Taylor School Educational Modelはニューヨーク，ハーレムにあったBarbara Taylor SchoolとニュージャージーのサマーセットにあったSomerset Community Action Program（SCAP）で開発されて使われていた。1985年に26名で始まり，論文が書かれた時には75名の子がデイケアプログラムと小学校のプログラムにいたという。著者の一人でこの実践に関わってきたホルツマン氏に直接確認したところでは，現在では予算的な問題からこの学校は存在しないという。公的な基金の提供はなかった。

　[注6]　オールスタープロジェクトはニューヨーク州マンハッタンの42番通りにある芸術活動を中心とした若者のためのNPO法人の放課後活動組織である。シアターが溢れるブロードウェイに近く，この組織も自前のシアターを複数持つビルを所有している。希望する子どもたちはそこで無料の演劇トレーニングを受けることができる。実際に参加したところ，即興で演じるワークショップは見知らぬ他者とともにすごすための技能を学ぶにはとてもよい機会になっていると感じられた。

　[注7]　シーン・ベルは結婚式を控えて友人2人と独身最後の時間をクイーンズのクラブで過ごしたあと，車に乗って帰ろうとしたところで私服警官から銃を持っていると疑われ，50発の銃弾を受けて命を落とした。その後，警官の行為が適切であったかどうか，裁判で争われ

ることになるが、ベルがアフリカ系であったことからそれは人種問題として大きく取り上げられることになった。(http://topics.nytimes.com/top/reference/timestopics/people/b/sean_bell/index.html, 2012/12/24 access) だが、警官5人の中にはアフリカ系、ヒスパニック系の警察官も含まれており、この事件を警官の人種差別問題だけに帰属させるのは適切ではない。

　［注8］　http://www.allstars.org/content/operation-conversation-cops-and-kids-0（2012/12/25 access）　フラニの実践についての紹介は記事だけでなく、筆者がフラニを含めた複数の人々と話した内容が含まれている。

　［注9］　これは論文が書かれた1980年代終わりの頃のことであり、現在については明らかではない。何を基準にするのかでその事実は違って見えるので、現在アメリカでどの程度、人種、階級、性について教える教材があるのかを語るには正確な調査が必要である。

　［注10］　アメリカ合衆国において低所得者層の家庭の就学前児を対象に行われている就学援助プログラムであり、1965年に開始され、現在も行われている。Office of head start（www.act.hhs.gov/programs/ohs/about/head-start 2015/11/07 access）を参照されたい。

　［注11］　Freedom writers という名はかつて実際に起こった、アフリカ系アメリカ人に対する人種差別に抗議する目的でアメリカ南部をバスに乗って旅した Freedom riders をもじったもの。この名には自分たちが書くことは自分たちを解放するだけでなく、他者をも巻き込み、社会を変える力となる決意が示されている。

第6章

多様性に戸惑う教室

日本の状況を外から眺めたときに，その当たり前とすることの差違に気づいて驚くことがある。本章で取り上げる言語的文化的に多様な子どもたちに対する教室での戸惑いもその一つである。北米であれ，ヨーロッパであれ，あるいは東南アジアの国々に目を転じても一つの言語だけで学校教育を行えると考えている国は少ない。多様な言語と文化を持つ民族が集まって国を構成しているところでは，一つの言語を「公用語」として位置づけることは政治的な圧力を掛けることであり，そう簡単にはできないことだ。一つの言葉を社会の中心に据えることは政治によって「正しいことば」を定めることであり，教育制度によって「国のことば」を創り出すことである。日本の国土に居住する人々も歴史的にみれば多くの民族の集まりであり，現在も多様な言語や習慣を携えて生活している人々がいる (Maher, 1993)。だが，そうした本来的な多様性にはあまり注意が払われず，みな同じ「日本語」を使い，同じ「日本文化」を所有しているという錯覚がある。この錯覚がどこから生じたものか，そしてどのように維持されているのか，それ自体大変興味深いものであるが，本章ではそのことは主要なテーマではない。本章で取り上げたいのは，そうした共有された幻想が教室を覆っており，そこで活動する人々に日々戸惑いを生み出しているという事実である。そうした戸惑いは多くの場合，教師によって自覚されているはずだが，他方でそのことをどうしたらよいのか手をこまねいているのではないだろうか。それは教室に戸惑いを生み出す源が教室の中に限定されるものではなく，社会制度などの多くの文化的資源が複雑に絡み合ったものであることにもよる。しかし，大人が戸惑う脇で，子どもたちが自らの学びと発達の機会を失っていることは強調されなくてはならない。ここでは特に，1990年頃を境に日本に増えたニューカマーと呼ばれる人々の子どもたちを中心にこのことを考えてみたい。

1 「言語的文化的多様性を持つ子ども」

　日本の外国者登録者数は法務省によれば，2015年6月末現在で217万2892人である[注1]。総人口に占める割合は1.7％で，内訳は永住者が48.0％，非永住者が52.0％となっている。永住者の中から第二次世界大戦後永住権を失った

朝鮮・韓国出身の人々など、「特別永住者」[注2]と呼ばれる人たち 35 万 4291 名（全体の 16.3％）を除くと、永住者の割合は 31.7％となる。外国人登録者の国籍（出身地）の数は無国籍を含め 190 である。国籍別では、台湾、香港を含む中国が 70 万 1612 人で、全体の 32.3％を占め、以下、韓国・朝鮮、フィリピン、ブラジル、ベトナム、米国と続くという。ただしこの「国籍別」には先にあげた特別永住者も含まれるので、ニューカマーと呼ばれる人たちの正確な国籍別内訳はわからない。

　言語的文化的に多様性を持つ海外にルーツがある子どもたちの教育状況はどうなっているのであろうか。日本におけるニューカマーの子どもたちの状況を一望できるような適切な資料はない。参考になるものとして文部科学省の学校基本調査の中に「日本語の指導が必要な外国人児童生徒」[注3]という項目がある。それによれば、2013 年時点で特別支援学校を含む、小学校から高等学校までの学校において、外国籍の児童生徒数は 7 万 1,545 名で、全児童生徒 13,60 万 5,475 名に対して 0.53％である。そのうち、日本語の指導が必要な子どもは 2 万 7,013 名であり、全体の 0.20％と外国籍児童生徒全体の半分以下となっている。興味深いことに 2010 年調査時と比べ、それぞれの児童生徒数は減少しているもののそれらの全児童生徒に占める割合は 2013 年度調査でも変わっていない。外国籍の人たちの中に特別永住者が相当数含まれていることからも明らかなように、これは「外国籍児童生徒」イコール「日本語の指導が必要である児童生徒」ではないことを示している。さらに、この資料は学校に在籍する子どもだけをカウントしている。外国籍の子どもたちの親は日本の法律でいうところの、いわゆる子どもに対する就学義務はない。したがって、その家族が居住する地域の自治体では就学を促すことはできても強制することはできず[注4]、学校に通っていない子どもはこの統計には含まれないことになる[注5]。

　ニューカマーといわれる人たちには、当初はしばらく働いて一財産築いたら帰国しようと思っていた人たちが多く、そのため子どもの教育よりも短期的な収入を重視することも少なくない。たとえば、筆者（以下同様）は地方のある食肉工場近くにある小学校に通う子どもたちを断続的に観察していたことがあるが、ある時、観察していた子どもたちが急にいなくなったことがあった。学校によれば、親が知り合いからより給料が高い工場を紹介されたので、あっと

いう間に引っ越してしまったそうである。学校では，これは珍しいことではないと断った上で，子どもの転出に伴い，成績や生徒指導の状況を申し渡さなければならないが，どこにいったのかわからないこともあり，十分なフォローができなくて困ると嘆いていた。

こうした人たちがさまざまな理由から，方針を変えて，出稼ぎ先の日本で子どもを産み育てることになると，当初予想もしていなかったことが起きる。子どもは親の言語や文化を家庭で体験するが，家を離れると日本の言葉や習慣の中で育つことになり，言語や文化的知識のよほど配慮された管理がなされない限り，親の所有する言語や文化も，日本の主流となっている言語や文化も，そのどちらも不十分なものにしかならない。日常生活の言葉がりゅうちょうに使えるようになっても，それはそのまま学校で使われる学業上の言葉を十分使いこなせるようになることを意味しない。生活の言葉と学校の言葉は（本書第3章）獲得の過程が異なるのだ（Vygotsky, 1934）。

日本語を自分の第一言語として使っていない子どもであっても，日本国籍を持っている子どもたちがいることが状況を複雑にしている。日本は国籍付与にあたって血統地主義[注6]をとっているので，親が外国籍の場合にはたとえ日本で生まれたとしても子どもは外国籍となるが，国際結婚のような場合には親が日本国籍を持っていれば日本国籍を得ることができる。しかし，日本国籍があっても，生まれてすぐに日本で暮らし始めたわけではなく，他の言語を第一言語として獲得したあとに呼び寄せられた子もいる。そうした子は出身国の言語や習慣が身についており，日本語はその子にとっては当然「新しいことば」となる。だが，育った国の言葉や文化的知識を十分習得していれば，その子は日本に来たあとに，それらを足掛かりに日本での学習を進めることができる可能性がある（Cummins, 1979）。しかし，問題なのは，生まれた国の言語や文化的知識の習得の途上で日本に移動してくる子どもである。そうした子どもたちは，教科学習において，ある知識を表す日本語を出身国の言語に置き換えたからといってその概念自体を知らないので翻訳は概念的理解を促さない。さらにその概念を知っていれば，その知識を介してその知識に対応することばを学ぶこともできるが，それもできないことになる。

外国籍者を数える統計データの中には，日本国籍を持つ子どもたちは数に現

れないので，上記のような問題があるからといってすぐに行政的な措置が受けられるわけではない。特に日常会話においてりゅうちょうに日本語を使うように見える子どもはなおさらである。筆者がニューカマーの親の子どもたちに関心を持った1990年代には，就労などで来日したニューカマーの大人自身に日本社会の関心が向けられ，その家族や子どもにはそれほど関心が持たれていなかった。その後，そうした人たちが日本に定住し，世代を紡いでいく状況になったことで，日本国籍を持つ「日本語の指導を必要とする児童生徒」が学校関係者にも気になる存在になってきた。

「日本語の指導を必要とする子どもたち」というカテゴリーには，日本での生活や学業達成において「日本語」にさえ問題がなければ，学業において何も問題にはならないという認識が含まれていることにも注意すべきである。さらに実は「日本語」も一つではない。正確にいえば，異なる言葉の集まりである。それは方言のことだけを指しているわけではない。方言は社会生活圏によって言葉が異なることを示し，地域ごとの活動に応じて異なる日本語が存在することを示す。しかし，同じ地域社会においても，日常の買い物で必要とされる日本語と学校で教科学習に要求される日本語は違う。同じ生活言語でも美容院で話す言葉と自治会で話す言葉は違う言葉である。これらはどちらが上等だということではない。英語の文章をスラスラ読めても英語の日常会話ができないように，それらは違う言葉といってもよいほど異なる。したがって，日本語の指導にもそもそも「いつどこで必要とされる日本語なのか」に応じた対応が必要となる。

文部科学省の調査は「日本語の指導を必要とする外国人児童生徒」についてのものであり，日本国籍を持つ子どもは含まれないがその子たちもまた上述したようなさまざまな課題を抱えている。このため近年教育関係者は，それに代えて「渡日」あるいは「外国にルーツを持つ」[注7]子どもといった表現を使うようになってきているようだ。それによって国籍に関係なく，特別な対応が求められる子どもたちが浮かび上がることになる。しかし，どのような言葉も中立ではない。どの表現を使ってもその表現が包含するものと，排除するものが生まれる。よりベターな表現をしたとしても，それもまたその時の状況に相対的なものであり，いつでもどこでもベターであり続けることはできない。「渡

日」と「海外にルーツを持つ」は「日本に来た」ことを強調するのか，あるいは「海外にいた，あるいは関係している」ことを強調するのかという視点の違いがあるが，国籍に直接言及しないところが特徴的である。このカテゴリーは行政的な措置が国籍によって異なる状況に対して，その区切りを緩やかにすることで弾力的な対応を求める上では確かに有効なカテゴリーである。しかし，二つの表現はそのどちらもが日本を「内側」あるいは「中心」とし，その子らをその「外側」に立つものとして区別している点で違いはない。さらに原理的にはどちらも日本を軸に内と外を分ける二分法を採用している点で国という枠組みに準拠したカテゴリーである。

本章では，国籍や海外との関係などをカテゴリー分けの根拠とせず，その子たちが言語的文化的に多様な資源を持っていることに着目し，この子たちを「言語的文化的に多様な（diverse）子ども」あるいは単に「多様性をもった子ども」と呼ぶことにしたい。多文化多言語状況においては，子どもたち一人一人が言語的文化的に多様性を持った子どもになっていくと考えられる[注8]。このことは，基本的には日本国籍の両親を親に持ち，日本で生まれ育つ「日本人」の子どもであっても例外ではないはずだ。インターネット，テレビを代表として子どもたちが日々接している情報や人は多岐にわたり，一つの文化，言語に囲い込まれた所に住む者は仮想的にしか考えることはできない。その意味で，原理的にはどの子も「言語的文化的に多様な子ども」である。本章では特にそうした子どもの状況に対して子ども自らが自覚していたり，あるいはその子の身近な周りにいる人々が意識したりしている子らを指すことにする。言い換えれば，生活する中で自分の置かれた状況に何らかの違和感を覚え，さらにその違和感が言語や文化に関わるものと本人や周りの者が考えるような子どもたちを「言語的文化的に多様な子ども」とする。

2　社会政策上の問題

2-1　単言語単文化政策

「言語的文化的多様性を持つ子ども」に対して，日本の教育行政の問題点は

すでに指摘されて久しい。たとえば，宮島・太田（2005）によって編集された『外国人のこどもと日本の教育』の中では，こうした子どもたちの日本における不就学の状況は推計するしかない（太田・坪谷，2005）ことが指摘されている。それは仮に各自治体が外国籍の親に対して就学案内を送ったとしても，転居により届かなかったり，親が日本語を読めなかったりするために用をなさないことによる。最近では日本語以外のことばで表記したり，個別に説明したりするところも増えているときくが，対象となる子どもたち全員を把握することが難しい事実に変わりはない。

　子どもたちが通う可能性のあるのは，日本の公立学校か民族学校のどちらかである。後者は学校法人でないことが多いので，公的な補助を受けられず，その学費は一般的に高い。日本が不景気になった後に，日系ブラジル人学校に通っていた子どもの多くが就学を断念し，通っていた民族学校が潰れたという報道がよくなされていたことは記憶に新しい[注9]。そうなるとそれらの子どもたちは日本の公立学校に行くしかない。しかし，日本の公立学校ではそれぞれの子どもの第一言語や出身国での教育制度，学習カリキュラムに配慮した教育はしていないし，そもそも今の日本の学校ではそれはできない。そのため，仮に通学したとしても，学力もつかず，居心地もよくないため，途中でやめることも少なくない。宮島（2005）は日本の義務教育が「日本国家と日本国民の特徴的なつながりを前提とする教育と等価」（p. 40）であり，「日本国民のための教育」（p. 40）になってしまっていることで，ニューカマーの子どもに「日本的学校文化への同調」を求めることになり，その子たちの教育には適していない側面があることを指摘している。このことは「国語」と名づけられた日本語学習の時間や社会情勢や歴史を取り上げる社会科にはっきりと現れる。日本語がりゅうちょうではない「多様性を持った子」はこれらの教科の間，所属学級から「取り出され」，別室で補習を受けることも少なくない。さらに子どもの就学を難しくするのはこうした子どもたちの家庭環境の複雑さである。出稼ぎの間に親が新しいパートナーと生活をはじめ，そこに子どもを出身国から呼び寄せることもよくある。そのような場合，子どもの学習支援どころか心理的なケアさえもなされないことが多い。新しい環境で適切な居場所を得られない子どもは，言語や文化に悩む学校での苦しみを吐き出す場を持てず，学校に行かな

くなることも少なくない[注10]。

　社会の主流となる人々の考え方やふるまい方を「常識」として共有しない子どもたちにとって，日本の教育の現状に対応することは難しいとよくいわれる。「多様性を持った子ども」一人一人の事情を知って同情する人も，教育制度のありかたに関しては必ずしも多様性に対して寛容ではない。なぜか。その理由は，多言語，多文化状況を是として多様性をよきものとして認めることは，現在の自分の価値観を作り，さらに今も信じている「一つの社会」観を根底から覆し，現状否定に繋がると考えるからだ。センプリニ（Semprini, 1997）は単一文化的認識をとる人は，その背後に本質主義と普遍主義を抱えているという。この立場からすれば，日本に住む人々の心性や基本的な行動傾向は安定しており，科学技術の進歩や国際化によって，表面的な変化はあったとしても，その本質には大きな変化はないと考える。その安定していると思っているものこそが社会にとって普遍的な価値や道徳，行為である。もしも多少でも変化が感じられれば，その変化が取り返しのつかなくなる前に，人々はよき普遍的な価値に基づいた状態へと戻すべきだと考えることだろう。現実は常に「本来の状態」と比較され，行き過ぎは戻さなくてはならないということになる。したがって，このような見解をとる人々には，社会における実際の価値観の変化を示したところでそれは十分な説得力を持つものにはならない。むしろ，自分が期待する安定した価値観によってその人のアイデンティティが支えられているのであれば，社会変化の激しさを説くことは，むしろ，そのアイデンティティを揺さぶることになる。したがってそれは時には個人的な非難とさえ受け取られもするだろう。

　本質主義と普遍主義に対立するのは，構築主義と相対主義だとセンプリニ（Semprini, 1997）はいう。それらは社会のありかたもどこかに元があるわけではなく，常に変動し，創り変えられていると考える。中立な価値などないという立場である。本質主義と普遍主義をとる立場の人からすれば，このような見解は不安定な社会を招くものとして当然容認することができない。このことは単言語単文化政策を支持する人が必ずしも「外国人」に対して親しみを感じなかったり，冷たかったりするのではないという，一見相反すると思えるような事実を説明する。1990年代に日本の地方農村地域を中心に一時ブームとでもいえ

る状況になった「農村花嫁」[注11]に対してよく使われる評価の言葉に「日本人よりも日本人らしい嫁」というものがあった。この語りは，「花嫁」の個人の異質性をそのまま受け入れるのではなく，本来自分とは異質な存在が自分と同質な存在へと変身し，同じ地域コミュニティへ仲間入りしようとして努力していることを賞賛するものだ。自分が持つ社会的価値観への同化を当然と考える単文化的発想に立ち，その中心から「花嫁」を周辺的参加者として歓迎する語りである。結婚により日本国籍を取得したとしても，「花嫁」は「外国人」としてカテゴリー化され続け，それにもかかわらず，そしてそれだからこそ「日本人的」だと賞賛されるのである。

2-2　高等教育へのパスの断絶

　言語的文化的に多様性を持つ子どもたちにとって，日本の公立学校で義務教育を終えてもその後の教育機会が十分保障されているわけではない。親の経済的な問題もあるが，それ以上に高校入試に合格できないという子ども自身の学力上の問題がある（山脇，2005）。仮に日本の公立学校に行ったとしても，生まれてからずっと日本の文化や日本語を当たり前のものとして接する子どもたちに向けて作られたカリキュラムの中では，それとは異なる社会資源の中で育つ子どもたちの学力を保障することは容易ではない。大学はおろか，高校に入学するのにも大変な努力が必要となる。このため，入試の形式や内容に工夫を加え，難易度を下げたり，該当する子どもたちに応じた特別枠を設定したりする自治体もある（細川，2011）。しかし，それでも希望者全員が高校に合格できるわけではなく，そのことがこうした子どもたちの進路選択の難しさを加速させている。

　入学試験は学力を中心に高校生活の適性を測るために行われる。全員に共通の内容の試験を行い，ある共通尺度に沿ってそれぞれの学力に相応しい学校に行くのが望ましいと考えるからだ。それによって求める基準を超える学力を持つ子どもがそれぞれの学力に対応した学校に入学することになる。個々の子どもの家庭状況や生育史がどうであれ，それは「平等」であるとされる。希望する高校で学ぶ学力がないのであれば，仮に何らかの特別措置によって「無理

に」進学させてもその子は授業についていくことができないので、それは本人にとっても気の毒なことで、望ましくないという意見もよく聞かれる[注12]。他方で、そうした子に対して優遇装置を設けることで、高校進学の機会を与えるのが望ましいという考え方もある。実際に各教育委員会でなされている対応はこの二つの見解の間で揺れているようだ。

「学力がないので進学ができないのはしかたがない」という見解は高校入試に選抜制度がある限り、容認しなければならないと考える人は少なくないだろう。だが、「学力がないので進学できない」というのは事実ではない。実際にはほとんど学力に関係なく入学できるほど志願者が少ない学校もあるからだ。「学力がないので進学できない」のではなく、「学力がないので希望の所に進学できない」というのが事実である。たいていの場合、一般に子どもが希望しない学校は何らかの意味で子どもが学び難い場である。子どもの家から遠くて通うのが不便であったり、学費の高い私立であったり、さらには自分が学びたい教科や技術指導を受けられない。希望しない高校に通う子どもは中退率も高い（青砥, 2009）。一般的に名前の知られた国公立への進学者には、すでに小学校や中学校の段階で塾や家庭教師などに多くの教育投資がなされている。学力と教育投資には正の相関がある（文部科学省, 2009[注13]）。このことは経済的に恵まれない層の子どもたちは進学準備の段階ですでに不利な状況に置かれていることを示す。レース当日は当然同じトラックに並ぶとしても、その競技場に来るまでに一方は恵まれたトレーニング施設で日々力をつけ、他方は本人のやる気と努力に任せられてきたとしたら、その結果に差が出るのは避けられない。この差をどのように評価するのかは評価者の「平等」観によって異なる。

多様性を持つ子どもたちの多くはこの経済的に恵まれない層に入っている可能性が高い。こうした状況に対して、多くのNPO組織などがフリースクールや放課後の学習支援教室を開催して支援を行っている。公的な補助金を出す自治体もある。合衆国やカナダなど北米の状況を確認すると日本の支援状況の不十分さが目立つが、それは多様性をもつ子どもたちだけに対して特別貧弱な対応がなされているというよりも、日本の教育予算の総額が低いことに連動していると考えた方がよいだろう。つまり、これらの子どもに関連する予算の配分のありかた以前に、総予算として教育や保育などの子ども関連予算に対する配

分が極めて少ないのだ（OECD, 2012[注14]）。このことは文部科学省自体も認めている[注15]。しかし，教育の機会が平等であるかどうかは学校関係予算だけではわからない。学校教育に限定せず，生活全体の中で学習保障がどのようになされているのかみなければならない。たとえば，合衆国の公立図書館や公民館では無料のWiFiや，一般市民向けのパソコンといった設備だけでなく，多様なニーズに応じたリテラシー教育を無料で提供していることが多い。大学も一般的に公立はもちろん私立でもWiFiと図書館を一般開放している所が多い。電子情報に依存する現代社会において知的データベースへのアクセスを保障するためにはそうしたインフラはとても大切である。さらに合衆国の公立図書館では学校の宿題をボランティアが手伝う活動も盛んに行われている。これは宿題が多く出されるという合衆国の特殊事情に対応しているともいえるが，学校での学習の補填を個々の家庭だけが担わされている日本と比べると，親が家で十分子どもの勉強をみてあげられない場合には大いに助けとなるだろう。特に親が学校で用いる言語に精通していない場合には有効な支援である。こうした支援がなければ，塾や家庭教師などの私的補填をするしかなく，各家庭の経済力がものをいうことになる。日本では専任指導員がいる学童保育所もあるが，そこも有料である。要するに概して日本では家計の経済状況が子どもたちの放課後学習の質を決めているといえる。

　教育の「公共化」において新しい動きがある。北米を中心にウェブを使って，新しい形のインフォーマルな学習環境を万人に開放しようとする新しい活動が広がっている（Connected Learningなど (Ito et al., 2013)）。ウェブを使ってインターネットに接続できる環境さえあれば，誰でもが参加でき，ただ講義ビデオを視聴するだけでなく，受講者間で，あるいは受講者と授業者間で相互交流可能な学習環境が作られている。たとえば，その先駆けとなるCOUSERAには世界の著名な大学の教員が多数参加しており，世界のどこからでも参加可能である。参加費は無料で，登録をし，設定された課題を達成すれば修了証明書も出される。参加者はその修了証明書を持って就職活動をすることもできる。こうしたフリーの教授・学習環境の提供はこれまで知識や技術を塀の中に囲い込んで「秘技として売る」教育のありかたに大きな波紋を投げかけている[注16]。ウェブ学習は翻訳ソフトの利用により，英語だけでなく，多様な言語使用者に

応じたものになってきている。こうした動きは言語的文化的な多様性を持つ子どもたちにとって，居住地域や環境に制約されない新しい文化資本や人間関係資本を提供する可能性がある。

2-3 手続き的平等と参加アクセスの平等

　高校入試において特別な配慮をするのか，しないのかという点に関しては，おそらくこれからもその時々の社会情勢に応じて多少の変化はあるにしても，どちらかの極に針が大きく振れることはないであろう。それはすでに述べた高校進学機会に対する二つの見解が，根本的に相容れない二つの平等観の対立に基づくからだ。

　一方の平等観が「手続き的平等」を重視する立場だとすれば，もう一方は「アクセスの平等」を求める立場ということができる。たとえば，ほしいものを手に入れたくて開店前から店舗前に並ぶ人がいる。この時，「手続き的平等」であれば，並んでいる順番に買う権利が優先されるべきだと無条件に考える。しかし，そのような手続き的平等をよしとすれば，子どもや体力が弱っている人などは凍えるような深夜から徹夜で店舗前に並ぶことはできず，常に特価品や特別販売品を購入することはできない。結果的にいつも高いものを買わされることになる。そんなときに，その人たちも同じように，つまり「平等」にそれらを買う権利があるのではないかと考えるのが「アクセスの平等」という考え方だ。「アクセスの平等」はアクセス権の行使を保障することを指し，ただ形式的に参加することができる状態にあるということではない。実際にその権利を行使する上での具体的な措置も含まれていなければならない。

　一般的に平等であることを悪いことだと考えたり，平等に何かを行うための手続きを問題視したりする人は少ないだろう。特に，先に挙げた「子どもや体力が弱っている人」に対してそうした手続きをとるときには，仮に自分がそれによって自分の購入順序が後になるような不利な状況になるとしてもそれを受け入れることはそれほど難しいことではないだろう。だが，その人が社会の主流の言語や文化を共有しない人だと思いは複雑になるようだ。「外国籍」はそうした人々を括る言葉としてよく利用される。それは平等という考え方が本来

的に持っている特性に由来する。仮に多数の人を何らかの意味で等しく扱うことが平等だとすると、誰と誰をその範囲に入れるのかという平等原則を適用する集団の範囲が問題になる。平等の議論は、どの集団あるいはカテゴリーに対してそれを適用するのかという適用範囲と常にセットで扱わなくてはならない。適用範囲を欠いた平等論は感情的な論争をいたずらに引き起こすだけで、実効性のある政策を生み出すことはない。言語的文化的に多様な子どもたちは、仮に学習権の原則的な平等が確認されたとしても、さまざまな理由でその適用範囲から除外されるサブカテゴリーの中に置かれるのであれば、もはやその平等な措置の適用対象外となる。たとえば、すでに述べたように母親が日本人と結婚して日本国籍を持つ子どもは「外国籍児」というカテゴリーには入らず、そのカテゴリーに付随した教育保障はなされないことになる。

3　教室の中の言語的，文化的に多様な子ども

3-1　授業への参加保障

　授業という場において、教師は子ども全員に対して他者に見える形で等しい参加行動をとらせようとする。それは、全員に1人ずつ順番に教科書を読ませたり、順番に発言させたりするなどの具体的な手続きを通して実行される。集団授業であれ、授業は個人個人の学習を促しているのだという立場からすれば、全員が実際に何らかの「能動的な行動をする」ことが期待される。ここでは、日本語を第一言語としない小1の子どもが自ら手を挙げていない状況で、教師によって自分の意見を発言するように求められる「参加促進談話」(石黒, 1998) を取りあげる。教師は教職歴9年目の男性教師である。対象となる男児ニコライ (仮名) は両親とともに来日し、日本語が第一言語ではないが、保育園から日本語に馴染んでおり、生活言語としてはさしあたり問題が感じられない状況にある。保護者と教師に対する三者面接における筆者の質問に対して、日本語に堪能な父親はニコライのことを「日本語が得意」と評価し、教師も生活上の日本語にはあまり困難はないという認識を示していた。観察者の目からも1年の三学期の時点では、文法的な誤りはあるものの日常会話にはほとんど

支障がないと感じられた。ニコライは同じ学区にある保育園からこの小学校に入学したこともあり，知り合いの子も少なくない。

　筆者が観察した授業の中で，ニコライが何らかの言語的やりとりに参加したのは一学期4回，二学期4回，三学期5回であった。このうち，参加促進談話は，一学期1回，二学期1回，三学期3回観察された。この数自体は状況によるので意味はない。ここでは1学年の最終学期である三学期に観察された参加促進談話をみてみよう。子どもたちは1年生の国語の教科書に載っている「はないっぱいになあれ」を読んでいるところである。

　座っている順番に子どもが立って順に教科書を読んでいく途中で，教師が「はい　このお話でねー　あのーとてもこのところがいいなーっていうところありますか」とみなに問い掛けた。子どもたちが手を挙げる。教師はすぐに指名せず手を挙げる子が増えるのを待つ。やがて1人の子を指名してその子が答える。多くの子どもが手を挙げても，ニコライは手を挙げなかった。教師は急に応答を求めない，つぶやくような声で「ニコライ君はどう思っているでしょうね」といったが，ニコライは何も答えず，教師は他の子を指名した。これがこの授業でなされた最初の参加促進談話である。その約2分後にも教師は「ニコライ君　ありませんか」と問い，ニコライが答えないとすぐに「じゃあニコライ君あとで」と言い添えた。この日の国語の授業において，このように手を挙げていないのに意見を求められたのはニコライだけであった。その後，授業も終盤になると，教師は「はい1回も答えていない人　手を挙げて下さいあてましょう　はい　手を挙げなさい」と告げた。それまでの指示は意見がある子どもに挙手を求めていたものだが，ここではついに意見がない子も手を挙げなければならない状態に追い込まれてしまった。するとニコライを含め，発言していない子どもたちは，意見がある子が手を上に突き立てるように伸ばして挙げるのと対照的に，手を曲げて自信なさげに挙手する。教師はそれをみて，すぐさま「はい　ちゃんと手を挙げて」と指示する。ニコライら手を挙げていた全員がさっと手を伸ばす。その中から子どもが1人指名され，それに続いてもう1人が指されたそして，その後にニコライが指名され，自分の意見を述べることになった。「抜き出し6-1」はニコライの発言までのやりとりを記したものである。

抜き出し6-1：ニコライが意見を言う場面

218　T：おもしろかった　ねーはい　ありますかあとは　はい1回も答えてない人手を挙げてください　あてましょう　はい手を挙げなさい　はい　まだ答えてない人ー（ニコライはそっと自信なげに手を挙げる）　聞いていこー　はいちゃんと手を挙げて（ニコライも含め皆さっと手を挙げる）　はいじゃあ花見さんどうですか？（みな手をおろす）　このお話
219　T：はい貴之君どう？
220　C：［立って］学校の子どもたちが　風船を見つけたところがおもしろかった
221　T：おもしろかった　はい　ニコライ君は？
222　N：コンが夢にみた種を　本当に食べたら（不明）
223　T：あっもう一回もう一回もう一回
224　N：（より大きな声で）コンが夢にみた種を　食べたら
225　C：（小さな声で）おいしい
226　T：いいから　おいしかったか　うまかったか　それはニコライ君が言うこと
227　N：夢に見た　味がした
228　T：そうかなるほどねー　はい　あとは　はいよしお君はい（14秒間）はいみきさん（15秒間）　はい隆君

注：左数字は授業開始からの発言整理番号
　　Tは教師，Nはニコライ，Cは他の子ども，トランスクリプト内の名前は仮名

　国語や社会科の授業では日本語を第一言語としない子どもたちに対してよく「取り出し」が行われることはすでに述べた。だが，ここではニコライは「取り出されて」はいない。なぜか。それにはおそらくさまざまな説明が可能であろうが，先に紹介した三者面談の父親と教師のニコライの日本語力に対する肯定的な評価に関係するだろう。この評価を裏づけるようなやりとりが授業内で行われていた。まず，「抜き出し6-1」にあるように，ニコライが問われたこ

とに対して自らの「感想」を述べ，それに対して教師が228で「そうかなるほどねー」と肯定的な評価を返している。それが教師にとって適切な応答として受け取られたことがわかる。しかし，それは教師がせっかく発言したニコライを傷つけまいとして行ったいたわりの言葉と考えることもできる。では，他の子どもたちはニコライの発言をどのように受け止めていたのだろうか。参加促進談話に続く，「抜き出し6-2」を見てみると，他の子がニコライの発言に言及して「ニコライ君と同じ」と答えている。それに対して，教師は「ニコライ君は何を言いましたか」と尋ね，その子が答えられないと「同じではありませんね」と「注意」している。この一連のやりとりからわかるのは，ニコライがクラスメートからその答えを「引用されるに相応しい人物」として受け止められていたということだ。したがって，この時点でのニコライの授業内での「言語能力」は授業参加に十分なものであったと教師が考えていたといえよう。

抜き出し6-2：「ニコライ君と同じ」という発言

240　T：はい　えーっと　りかさん　言った？　はい吉田洋二君
241　C：ニコライ君と同じ
242　T：なーに？　ニコライ君と同じなーに？　しゃべってみて　ニコライ君と同じなんですか？　どんなことだったですか　ニコライ君は何を言いましたか？　ちゃんと言ってください（4秒の間）（洋二が答えない）では同じではありませんね　ね　あのーお友達と同じっていうことは　ちゃんと自分でも言えなきゃだめね　その考えをね聞いてた？　ちゃんと言って　はい　ニコライ君は何を言いましたか？

注：左数字は授業開始からの発言整理番号
　　Tは教師，Cは他の子ども，トランスクリプト内の名前は仮名

だが，他方でニコライの発言は「抜き出し6-1」のライン225にあるように他児の介入を許す発言であったことにも留意しなければいけない。それは他の子が発言の番を得ている時にそこに侵入する「番鮫（turn shark）」（Erickson,

1996)を誘い込む発言であったということだ。だからこそ教師からみれば，ニコライは「意見は持っている」がその意見をみんなの前でうまく表明できない子として「参加促進」が必要な子どもとして扱われたのかもしれない。参加促進談話は「能動的に」授業参加することを目指していると考えることができる。つまり，子どもたちの授業への参加は「自主的になされなくてはならない」という「自主参加の原則」がその前提である。この日の授業でニコライに対してなされた教室の発言を追ってみると次のようになる。

(1) 教師：「ニコライ君はどう思っているんでしょうね」→ニコライの応答はない。

(2) 教師：「はい　ニコライ君は（3秒の間）ありませんか？」→ニコライの応答はない→教師：「じゃあ　ニコライ君あとで　はいえーっと（3秒の間）洋太郎君」

(3) 「抜き出し　6-1」から
　教師：（全員に対して）「はい1回も答えてない人手を挙げてください　あてましょう　はい手を挙げなさい　はい　まだ答えてない人」→子どもたちは自信なげに手を挙げる→教師：「聞いていこー　はいちゃんと手を挙げて」→子どもたちはまっすぐに上に手を伸ばす→教師は手を挙げた中から2人指した後で，ニコライを指名した。

　教師のニコライに対する発言を並べていくと，ニコライはいずれ発言しなければならないように外堀が順に埋められていったことがわかる。しかし，どこにも明示的な強制はない。(1) 教師の「ニコライ君はどう思っているんでしょうね」発言は，観察者には質問ではなく，つぶやきのように聞こえた。実際，それに対してニコライが応答しなくても教師はその応答がないことに対して何の反応も示さなかった。つまり，応答しないことを悪いとも良いとも評価しなかったのである。このことはその発言がニコライに対する質問ではなかったことを示す。次の(2)では教師はニコライに対して「はい　ニコライ君は（3

3 教室の中の言語的，文化的に多様な子ども

秒間）ありませんか？」と明確に個別指名をして質問をしている。それに対して，ニコライから応答がないとさらに問い返すのではなく，教師は「じゃあニコライ君あとで」と返していた。教師は強制指名をせず，応答を待った。(3)では，(全員に対して)「はい 1 回も答えてない人手を挙げてください　あてましょう　はい手を挙げなさい　はい　まだ答えてない人」と集団に指示している。「一回も手を挙げていない人」という教師によって即興的に構成されたカテゴリーに誰が入るのかは不確かである。それは特定されてはいない。そのカテゴリーを受け止める子どもがそれぞれそれを決める権利を持つ。したがって，そういわれたからといって，手を挙げなくても教室の中で「ばれない」可能性は十分ある。それにもかかわらず，「1 回も答えていない人」として「手を挙げる」ことは，客観的事実として自分が「手を挙げていなかった人」の集合のメンバーであると公的に宣言することである。言い換えれば，「手を挙げていなかった」ことを能動的に自主申告する行為であった。教師の「聞いていこー　はいちゃんと手を挙げて」という発言によって，子どもたちの挙手は自ら喜々として手を挙げているかのようなふるまいに見えるようになった。ここで自ら手を挙げたニコライらが指名される。こうして最終的に，ニコライは「自主的に手を挙げて授業に参加している姿」を実現することになったのだ。

3-2　強制される自主的参加

　先の事例にみられる参加促進談話は，「教師の発表強要→子どもの発表」ではなく，「子どもが手を挙げる→教師が指名する→子どもが自分の意見を発表する」という子どもの側から「自主的に意見表明する」という教室談話を構成していた。ニコライのような日本語を第一言語としない子どもにとってこうしたいわば「強制された能動的参加」はどのような意味を持つのであろうか。一つには，先の項で言及したように，発言したくてもできない子どもの背中を押す機能を持つということがいえるだろう。特に教科学習言語としての日本語に自信がない子どもの発言を促すことで，その子にみんなの仲間として発言できる機会を与えるという役割である。だからこそ，それは強制指名による受け身のものとして行われてはならず，「自ら発言する」ものでなくてはいけなかっ

た。

　他方で，別なケースも考えられる。ニコライはいわば期待される応答が何とかできたが，それができない場合，どうなるのであろうか。子どもの能動性を引き出すことを前提とするならば，教師は自分が出した発問に対して当該児が答えることができるのかできないのかを推測しながら指名していると考えるのが自然だろう。しかし，答えられると思って指名しても答えられないこともあるし，そもそも日本語の理解ができず，どんな問題であっても何も答えられないような時にはこの戦略は使えない。おそらくどんな問題であっても答えられない程度の学力や言語力だと判断すれば，「取り出されて」補習を受けることになるだろう。いずれにしても教師にとってこの判断は難しく，子どもと授業に対する慎重な判断が必要とされる。この点は何もニコライのような日本語を第一言語としない子どもだけでなく，どの子に対しても当てはまることだ。ジルー（Giroux, 1992）は「教育者は単に知識の獲得だけでなく，アイデンティティ，おかれている場所，そして希望といった感覚を学生達に与えるような文化的実践の生産として学習に接近する必要がある」（邦訳, p. 137）という。参加促進談話はある意味では，当該児を教室の学びの仲間として学びの環に入れるための手続きである。だが，それは同時に答えられないかもしれないという不安を当該児に引き起こす手続きでもある。そうなるとニコライのような子どもは，そうした不安にも同時に打ち勝たなくてはならないことになる。そうした不安を和らげるにはクラスが自分にとって安心できる場所として位置づいている必要がある。ならば間違えたり，違ったりしても大丈夫という感覚を持てるクラス作りができているところで参加促進談話は生きる。逆に失敗したら自分のクラス内での立場が危うくなるのではないかというような思いを抱いている時には，それは当該児にとって，自らの能力を試される場へ自ら進み出ることを促す厳しい声に聞こえるかもしれない。日本の子どもたちが概して年齢とともに発言しなくなるのはそのこととも無関係ではないだろう。

3-3 自分の「声」を出す

　授業にうまく参加できないと判断される子どもたちに対して，教師は何とか授業に参加させようとしてさまざまな働きかけをする。「参加促進談話」もそうした教師の働きかけの一つであった。それが当該の子どもにとって必ずしも支援として機能するわけではないことを述べた。だが，さらに考えなくてはいけないことはそれにうまく対応したからといって当該の子どもはそれだけでは満足できないという事実である。強制された参加による成功経験がその先の自らのふるまいのきっかけを作り出す可能性は十分ある。「今回うまく答えることができたから次は自分から発言しよう」というように。しかし，実際にはそんなに簡単に授業内の態度が変わるわけではない。やはり自分から発言することに躊躇し続けることも多く，結局，教師に促されて行動するという受け身のサイクルが形成されることも少なくない。そうしたサイクルができると子どもはそれを跳躍板として先に進むのではなく，そのサイクルの中で受け身であることに慣れてしまうことにもなる。そうした態度は，当人の心理的葛藤を引き起こす。クラス内で自らを「受け身の存在である」と確認することは自尊心を貶めることにもなりかねない。

　次の事例は全校生徒が 20 名ほどの地方の小規模小学校で行われた「取り出し授業」の一場面である（石黒，2001a; Ishiguro, 2002）。取り出されている 2 人（マリアとカルロス，それぞれ仮名）はそれぞれの実年齢では小 6 と中 1 であるが，この学校で日本語を初めて学習するということから学校側の判断で，小 4 と小 5 に配当されていた。2 人はブラジルから親に連れられて来日しており，第一言語はポルトガル語である。取り出し授業の担当者は常勤講師で中学音楽の免許を持つ女性教員であった。授業は生徒 2 名を担当教員が指導することになっていたが，しばしば事務職員が「応援」のため，アシスタントとして授業に参加していた。マリアが本来所属している「親クラス」は 3 年と 4 年の複式学級で，4 年生 5 名，3 年生 2 名の計 7 名が男性教員の指導を受けていた。カルロスの「親クラス」は 5 年と 6 年の複式学級で，6 年生 2 名，5 年生 2 名の計 4 名と男性教員から成っていた。カルロスとマリアは二学期までは取り出し授業を受けていたが，三学期からは取り出されることがなくなった。校長，教

頭それに取り出し授業担当者も2人の日本語力から判断して他の子どもたちと一緒に授業を受けるのは次年度以降だと考えていたというが、2人から他の子どもたちとかかわることがなく、遊びや授業において「1人じゃ寂しい」との訴えがあったという。教師間で話しあった結果、「他の子どもとの人間関係を豊かに築くため、予定よりも早く」、この年度の三学期からは取り出しをやめたという。2人が親クラスに入る時には、「取り出し授業」担当教員は「親クラス」にティーム・ティーチング担当教員として参加することになった。

　担当教員など、学校の教職員からみると、カルロスとマリアはそれまでその小学校に在籍した他のブラジル人児童に比べ、「とてもおとなしい」という。確かに筆者が授業を見せてもらった時にも、授業内はもちろん休み時間にも話しているのをみることがなかった。取り出し授業の中で、先生の指示によって授業開始の挨拶を求められて行う時にもその声はとても小さく、観察者である筆者にとっても確かに「おとなしい」という印象を受ける態度であった。2人は兄妹であるが、学校内で2人が一緒に遊ぶところも、2人の第一言語であるポルトガル語で会話する場面も筆者からは見ることができなかった。

　ここに抜き出すのは二学期の取り出し授業の様子である。通常2人の取り出し授業はプリントを用いた言語学習を中心とした個別指導とゲーム的要素を入れた集団指導から成り立っていた。この日はまず店に見立てた机の上の品物カードを買い物リストの指示に従って素早く買ってくる買い物ごっこが行われた。そこにはアシスタントや養護教諭も参加して場を盛り上げていた。その後、担当教員とアシスタント、それに観察者である筆者とカルロス、マリアの2人が机を挟んで輪になり、「しりとり」が始まった。前に言った人の最後の文字を次の人が受ける形で順に答えていくというものである。答えられないとアシスタントは「しっぺ」といい、手首を掴んで軽く叩く真似をした。2人に対して教員らはしりとりの対象となっている単語を繰り返して強調したり、解答となる単語を何らかの形で示唆したりするなどのヒントを暗示していた。さらに教員らは自分の解答をいう時に、机の上にあったハサミを手で持ち上げて、「ハサミ」というなど、単語学習になるような配慮もしていた。2人の子は辞書を持っており、わからない言葉があると辞書をひいていた。

　次のようなやりとり（抜き出し6-3）があった。ライン2において支援に入

ったアシスタントが「うーん」といいながら間を置いて考えているのは，しりとりを答える者として考えているというのではなく，彼が常に子どもに対してヒントを出し続けているという行動から考えて，明らかに次の回答者であるカルロスが回答できるものを探しているように感じた。そして「海」といい，発言に続けて自分の耳を触った。これに対して担当教員と観察者がすぐ笑ったように，明らかにその行動はそこで期待される解答である「耳」を示唆していることがわかった。自分の番となったカルロスはすぐに答えない。そこで担当教員は再び「み　だ」と一音一音強調して回答を促した（ライン4）。するとカルロスは，唐突に「みみ」ではなく「短い」という別な単語を答えた（ライン5）のである。これに対して教師は驚いたように「ああ」といい（ライン6），アシスタントは「みじかーい」とその回答された音をやや強調する調子で繰り返した（7）。

抜き出し6-3：しりとり遊び

```
1    T：ずっ図工
2    A：うーん　海うみうみ（自分の耳を指さす）
3    T/O：（笑う）
4    T：み　だ
5    C：短い
6    T：ああ
7    A：みじかーい
```

注　T：担当教員，A：アシスタント，O：観察者，C：カルロス

このやりとりが興味深いのは，カルロスがアシスタントの示唆する答えを敢えて避け，別の回答をしていることである。実はこの前にも「み」は出てきており，カルロスはすでに「耳」と答えていた。なぜ彼は「耳」といわなかったのだろうか。その真意はわからない。しかし，その前のカルロスの「耳」の発言に対して教員らはその回答を笑って受け取っており，その発言がいわば困った時の救済策のような回答になっていることが暗示されていた。それに加え，

今回はアシスタントが耳を触ることでさらに直接的に答えるべき単語が示されていたのである。この状態で「耳」とカルロスが答えることは容易である。しかし，仮にそのように彼が答えたとすると彼は何も考えていないかのようであり，ただ指示に従うだけの「受け身」の存在になってしまう。彼自身そう感じたのではないだろうか。観察者である筆者にすれば，カルロスはそうした自らの位置づけを嫌ってわざと「耳」を避けていたように感じた。通常しりとりでは名詞が使われるが，そうでない単語であってもとにかく「耳」ではないものを発言することで，彼は「自分の答え」をみなに示したかったのではないだろうか。彼はただ単に物理的な意味で自分の「声」を出したかったわけではなく，考えることができる主体として自らの「声」を発したかったのではないだろうか。筆者にはこれはカルロスのささやかな「抵抗」に見えた。「声」にはその人の人となりが現れる。その時のその人の他者との関係が現れる。ホルキスト (Holquist, 1981, p. 434) は，バフチンを引いて，この「声」は「話す人格 (the speaking personality)」であり，「話す意識 (speaking consciousness)」であると要約している。ワーチはそれに重ねてバフチンの声は，「特定の社会歴史的場面によってのみ適切に理解されうるイデオロギー的視点であり，公理的 (axiological) 信念システム (Holquist, 1981, pp. 304-305) である」 (Wertsch, 1985, p. 226) という。発せられた「声」は発話者である「私」を作りだしている歴史や社会に対する発話者のありかた，視点を示す。このように考えるならば，「声を出す」とは文字通り，自らを他者に名乗り出ることである。言うまでもないことだが，声を出すことが躊躇される時とはただ単に物理音をそこに発することが躊躇されるということではない。それは自分の立場にたった発話が「今ここで」適切なものとして位置づくのかどうか不安である状態を示しているのではないだろうか。もしそうであるならば，声を出すことは常にそうした不安と戦いながら自らを他者に名乗り出る勇気を必要とする。

　授業の中で回答できることは自分の立場をそこに作る上でとても重要な行為である。しかし，回答できたとしてもその自らのふるまい方が問題であり，「受け身で希薄な存在」としてしか自分を位置づけられないのであれば子どもはそれに満足できないだろう。この後の2人の「取り出し授業」をやめて親クラスで過ごしたいという希望は，他の子どもたちと関わることがないことが

「寂しい」というだけでなく、自分たちが授業や学校に参加意識を持てないことに対する「寂しさ」の表明ではなかっただろうか。もしもそうであれば、2人の「取り出し中止」要請は自分たちの取り扱いに対する異議申し立てであり、「改善」提案であると考えることができる。しかし、親クラスに常にいたとしても自らの「声」をそこで出すことは容易ではない。この子たちが日本の教室状況において自らの「声」を守り、育てるにはどうしたらよいのだろうか。

　当事者から「話者性」を剥奪することは集団活動の中ではよく見られる。多くの場合、それは当事者の排除を意図してなされるのではなく、支援のために行われる。次の「抜き出し6-4」（石黒、2001b）は保育園の年長クラスの朝会の中でのやりとりである。保育者は子どもたちに順番に知っている花の名前をいわせている。そこで日本語学習児アレクセイ（仮名）の番になったところである。保育者はアレクセイに何度か問いを言い換えて花の名前を知っているかどうか尋ねていた。そして1のように改めて問い直すと、アレクセイはライン4で不明瞭な発言ながら答える。しかし、保育者は気付かなかったようで、ライン5で再度「わかんない？　お花の名前わかんない？」と問い直す。これに対して、せいや（仮名）が保育者に「梅って言ったよ　今」（ライン6）と応答した。すると保育者はそれを受けて、アレクセイを指さして「梅って言った？」（ライン7）といい、せいやのほうに頭を向けて再度「梅って言った？」と問う（ライン8）。そして、せいやがそれに頷く（ライン9）。この一連のやりとりで、保育士とアレクセイの間にせいやが途中から「番鮫」（Erickson, 1996）として入っていることがわかる。本来アレクセイが答えるべき順番で、せいやが順番を取ってしまったのだ。これによって、保育士はせいやにアレクセイが「梅って言った」かどうかを確認する。つまり、保育士はオリジナルの発言者であるアレクセイではなく、せいやとやりとりを開始してしまったのだ。しかし、せいやがライン9でアレクセイが「梅って言った」ことに同意する頷きを示しても、ライン10で保育者が「チューリップ」を持ち出しているように、保育者にはアレクセイが「梅って言った」ことは不確かだったことが窺われる。そのチューリップを「知っているか」という問いに対して、ライン11でアレクセイが頷くと、保育者は再度せいやに向けて「チューリップ知っている」と確認した（ライン12）。

抜き出し 6-4：花の名前を言う

1　T：お花の名前知ってるのある？
2　A：（首をかしげる）
3　T：何知ってる＝？
4　A：（小さな声で）うめのはな（？）　うめない（？）
5　T：わかんない？　お花の名前わかんない？
6　S：（Tの方を見て）梅って言ったよ　今
7　T：梅って言った？　今（Aを指さす）　言ったよね今
8　　　（Sの方に頭を向けて）　梅って言った？
9　S：（うなずく）
10　T：梅知ってるの？　チューリップは？
11　A：（うなずく）
12　T：（Aを指さしSを見ながら）あ　チューリップ知ってる

注：A（アレクセイ）とS（せいや）は子どもで仮名，Tは保育者。（？）はその前の音が不明瞭で記載が不正確であることを示す。＝は最後の音が延ばされて発音されたことを示す。（　）内は，身振り。発話の終わりの「？」は上昇イントネーションで発話が終了していることを示す。
（石黒，2001b，p. 137 より修正抜粋引用）

保育士とある子のやりとりに他児が番鮫として入ることは教室活動ではよくある。アレクセイの発言に保育者が気づかなかったので，隣に座っていたせいやがいわば直訴してアレクセイの発言を擁護したのである。しかし，それによって，保育者の相手はせいやに移行してしまった。アレクセイといえば，結果的に保育者とせいやの対話の対象である「何事かをするもの」として扱われたのである。通常，発話者の発話の意味を確認されるべきは発話者自身である。だが，ここでは発話者であるアレクセイの発話の意味は第三者であるせいやの判断に委ねられることになった。この時点でアレクセイは「話者性を剥奪」され，会話する2人が内容を精査すべき検討対象となっていた。それは言葉を話さない乳児が何か発した時にその家族が「今のなんて言ったんだろうか」「おなかがすいているって意味かな」などとその音を取り上げて解釈を繰り広げる場面に似ている。その時，乳児自身は「こういったんだ」と自分の発言の真意

を説明することはできない。アレクセイもまた自らが発した言葉であるにもかかわらずその発言を説明する権利を一切与えられず，その「音」の意味の確認作業に加わることが許されなかったのだ。

　これは海外旅行などで通訳を介して現地の人とやりとりする時には大人でもよくあるようなことだと考えられるかもしれない。だが，その場合には，通訳者は旅行者の第一言語でその真意を確認する。教室にそのような通訳がいない時，その「通訳者」は話者の第一言語を理解する通訳者ではなく，話者がよくわからない言葉（この場合には「日本語」）のみを使う「通訳者」である。取り出し授業におけるカルロスもこの集団保育におけるアレクセイも自分にとっての第一言語を使わない言語的多数者の中に浸される状態にある。そこはこのように発話者である「私の声」が常に危機にさらされる場である。以前ある高校の教諭から教師と親が面談する時によくあることとして，子どもが通訳に入る状況について聞いたことがある。親は日本語で話をすることができないので，子どもが通訳として間に入るのであるが，親に対するその態度はぞんざいで，軽蔑や嘆きのようなものがそこには感じられるという。親も自分の「声」を直接教師にぶつけることができないので，話しにくいという。AとBが会話をする状況で通訳者Cが入る場合，AはBに向けてもちろん話すのだが，次第に視線は通訳者であるCに向かいがちになる。Bの理解を得るためにはCにまず理解してもらわなければならないからだ。したがって，AとBの声の向かう先は自然とCになっていく。通訳者CがAとBとの間の会話をうまく取り持とうとすればするほど，その人は2人の発言を整理し，構造化することになるので，通訳者が全体のやりとりを主導する存在となっていく。教師面談には，教師と保護者，教師と生徒，親と子といった三つ巴の非対称的な権力関係が埋め込まれている。この状況で通訳を子どもが担うのは大変なことである。

　日本の学校では通訳が学校に常駐することは稀である。しかし，上述の事例検討は子どもが通訳をすることが適切ではないことを教えてくれる。通訳行為はただ情報を異なる言葉に置き換え，言い換えることではない。それは通訳される当事者の「声」を守り，育てる学習支援者でなくてはならない。言語的文化的多様性をもつ人々に対する通訳の条件についてはこれからしっかりと議論していく必要があるが，さしあたり行政が第三者の通訳者を配置し始めた現状

ではその通訳者にはただ情報伝達を可能にする存在であるというだけでなく，「子ども」，「保護者」の声，さらには「教師」の声を擁護する（advocate）重要な役割があることをまず確認しておきたい。

4 多様性の力

4-1 非意図的移民としての子ども

　オグブらは，人種と学業的成功との関係を議論する中で，マイノリティの立場を自律的（autonomous），意図的（voluntary），非意図的（involuntary）の三種に分け，その特徴を整理している（Ogbu & Simons, 1998）。意図的マイノリティは希望を抱いて合衆国に移住してきた移民であり，自らの意志でそこで新しい生活を始めた人々である。彼は，アジアなどから入ってきた意図的なマイノリティは初めに学業上の困難があったとしてもそれは長くは続かず，アメリカで成功することが多いのに対して，アフリカ系アメリカ人の子どもたちは学業成績上の困難が簡単に克服されることはなく，その後の人生においても十分な成功が成し遂げられないのはなぜかと問い，その理由をマイノリティの人々の意識の持ち方にあるとした。アフリカ系アメリカ人はその祖先が合衆国への強制的な移動を強いられ，その子孫はその祖先が望んで訪れたわけではない北米という地に生きるしかない居住者である。それに対して自らの意志で合衆国に移動してきた人々は，移動前の生活よりも「ここに」希望を持ち，「ここで何とかしなければもう後がない」という強い決意の中で成功へ向かうルートを必死に作り出していく。こうした意識化の状態を親子に当てはめるならば，親は経済的な成功を目指して意図的に移動したとしても，その子どもたちはたいていは「非意図的なマイノリティ」となる。自分は日本に来るなどと思っていなかったのに，ある日突然親と一緒に日本に行くことになり，そのことに驚く。親が出稼ぎとして日本で暮らし，ある日急に呼び出される。新しい地に踏み出すには勇気が必要だ。親には母国での経験や新しい社会に対する多くの知識がある。しかし，子どもたちは移動年齢によってさまざまではあるが，多くの場合，親が使う言葉の習得も不十分であったり，母国で学校教育を十分受けてい

なかったりすることが多く，それに加えてさらに制度や習慣，言葉の違う新しい国に移動させられるのである。

　かつてのように船で何ヶ月も掛かって移動するわけではない。アジアの国であれば飛行機で半日も掛からない。時間の経過につれて，景色の変化を感じながら，家族との会話の中に自分の「新世界」に対する意識を高めていく間もない。その一方で移動後は働く親よりも厳しい状況に置かれることになる。就労する大人は決められた時間に決められた場所に行き，決められた仕事をする。職場では仕事の効率化のため，通訳をはじめ，労働環境に慣れるためのさまざまな配慮がなされていることも少なくない。工場などには同じ言葉を話す仲間が大勢いることもある。これに対して，子どもたちが日本の公立学校に行く場合，そこには基本的に何ら特別な配慮はない。子どもたちは生活言語としての日本語だけでなく，学業言語としての日本語も学ばなければならない。さらにそれらを学ぶための前提として日本の学校固有の風習とでもいうべき学校関連知識や技能，すなわち「日本の学校」そのものを学ばなくてはならない。日本語しかわからない教師と仲間の中で1日過ごさなくてはならない子どもたちが，親にこのことを告げようにも親は長時間労働の中で十分に子どもの学校状況を受け止めるゆとりがない。それでいて，アジアから来た親は日本の教育制度は母国よりも良いと考えていることも多く，日本語を習得するだけでなく，日本で良い高校，良い大学に行ってほしいと期待する傾向があるようだ（額賀，2012）。

4-2　自叙伝による「証言（testimony）」

　子どもたちが「ここで生きていく」ためには自らの声を作り，他者に向けて発信していかなければならない。それはいったいどれほど大変なことなのだろうか。合衆国に移民として来た子どもたちが自叙伝（autobiography）を書くという実践がある。それは第二言語である英語の習得を目指してチューターとともに行われることが多い。それは単に自分にとっての新しい言葉を学習することではない。新しい国で新しい他者と「新しい声」を創り出す協働でもある。自分の経験した過去の出来事を新しい言葉によって枠づけ直す活動である。こうした作業を通して子どもたちは自分の過去を問い直し，自分の未来を描き直

す。

　ギティエレツ（Gutierrez, 2008）が主催したカリフォルニア大学ロスアンジェルス校（UCLA）のサマースクールには多くの南米移民の子どもが参加していた。同じような境遇を過ごし，今は UCLA の学生になっている先輩がチューター役を務め，パウロ・フレイレの『被抑圧者の教育学』（Freire, 1970）を読んだり，みなでドラマを演じたり，自叙伝を書いたりする。そこに参加したアヴェの作文は，自分の家族の歴史を語り，自分が合衆国に来てからの生活を振り返っている。自分が生まれた場所の記憶，合衆国への移動中に見たもの，合衆国の学校で出会ったもの，英語ということばについて等々，過去の記憶が整理され，対象化されている。ギティエレツはこうした自らの過去を跡づけることで発信者が何者であるのかを語るテクストを「証言（testimony）」と呼ぶ。

　「母親は 16 歳で知らない男と結婚させられた。16 歳は結婚するにはもういい年だと祖母が考えていたからだ。1987 年の後半，私はサン・マーティンのとても小さな街で生まれた。母親によれば私は生まれた時，死んでいた。多くの人は半分死んでいたという。そこでどうしたと思う？　私は毛布にくるまれ，私が目覚めるまで放り投げられていたそうだ。
　（引用者中略）
　私は車のトランクの中に入ってカリフォルニアに着いた。私が混乱という言葉の意味を理解したとすれば，それはその時だ。私は自分がどこにいるのか，どうやってそこに来たのか，これからずっとそこ—この新しい世界—にいるのかどうかわからなかった。そこは車，テレビ，そして何よりも貧しさで一杯だった。私の家族は叔母の家に着いた後はそこのガレージに住んだ。それは叔母が私たち家族が自分の子どもの食べ物を消費してしまうと感じたからだ。とてもおもしろいことに，私たちはとてもやせていて，叔母の子どもの多くはとても太っていた。（アヴェの証言，2004 年 7 月）」

（Gutierrez, 2008, p. 150, 引用者抄訳）

　「ゆっくりと痛みを感じながら私は自分自身を受け入れ始めた。4 年の時の担任のザモラ先生は私の作文と算数の技能をいつもほめてくれたので私は

4 多様性の力

それができた。5年生になるまでに、私は自分のことを誇らしく感じるようになりはじめた。でもある子どもたちが「おまえはインディアンか」と尋ねてきた。私の皮膚の色と醜さを指摘するためにそのように言うのだ。他の者は私の知性を賞賛するためにそうしたと思われた。それが私の頭に残って離れない。私はどこにも所属していなかった。私は再び不可視な存在になることを促された。私は観察と学習に専念するという仕事に戻った。私は学校でも家でもその仕事をし続けた。私がしてきたことは言われたことすべてを聞き、それを飲み込むことだけだった。こうしてやり過ごしたことで私にとって学校は楽なものとなった。私は授業中静かにし、聞くことに努めた。これが教師が最もほめた点だ。私は覚えた。そしてそれが知的だと言われる人の姿だ。私は祖母の死について書いた。それを教師がよい作文と呼ぶ。とてもよいということでメダルをもらった。これはパウロ・フレイレが「被抑圧者の教育学」の第2章で話していた「銀行型教育」というものだ。私は豚の貯金箱だったのだ（アヴェの証言、2004年7月）」

(Gutierrez, 2008, p. 156, 引用者抄訳)

過去を語り直すことは過去の自らの声を消去することではない。多様な視点から自分の経験が眺められ、豊かさを帯びていく。さらに、そこから浮かび上がってくる複数の意味が相互に絡みあい、コンフリクトを引き起こしながら深い気づきへと誘う。アベは優等生になることで「学校で生き残る」ことができた。しかし、過去を語り直す時、その当時の自分を「豚の貯金箱だった」と捉え直す批判的なまなざしを自分に向けている。自分の過去の生活の厳しさの語りさえも「困難を乗り越える物語」として、学校では美談として賞賛されてしまうことにアヴェはいらだちを感じていたのだろう。つまり、一方でそうした生き残り戦術を用いた自分を容認しながら、他方でその狭さを自己批判し、新たな自分を構想する。こうした複眼的な視点取りは異なる環境を移動することによってもたらされる「多様性の力 (power of diversity)」である。移動者は多様な人に出会うと同時に自らの多様性と雑多性を知る。自分の中に複数の価値を持つ人々が育ち、世界を複眼的に見せてくれる。だが、矛盾した自分を表出できる信頼できる他者を持ちえない時には、その知覚を表明する勇気を持て

ないかもしれない。ことばにならない声が内側に溜め込まれ，自らを責め続けることで潰れてしまうことさえあるはずだ。

4-3 多様性とは何か

　言語的文化的多数派，つまり社会における主流派（マジョリティ）からみれば，少数派（マイノリティ）の子どもたちはしばしば「何かが欠けている子」としてみられる。そのために，そうした子に対する支援はその欠けた何かを補うことであると考えられやすい。各地で多くのボランティアが子どもたちの日本語支援や生活支援に奮闘している姿は尊い。しかし，他方でその支援が「欠けたものを補う」というまなざしの中で行われるのであれば，それは子どもたちに自らの「欠損感」を教える教育となる。善意は必ず善行となるわけではない。思いをどのように実現するのか，その手法が研究されなくてはならない。

　多様性を受け入れることは現状を疑う視点を得ることでもある。支援実践者は，子どもの持つ「異なる眼」に射られることを恐れてはいないだろうか。こうした子どもたちに対峙するには，支援者自身が多様性の力を育てなくてはならない。多様性を持つ子どもたちは既存の価値観に揺さぶりを掛ける。異なる社会の間を生きる子どもたちは純潔な文化が幻想であり，混じり合いのない言葉などありえないことを教える。社会がより良い方向に向かうことを期待しながら，多様性を持つ子どもたちと過ごすにはどうしたらよいのだろう。これが学校の教師と放課後支援教室の支援者にとって共通の課題となる。

　学校もまた変わらなくてはならない。移民の子どもたちに公立小中学校に行く前に「適応指導」として教科学習や生活習慣を教えることがある。子どもたちが学校に行ってから困らないようにと，そこでは「学校の常識」を教える。部屋の移動時には並んで行くこと，列を乱さないこと，さまざまな「日本的」な，あるいはローカルな慣習の習得が当然のこととして求められる。だが，それら一つ一つにどのような論理的必然性や子どもの発達上の意義があるのだろうか。その点検をせずに，「今までそのようにしてきたからこれからもそのようにすべきだ」と新参者に同化を求めるだけでよいのだろうか。日本の社会とは異なる社会から来た子どもたちからみて不自然であること，意味がわからな

いことに対して学校もそうした疑問や問いにしっかりと答えられる準備をしなければならないのではないか。自分は「なぜこれを子どもに求めているのか」，この問いを持つことは学校や支援そのものを刷新する機会ともなろう。異なる価値観や習慣を持つ子どもたちをも抱き入れることができる，より大きな学習環境を作り上げることで，日本で生まれ育つ子どもたちも救われることになる。

日本では多文化教育は国際理解教育であり，国際理解教育は「外国」を理解することであると捉えられることが多い。多文化とはそれぞれの人が生きる背後にある価値観を尊重することであり，それは国と国の間の話ではない。性の多様性，障がいの多様性，生き方の多様性，「多様な多様性を尊重する」ことが多文化教育の原点になければならない。「多様な多様性を尊重する」という態度は人と人を民族性や使用言語，国籍といった大きなカテゴリーに分け，境界づけされた集団間で相互の差異を尊重し合うことではない。それは一人一人が多様性を内包する存在であると認めることである。このように考えるならば，多文化教育とはどこであってもそこにすでに必ずある多様性を認めることではないか。日本の学校は内なる多様性を抑制することで，そこに秩序を作り出してきた。子どもたち一人一人が多様な個性を持つ存在であることを思い起こさなければいけない。誰一人として国籍や民族性，使用言語，習慣，性といった大きなカテゴリーだけでは理解できない。生きることは，誰に対しても多様な場に参加することを強いる。「私」と「あなた」が違うという意味で多様なのではない。「私」も「あなた」もその内に複数の多様な「私」や多様な「あなた」を内包していることが多様性の本質である。多様性を内に持つ人と人だから対話が可能となり，対話することでさらに多様性，雑多性が増幅される。これが豊かな社会を創り出す源泉だと信じることはできないだろうか。

セン（Sen, 2006）は，アイデンティティ意識は連帯感を作り出すと同時に排他性を生む道具であることに注意を促す。センは「単一のアイデンティティ」が幻想でしかないことと，それが人々に憎しみをもたらす道具であることを次のように語る。

「アイデンティティは人を殺すこともできる。しかも，容易にである。一つの集団への強い──そして排他的な──帰属意識は往々にして，その他の集団は隔

たりのある異なった存在だという感覚を伴う。仲間内の団結心は，集団相互の不和をあおりやすい。たとえば，ある日突然われわれはルワンダ人であるだけではなく，厳密にはフツ族なのだ（だから「ツチ族を憎んでいる」）と教えられたり，本当はただのユーゴスラビア人ではなくて，実際にはセルビア人なのだ（だから「ムスリムなど絶対に嫌いだ」）と言われたりするのだ。」

(Sen, 2006, 邦訳, p. 16-17)

　一人一人の中にある多様性を尊重する時，どのような学校統治体制を構想できるのだろう。言語的，文化的に多様な子どもたちの増加は日本の学校にこのことを問う。それは現在の日本の学校教育制度にとって素晴らしいプレゼントである。そうでなければならない。どのように，そしてどこまで，どのような形で，何が可能なのか。それを一つ一つ丁寧に検討し，対応していくことがこれからの日本の学校には求められている。

　［注1］　法務省入国管理局の外国人登録者数（速報値）報道発表資料　http://www.moj.go.jp/housei/toukei/toukei_ichiran_touroku.html　（2016/01/12 access）
　［注2］　第二次世界大戦以前は日本国籍を持っていたが，終戦後の領土返還に伴って日本国籍を失った人々でその後も日本に永住している人々。特別永住者が一番多いのは朝鮮・韓国出身者である。「日本国との平和条約に基づき日本の国籍を離脱した者等の出入国管理に関する特例法（平成三年五月十日法律第71号）」（最終改正：平成二一年七月一五日法律第79号）http://law.e-gov.go.jp/htmldata/H03/H03HO071.html　（2013/03/09 access）
　［注3］　初等中等教育局国際教育課「日本語指導が必要な外国人児童生徒の受入れ状況等に関する調査（平成22年度）」の結果について　http://www.mext.go.jp/b_menu/houdou/23/08/1309275.htm　（2013/03/09 access）
　［注4］　日本国籍を持たない親には子どもに日本の義務教育を受けさせる義務はないが，子どもの不就学を放置することは日本も1994年批准している以下の「子どもの権利条約」第28条に違反するものとなる。近年では各自治体が日本国籍を持たない親に対して子どもの就学を促す動きがある。
　　「第28条
　1. 締約国は，教育についての児童の権利を認めるものとし，この権利を漸進的にかつ機会の平等を基礎として達成するため，特に，
　a. 初等教育を義務的なものとし，すべての者に対して無償のものとする。
　b. 種々の形態の中等教育（一般教育及び職業教育を含む。）の発展を奨励し，すべての児童に対し，これらの中等教育が利用可能であり，かつ，これらを利用する機会が与えられるものとし，例えば，無償教育の導入，必要な場合における財政的援助の提供のような適当な措置をとる。

c. すべての適当な方法により，能力に応じ，すべての者に対して高等教育を利用する機会が与えられるものとする。

d. すべての児童に対し，教育及び職業に関する情報及び指導が利用可能であり，かつ，これらを利用する機会が与えられるものとする。」

http://www.unicef.or.jp/about_unicef/about_rig_all.html#4 （2013/03/11 access）

[注5] 文部科学省では「外国人の子どもの不就学の実態調査」として平成17年度から平成18年度に実施した南米出身の日系人等のいわゆる「ニューカマー」が集住する12の自治体（1県11市）で就学状況が不明な子どものいる外国人の世帯に対し，戸別訪問を行う等の方法によって調査した結果を報告している（http://www.mext.go.jp/a_menu/shotou/clarinet/003/001/012.htm （2013/03/09 access））。

それによれば，義務教育段階の児童生徒の総数は9889名，公立学校への就学が6021名，外国人学校が2024名で，81.4％の子どもがどちらかの学校に通っている。それに対して不就学者は僅か112名で全体の1.1％に過ぎない。しかし，転居などによって連絡が取れない者が1732名（17.5％）おり，それを不就学者に含めると，約20％の子どもが義務教育段階で学校教育を受けていないことになる。不就学者のいる世帯の135名に対して，不就学理由を尋ねると，「通学費用がない」（15.6％），「日本語がわからない」（12.6％），「すぐに母国に帰る」（10.4％）が上位三つの理由であった。学校に行かない日中は何をしているのかを尋ねると，回答した104名のうち，「何もしていない」（36.5％），「アルバイト・仕事」（20.2％），「兄弟の世話」（13.5％）が上位の回答で，「今後どうしたいのか」に対しては，「学校へ行きたい」（32.1％），「未定」（29.5％），「就労」（19.2％），「母国に帰りたい」（17.9％）となっていた。日本の公立学校へ入学する手続きについては84.4％が知っていると答えていたことから，就学手続きもわかっており，子どもを学校に行かせたいと考えている家庭でも，何らかの困難があって子どもを就学させることができない家庭が少なからずあると考えられる。ただし，これらの回答は100名程度の回答であり，実際には全体の約20％（2000名弱）がその対象となることを勘案すれば，対象者の僅か5％程度の回答が不就学者の不就学状況を代表するものと考えることはできない。

[注6] 親の国籍が子どもの国籍となる制度。生まれた国の国籍を与える出生地主義と対立する概念である。

[注7] 大阪府教育委員会市町村教育室児童生徒支援課（平成22年3月）「ようこそOsakaへ 帰国・渡日児生徒の受け入れマニュアル」にみられるように大阪では「渡日」が定着しているようである。「海外にルーツがある」は多くの地域で使われている。たとえば，名古屋国際センターホームページ（http://www.nic-nagoya.or.jp/japanese/nicnews/archives/1363）など。NGOではこの呼称を使うことが多いようである。ただし，どんな言葉もそれ固有の指示範囲を持つ。渡日児童生徒といえば，「海を渡ってきた子ども」を指すと考えるのが自然であり，来日一世が思い浮かぶのではないだろうか。また，「外国にルーツを持つ」という表現は外国にルーツを持たない人々がいるという前提を持つ表現である。歴史的にみれば大陸との間に地理的連続性があったことを考えると，本島を含む日本の島々に生きる人々はみな外国にルーツを持つともいえる。その事実を前にしてなぜ今そのような表現を使わなければならないのか，その社会歴史的意味を確かめることが必要である。

[注8] 本章では「多言語主義（multilingualism）」「多文化主義（multiculturalism）」とは，一つの社会あるいはコミュニティの中に複数の言語や文化が共存している状態を肯定的に捉える政策的な視点であると考えている。社会の複雑さを捉えようとする時，言語が取り上げられ

るのはそれが社会を作り出し，物語る主要な媒体であるからだ。「国語」という表現が存在するように，何を社会の主流言語として認定するのかは極めて政治的な問題であり，権力の中心に位置する事柄である。したがって，「多言語」を認めることは，異なる言語によって物語られる世界をお互いに許容することを要求することになり，そこに権力を多元化しようとする志向が読み取れる。北米では「多言語」・「多文化」という表現が好まれるようであるが，ヨーロッパでは，「複言語（plurilingual）」「複文化（pluricultural）」という表現が好まれているようである。それは，ヨーロッパ・カウンシル（Council of Europe, Cousel de L'Europe）の言語政策部門（Language Policy Division）が 2001 年に「言語に対するヨーロッパ共通の参照枠：学習・教授・評価（Common European Framework of Reference for Languages: Learning, Teaching, Assessment（CEFR））」を出版し，その中で，ヨーロッパに多くいる少数言語話者の保障の意味合いを含め，「複（pluri）」は個人の領域，「多（multi）」は社会の領域と定義したことによる（山川，2008）。その上で，複数の言語を話す人が集まった社会を multilingualism と呼ぶ。CEFR によれば，「複（pluri）」の考え方は「読み・書き・話す・聞く」だけではなく，交流する力を重視するという。そして，ある人が「一ができない」と捉えるのではなく，一すれば一ができる」といった積極的な評価を目指す。個人の交流力を重視し，少しでも他の言語を使えればそれを積極的に評価するという考え方は，それぞれの人のありかたをそのまま認めるべきだという主張として読み取ることができる。つまり，その人のことばがどのような状態であれ，その人がその人の生活を成り立たせる重要な媒体としてそれを使っている限りにおいて，その資源は社会的に尊重されなくてはならず，そのことばが複数の言語の混ざり合ったことばであったとしても，それはその人の立場からすれば重要な生活資源であると考えるのだ。多言語多文化主義は異なる言語使用者をそれぞれに分けて異なる言語的文化的コミュニティの併存を維持しようとする政策に結びつけられることが多いようだが，そもそも世界には複数の言語を雑多な形で（hybrid）使用している人々が多くいる。そのような人たちにとって言語や文化の境界づけは，自分はいったい何語を主流言語として使うコミュニティに属していると考えるべきなのかを確定することを強いることになる。このような圧力を掛けることをやめ，雑多化されたことばの存在を認め，複雑な言語使用状態を誰でもがそのまま保持することを認める見解が CEFR の考え方だと理解してよいのではないだろうか。

　［注 9］「日系ブラジル人切り捨ての実態」 2008 年 12 月 10 日　東京新聞 【特報】 など。
（http://www.tokyo-np.co.jp/article/tokuho/list/CK2008121002000084.html　（2013/03/11 access））

　［注10］　たとえば，ブラジルの吉永クラウジオさんは生後すぐに母親が単身日本に出稼ぎに行き，親戚の家で幼年期を過ごしたという。その後，日本に呼び寄せられたときには知らない男性が父親になっており，「家にいるのが苦痛で，小学 2 年から友達の家に寝泊りするようになった」，「両親は放任主義で，義務教育 9 年間で実質 2 カ月位しか登校しなかった」という。（ニッケイ新聞　「日系社会ニュース」　2013 年 1 月 10 日付け http://www.nikkeyshimbun.com.br/nikkey/html/show/130110-71colonia.html）（2015/01/06access））

　［注 11］　たとえば，李（2012）参照のこと。

　［注 12］　こうした考え方に沿って，実際の年齢に対応した学年よりも日本語の力を考慮し，保護者とも相談した上で，学年配当を下げる措置をとることがある。2009 年に文部科学省はこれを追認し，「過年」措置可能であることを通達（20 文科初第 8083 号）している。実際，筆者が個別に学校訪問した学校ではどこもすでにそれより前からそうした運用をしていた。そのような弾力的な運用が可能だったのは，外国籍の子どもたちに対しての教育措置は日本国籍

を持つ子どもたちのように文部科学省に厳密に縛られていないことによるのだろう。ただ，実際にそうした「過年」制度が子どもにとってよいかといえば必ずしもそうとはいえない。ブラジルでは落第制度があるために実年齢と学年が異なることはその理由が明確であれば受け入れやすいものだが，日本のように通常年齢と学年が対応している教育制度の中で育った親には受け入れがたいことも多い。実際筆者が尋ねた海外の日本語教育を行う学校においても，学校が子どもの日本語の学力に応じたクラスを薦めても，他の同年齢の友達と同じ学年への配当を求める保護者が少なくないという。「過年」制度を無理に進めることは，子どもの自尊心を傷つけ，それが学校生活全般の意欲を下げる可能性もある。こうした措置を講じるときには，保護者や当該児童生徒が経験した教育制度との対応関係を確認した上でその差違を十分説明する必要があるだろう。

　［注 13］　平成 21 年度文部科学省白書第 1 章　家計負担の現状と教育投資の水準　http://www.mext.go.jp/b_menu/hakusho/html/hpab200901/detail/1296707.htm　（2015/01/06 access）

　［注 14］　Directorate for Education and Skills　Education at a Glance 2012: OECD Indicators 内の country notes　(http://www.oecd.org/edu/eag2012.htm)（2015/01/06 access）の日本語版参照

　［注 15］　平成 24 年 11 月 16 日（金曜日）教育振興基本計画部会（第 23 回）配付資料　（生涯学習政策局政策課教育改革推進室）　http://www.mext.go.jp/b_menu/shingi/chukyo/chukyo9/shiryo/1328294.htm　（2015/01/06 access）

　［注 16］　こうした高等教育のウェブを用いた社会的開放は高等教育を受ける機会を多くの人に提供することができるという点では画期的であり，まさに Illich (1971) が脱学校論の中で述べた Learning Web の実体化が起きたともいえる。しかし，それが今後どのように社会の中に位置づけられることになるのかはまだ未知であり，今後注視する必要がある。たとえば，ボストンにキャンパスを持つハーヴァード大学とマサチューセッツ工科大学が共同で設置しているウェブコースである edux（https://www.edx.org/）について，主催大学の教授は世界にいる優秀な学生を大学に呼び込むリクルートに使えると述べている（朝日新聞　2013 年 03 月 06 日ウェブ版記事 http://digital.asahi.com/articles/OSK201303050194.html）。このように新しい学習環境の出現はただ単に高等教育の公共化だけを意味するのではなく，このように商業的な利用を含めた多様な価値づけ，機能を果たすようになるだろう。

終章

学びの場にかかわるということ

1 教育実践をめぐる理論と実践

1-1 実践の理論

　本書は実践研究である。教育実践という場で子どもたちが何を学習し，そこがどんな発達資源の場であるのかを検討してきた。一般に教育実践というと教師の指導を中心とした教育現場活動と受け取られることが多い。その場合，教育実践は教師が自覚的に作る指導の体系として理解される。教師は教室活動を管理し，子どもたちの動きを統制する。だが教師による活動は自覚的なものに留まらない。気づかないうちに多くの情報を子どもたちに与え，多くの働きかけを行っている。その意味で教育実践には言葉や態度によって明示され，意識化された行為だけでなく，子どもたちに対する無自覚的なかかわりも含まれる。

　教師がある指示を出したとしても，教師の意図がそのまま子どもに伝わるわけではない。教師が子どもに出した指示の意味が何だったのか。その解釈を巡って終わりのない交渉が続く。第1章で取り上げた，教師による「美しい姿勢をして下さい」という教師の指示は子どもたちにどのように受けとめられたのだろうか。教師の指示意図や子ども個々の理解もあるだろうが，それらとは別に，その発言は実際にどのようにその教室活動を動かす資源として機能していたのだろうか。その後の教室活動に対するその発言は参加者それぞれの意図を超えて機能する。それゆえ，教室で用いられた発言や行為の意味を教師個人の意図や計画に還元することはできない。教室で行われた活動の意味を教師に尋ね，その応答内容をそこで起きたことの「事実」とすることなどできない。

　教師の指導案や計画は実践を作り上げる資源になるとしても実際に行われたことを説明し尽くすことはない（Suchman, 1987）。予め計画されて行われることも日々の実践の中ではその時々の環境に即して調整され，刻々と変わらざるをえない。たとえば，教師の美しい姿勢を指示する発言のあとに，ある子どもがクラスメートを指して「先生　○○ちゃんは美しい姿勢していないよ」と発言することは，教師が最初に志向した活動の方向性を変える可能性を持つ。実践の中で行われる発言や行為の意味は常に即興的に作られるのであり，しかも誰

かが理解する一つの意味に収斂するようなものではない。現場調査とはそのような実践の中に埋め込まれたふるまいの文脈的多様性を調べることである。

教職課程に在籍する大学生や現場教師から「大学では理論を説くが，現場の実践にそれは役立たない」という声をよく聞く。この声は理論と実践を対立させた上で，理論の不毛性を指弾するものだ。「理屈じゃない」という声はまるで「実践には理論などない」と主張しているかのようである。しかし，実践にも理論はある。理論のない実践などない。理論は実践に埋め込まれているがそれに実践者が気づいていないにすぎない。実践が理論を作るといってもよい。ただ，その理論は多くの場合，実践者に自覚されず，それゆえに言語化されることもない。自分なりの理屈は意識していても，その実践に精通していない他者にそれがわかるように語ることができないことはよくある。熟練した技を持つ人が自らの技術を適切に説明できるわけではない。行うこととそれを語ることは別な行為である。日常生活の自らの行動選択の背後にどんな理論があるのか。人は通常それを自覚化していない。しかし，人のふるまいには何らかの規則性があり，その規則性を生み出す資源の一つが理論である。あるいは繰り返されるうちに理論が生み出されることもある。朝の出勤時，電車の何両目に乗るべきなのかといった一見瑣末に思えることにさえ，その行動の背後にはそれを選択した人の理論がある。ある人は混んだ車両を避けるために時間帯や乗る位置を選んでいるかもしれない。優先席が空いてもそこには座ろうとしない人も多い。これらの行動の背後には，その人の人間観や人生観がある。教師の教室における日常実践も同じだ。多くの教師は自分の実践体験から子どもに対する指導や学級経営に自分なりの実践理論を持っており，それを利用している。実践研究の主要な課題の一つはこうした実践に参加する当事者にとっての「実践の文化」(Spradley, 1979) を明らかにすることだといわれている。

1-2 実践者による日常実践研究

現場に関心をよせる教育研究者は，現場で起きていることやその背後でそれに影響すると考えられる資源群を理論化しようと試みる。だが，現場実践者にはそのような関心はあまりない。巧みに身体を使う工芸士がその動きをうまく

説明できないとしても，その製作に困ることはない。作品ができればよい。現場教師や放課後教室の指導者も同じで，自らの指導原理を理論的に説明できなくても実践は可能だ。そもそも作業時の動きを理論化しようとするために動きの滑らかさが失われてしまうのであれば，実践者としてはそのことこそ問題である。何十年も掛けて技を磨き，1人で黙々と木を彫るとき，どのように彫るのかなど，その説明は必ずしも必要でない。

確かにすべて1人で完結する作業であればそれでよいのかもしれない。自らの行いを説明できるのか否かが問題となるのは技術の協働性であり，継承性が問われる時である。他者とともに何かを作るとき，あるいは弟子をとり，技術を継ごうとするとき，伝えることが目論まれる。それでも親方を見て，親方の仕事に周辺参加することで，次第に自分の身体がその作業に馴染んでいくならば理論化すること，すなわち伝える言葉を鍛えることはたいした役割を果たさないのかもしれない。しかし，そこには膨大な時間が必要だ。観察と模倣を通して驚くほど長期にわたる試行錯誤が繰り返されるはずだ。それだけ長期にわたって親方と協働しながら学ぶ機会は簡単に作れるものではない。学校は言うに及ばず，家庭でも地域コミュニティでも，今や一般的にそれほど長い時間を掛けて学びを導くような過程が組織されることはまずない。それでも協働しなければならないとしたら，学びの機会を作らなくてはならないとしたら，実践者は自らの行いを語る言葉を他者に向けて創り出さなくてはならないだろう。

自分は何をしたのか。それによって活動全体がどのように変わったのか。自分の実践を語る言葉が洗練されていくことで，それを知る他者もまたその実践の意味の豊かさに触れるようになる。もちろん理解は相互に達成されるものであり，聞き手もまたその聞く力を高めなくてはならない。語り合う中で，聞き手は相手の話に共感し，有益なアドバイスをくれることもあろう。日本の学校には職員室があり，それぞれの学級担任の悩みや課題が教員間で共有されやすいといわれてきた。だが，同じ場所にいればそれだけで分かり合えるわけではない。お互いの経験を分かち合うためには，相手と繋がる生きた言葉を育てなくてはならない。それはコミュニケーションのための言葉ではなく，関係づくりのための言葉だ[注1]。かつて日本で盛んに行われていた教師による授業研究はこのような「言葉づくり」の機会であり，お互いの「理論」を知り，対話を

通してそれを再構築する場だったといえる。

　すでに述べたように自分の思い通りに実践を動かすことなど誰にもできない。「自分の発言は教室にどのような波紋を作り出したのか」「あの指示は正しいはずだが，なぜ今日の授業はうまくいかなかったのか」，こんな問いに応答しようとすると，自分の実践理論を自覚的に掘り下げなくてはならない。その作業を通して自らの実践理論が無自覚的に生み出す問題の所在に気づく。問題に気づくことは実践を変える第一歩である。授業研究においてすぐれた仕事をしてきた教師は自らの実践を反省し，その実践に埋め込まれた理論を積極的に暴き出す努力をしてきたといえよう。それは研究会や本を通して自らの実践理論を他者に公開するためだけに行われたのではない。それ以上に，自らの日々の教育実践の中で実践を変える仮説を生み出し，検証を可能にする理論化作業のためであった。これにより自らの実践理論は発達し，他者と分かち合えるものとなっていった。第5章で取り上げた「指導者のジレンマ」に陥り，そこから抜け出せなくなっていた実践者は，自分の実践に埋め込まれている理論をつかむことができなかった。自分がいつもそうなってしまうことに苛立ちを感じていても，それがどのような経緯で生まれたのか，その行動はなぜ何度も繰り返されるのか，こうしたことを追及することができなかった。職場の仲間もまたそれをとにに語ることで問題のありかを知ることができたはずである。問題を個々人の指導力に帰属させて終わるのではなく，問題を引き起こす実践理論を問うことができたならば実践は変革できる。理論とはこのように極めて実用的なものである。

1-3　実践の意識化

　自らの実践を枠づけている理論を知ることはそれを「意識化」(Freire, 1970) することだ。教育実践研究として「意識化」が要求されるのは，それが実践を批判的に眺める手続きとなるからだ。「今日の国語の授業で自分はなぜ手を挙げていない太郎をわざわざ指名したのか」「それは彼にどのように受け取られたのか」。このような素朴な問いであっても，そこから自らの教育観や学習観が問い直され，改善の糸口に向かう可能性がある。指導書や教科書にもそれぞ

れ固有の内容構成原理がある。教材の背後にある理論を自覚的に捉え，その利用の仕方について吟味することが教師には求められる。教師は教科書や問題集をそのまま子どもに与え，その利用を任せるわけではない。教師は媒介者である。学習者の既有知識と学習者に学んでほしい知識とを教材を通してつなぐ。そのつなぎ方に教師の力が現れる。媒介者である教師が教材に埋め込まれた理論を読み取らず，それを「教材」として利用することなどできない。自らの日々の行いの背後にある理論を炙り出したり，すでに誰かによって権威を与えられた教材を吟味し直したりするような批判的思考は，既存の価値観をとりあえず括弧に入れ，現状を否定する可能性を持つという意味で，必ずしも心地よいものではないだろう。だが，それなくしては実践の変革，向上はない。

　実践を語る理論の言葉は心理学など学問領域の言葉とイコールではない。「あの子はやる気がない」とか「このクラスには意欲が感じられない」と教師が感じ，発言したとしても，その「やる気」や「意欲」は心理学の動機づけ理論と必ずしも対応しているわけではない。発言者の置かれた状況や活動に依存してそれらはその場固有の意味を担う。各学説（discipline）にはそれぞれ固有の目的がある。その目的に向けて各学説の言葉は体系化されている。同じ言語を使っていても異なる体系の中に位置づく「専門用語」は異なる意味を担う。まして実践に埋め込まれた理論がそのまま学説のそれに一致することはありえない。理論と実践の乖離とは，学説が体系化する理論と実践に埋め込まれた理論の不一致を指すのであり，実践が理論を持たないということではない。それゆえ，研究者と実践者の協働において求められるのは，学術研究コミュニティが求める実践理論と教育実践コミュニティが必要とする理論の間の擦り合わせであり，その二つのコミュニティの間の協働性の構築である。両者の間に存在する緊張関係こそが教育実践，研究実践相互の実践理論を豊かにする資源なのだ。

2　実践者の戦術

　実践者が日常実践を知ることの重要性をセルトー（Certeau, 1980）は気づかせてくれる。彼は日常生活者の立場から日常実践を捉えようとする。彼にとって

日常実践とは調和のとれた手続きの全体（ensemble）であり，操作のシェマ，技術的に巧妙な取り扱いのことを指す。日常生活者は「戦術（tactic）」を使うという。彼にとって戦術とは「戦略（strategy）」に対立する言葉で，固有の場所をもたず，他者の場で自分の外にある力を利用する，すなわち横領する術（Certeau, 1980）である。他方，戦略とは企業，軍隊，都市，学術制度などの権力の主体が敵に対するさまざまな関係を管理できるような固有の場で行う術である。たとえば，壁を作ることで他の人がある領域に入ることを阻止することは戦略であるが，その壁に落書きをして自分たちの思いを他者に伝える巧みな抵抗は戦術といえる。彼はこの分類を手掛かりに，日常生活者の日常実践の中の創造的な営為としてどんな戦術があるのかを問う。以下のフーコーの権力装置分析に対する彼の批判を読むとその意図がわかるだろう。

「たしかにこのフーコーの分析は「教育」のただなかにはたらく「抑圧」のシステムを暴き出し，楽屋裏にひそむ無言のテクノロジーがいかにして制度の演出を決定したり短絡化したりしているかを明らかにしているけれども，といってこの分析が「規律」の生産装置に特化しているにはかわりはない。「監視」の碁盤目がいたるところにひろがり，ますます精密化していっているのが真実なら，なおさらのこと，一社会がそっくりそこに還元しつくされないのはなぜなのだろうか，それを解明するのを急がねばならない。どのような民衆の手続きが（これもまた「微細」で日常的なものだが），規律のメカニズムを相手どり，それに従いながらかならずそれを反転させるのだろうか。要するに，社会政治的な秩序を編制するひそかな方式にたいし，消費者たちの側の（いや，「被支配者たちか」？）いかなる「もののやりかた」が対抗し，そのうめあわせをつけているのであろうか」

(Certeau, 1980，邦訳，p. 17)

セルトーは，フーコーは戦術の分析をしていないという。フーコーによって一望監視装置（テクノロジー）が民衆の管理においていかに強力であったのかが示されたが，実際にはそうした装置は骨抜きになっているとセルトーは疑うのである。フーコーは実践が生み出したものの一部しか扱っておらず，そうし

た場に置かれた日常生活者が隠れて使う戦術の分析こそが必要であると訴えるのだ。

　セルトーは日常実践研究の中心的な研究者であるブルデュー（Bourdieu, 1980）に対しても批判を加える。ブルデューは地域の具体的な実践を民族学的に分析したが，それを理論化する際にはその具体的な実践から離れ，構造だけを抽出し，慣習化されたハビトゥスを最終的な単位として抽出したという。ハビトゥスは実践を作り出す装置である。構造がハビトゥスを作り，ハビトゥスが構造を作るといった，内化と外化の循環を想定するだけではそこには再生産しかなく，変化は読み取れない。この点をセルトーは批判する。日々の実践は常に変化している。セルトーによれば，ブルデューはそうした変異を気にとめず，実践を作り出す構造の分析に始終してしまったというのだ。セルトーはフーコーが敢えて取り上げなかった民衆の密やかな抵抗，ブルデューが知っていながら理論化の中で無視した，実践の細部の有り様こそが問題とされるべきだという。それが戦術分析である。セルトーは日常生活者が与えられた場において実践を作り直し，「それによって社会文化的な生産の技術によって組織されている空間を再びわがものとする」（Certeau, 1980，邦訳，p. 17）実践の事実そのものを捉えようとしたのである。私はこのセルトーの発想に大いに共感する。

　教授学習の場において学習者は，本来文字通りの意味で「学ぶ者」であるのにもかかわらず，「教授を受ける者」として扱われている（石黒，2014）。「学ぶ者」と「教えられる者」とは違う。学習に教授は必然だが，その視点の取り方に注意しなくてはならない。学習者が「学ぶ者」として生き生きとした存在としてあるためには何が必要なのか。教室の中で「弱者」として扱われる者たちが「学習者」として力を得るために必要なことは何か。そのことを考える上でセルトーの見解は示唆的である。

　学級王国という表現は教師の本質的権力性を自然発生的な既定事項とし，子どもをそれに従う臣民として位置づけている。王様はどのように臣民を支配しているのか，臣民はどのように統治されているのか，「学級王国」批判は学級は放っておけばそのような王国になってしまうので，そうならないためにはどうしたらよいのか，こうしたことを糾弾する。これに対し，学級の秩序を脅かす子どもたちに対しては体罰さえも容認すべきと主張する「プロ教師の会」

（河上，1991）などの立場は一見相反する立場にあるかのように見えるだろう。しかし，実のところどちらも教室には教師と生徒の間の非対称的な関係がある，あるいはあるべきだという同じ前提に立っている。だが，第2章で述べたように，教室における教師と生徒の非対称的な関係は自然発生的なものでも，既定の事実でもない。教師とともに子どもたちが作りあげる教室の秩序に他ならない。子どもたちがその秩序の維持を放棄すれば教師は直ちに裸の王様となる。言い換えれば裸の王様を王様として崇める制度の維持に子どもたちが参与することによって王様は王様でいる。そして，子どもたちは裸の王様を王様として扱うことによって自らの立場を確保しているともいえる。これは子どもたちが教室でサバイバルするまさに巧みな戦術である。「褒め殺し」ではないが，他者と正面から真っ向勝負を挑むことよりもとりあえず持ち上げておいて，自らの居場所を作ること，これはよくある生存戦術だ。誰も完全に他者を支配し尽すことなどできない。だからこそ人は他者を支配したいという欲望に悩まされることにもなる。

　学習者は教授者が支配する教室空間の中に自らの「空間（space）」（Certeau, 1980）を創ろうと試みる。第2章で取り上げた授業中の教師の授業管理手続きに共謀する子どもたちは，巧みな戦術を用いて授業の場をやり過ごしていたといえる。第4章で取り上げた学校建築を例に挙げれば，建築家はある意図を持ち，教師や子どもたちの使用方法を想定して学校をデザインするが，その使用者である教師や子どもたちはその意図に沿った使用はしない。建築家が建てたあとの未来を描き，全体を俯瞰したデザインをすることはまさに時間と場所（space）の支配を目指す試みといえる。だが，建物が建てられたあと，そこで日々過ごすことになる人々は建築家が思い描いた未来をそのまま受け入れはしない。意図的に，あるいは気づかずに日々場を組み替えていく。これは使用者による巧みな抵抗戦術であり，日常実践者による自らを取り囲む環境資源を使った実践過程における「適切化（appropriation）」である。教育実践研究とはこうしたそれぞれの現場で起こるささやかな交渉過程をとらえ，そこにある資源群を参加者が相互に交渉しながらさりげなく組み替える不断の更新過程を探ることに他ならない。繰り返すが，実践を改善するために実践者は理論を必要とする。仮にある建物が使用者にとって使い勝手が悪いものであるとしても，

その不具合は理論化され、他者に伝わる言葉として語られないかぎり、その苛立ちは他者には伝わらないのだから。

3 教授学習過程のエスノグラフィー

　本書では日本の学校活動、中でも授業を中心に子どもや教師がそこで何を学んでいるのかを検討してきた。主に取り上げられた事例は筆者自身による現場での参与観察によって得られたものである。現場調査を学習過程に焦点をあてて記述、分析したのでそれをここでは「教授学習過程のエスノグラフィー」と呼ぶことにする。ここでいう学習はいわゆる教科学習に限定されず、教室での適切な態度やふるまいを含む、現場実践の過程で経験される多様な事柄の学習を指す。

　教授学習過程のエスノグラフィーは人類学のエスノグラフィー研究にその調査手法を学びながらも、心理学者ヴィゴツキーに始まる社会文化歴史的アプローチが培ってきた心の捉え方、批判教育学の礎であるイリッチ (Illich, 1971) やフレイレ (Freire, 1970) の学習観、さらには日本の教育実践の中で練り上げられて来た「授業研究 (lesson study)」(Sarkar Arani, Fukaya & Lassegard, 2010) の影響を受けている。その影響関係はそれぞれの章における事例の記述様式、考察の観点にすでに示されているが、ここではそこでは触れていない理論的な補足を少ししたい。それによって本書が教育現場において捉えようとしていたことがわかるだろう。十分捉えることができなかったものが何であるのかも示されるはずだ。子どもの発達を捉える上でさらに何が必要なのかも示唆されるかもしれない。

3-1 授業の研究

　日本では通常子どもたちは平日、日中のほとんどを学校で過ごす。そして、授業はその学校生活の中心にある。日本の教師が育ててきた授業研究はその授業の質を問い、改善を図るために行われてきた（斎藤, 1960；1962；1963；1964；稲垣, 1986；稲垣・佐藤, 1996）。端的に言えば、「すぐれた授業とは何か」

(佐伯・藤岡・大村・汐見，1989)が問われ，「良き授業」への改善の方途が探られてきた。「教授技術学」(ヴィゴツキー，1926)からみた授業の研究である。日本における授業研究は，近代化の中で欧米の教育技術の導入を目指す教師集団の協働的な学習として始まったといわれ(Sarkar Arani, Fukaya & Lassegard, 2010)，現場教師による授業分析がその中心であった。

　これに対して，授業を教師と子どもの協働実践と捉え，それぞれの実践への参加のありかたを問う授業研究もある。人類学による授業研究である。授業の人類学的研究には授業で使われる主な媒体である言葉の使用に焦点を当てる談話分析(Discourse analysis)(Cazden, 1988)から空間や身体の動きに焦点をあてる近接学(Hall, 1966)，マイクロエスノグラフィー(McDermott, Gospodinoff & Aron, 1978; Erickson, 1996)，さらには身振り研究(Alibali & Nathan, 2007)，相互行為分析(Goodwin, 2003)など，多様な研究が含まれる。談話分析も今ではテキストや発語といった言語に焦点を当てるだけでなく，ある秩序をもった組織化された社会実践(Fairclough, 2003; Gee, 2005)そのものを射程に入れている。教育にかかわる研究もその影響を多分に受けており，授業やさまざまな学習過程の分析にそうした志向を持つ研究が増えている。たとえば博物館の観覧中の会話や行動を分析したり(Gelman, Massey & McManus, 1991)，公園を一緒に散策する親子がその過程で何を見て，どんな会話をしているのか分析したり(SIG-Informal Learning Environments Research, 2013)することで，学校外のインフォーマルな場面における教授学習過程を研究するものなどがある。こうした研究によって，人が社会活動の中で用いる媒体の種類や機能の多様性が認識されるようになり，誰でもが多様な文化，多様な「言語」の使用者であると考えられるようになってきた。そのことをはっきりと宣言した研究者らはニューロンドングループと呼ばれるリテラシーグループ(The New London Group, 1996)として有名である。こうした多様性を積極的に評価し，学校教育活動を豊かにしようとする実践も増えている。たとえば移民の子どもたちに対するカミンズらの研究(Cummins & Early, 2011; Multiliteracy project)はよく知られる。

　教授技術学的授業研究がある目標を設定した上で，その目標達成に向けて有効な活動が実施されているかどうかを問うという意味で教授学習過程の上から下への流れを問うとすれば，人類学的授業研究は実際に実施されている授業の

中で創発される価値を探索する下から上への流れを問うアプローチということができる。後者は教授学的有効性から実践を問うのではなく，実践で作られ，改変を繰り返す実践者にとっての状況的適切性の質を問う。こうしたアプローチは教室実践に埋め込まれている価値を炙り出すが，すでに述べたようにそうした価値の多くは実際に授業を実践する教師や生徒には必ずしも自覚化されていない。仮に教師が自分の学級に年間目標を設定したとしても，実際の教室でその目標がそのまま実現されることなどない。教師によって意図的に設定され，子どもたちに明示された目標が何らかの形で教室実践を方向づける資源の一つになるのは当然であるが，教師や生徒が気づかず，管理などできない多くの資源が教室実践を方向づけるのもまた事実である。

　教師が「子どもの思考や発言を尊重する」ことを目標にしていたとしよう。しかし，その時，授業に45分といった時間枠があれば，その制約が大きな枷となって教師や子どもの行動を縛るはずだ。子どもの発言を大切にしたい教師が，ある文章をみんなで読んだあと，最初は子どもたちに思いつくだけの意見を言わせていたとする。その結果，次第に時間がなくなり，結局授業終了5分前に，「時間がないので」といいながら，教師がその日の授業のポイントを説明せざるをえなくなる。このように実際に実施される授業では，教師が明示する目標とは別な動機が複合的にその実践を組み替えていく。第2章で取り上げた振り子の等時性の原理の授業において教師の授業展開に対する子どもたちの共謀的な協力関係も，そうした時間制約に対する子どもたちの「配慮」が影響していたはずだ。その授業は子どもたちに自主的に仮説を出させた後に実験をさせ，その後，子どもたちの結果報告を受けて全員で振り子の原理を確認する授業だった。しかし，結局最後は時間がなくなり，教師のまとめに子どもたちも「共謀」して授業は終わった。もしも授業の終わりにチャイムがなく，時間延長が許される状況であったなら，いったいどうなっていただろう。たったそれだけのことで授業はまったく異なるものになっていたのかもしれない。教師の権威的に見える取りまとめやそれに対する子どもたちの共謀行動を実現する従順さは，そこに出現しただろうか。学習の時間が物理時間によって管理されている多くの教育現場の活動の組織化のありかたを問い直すことも必要である。こうした問い立ては授業がどのように実現されているのか，授業活動を下から

上へていねいに辿ることで生まれる。

3-2　教授学習過程のエスノグラフィー

　本書のアプローチは上記の分類でいえば，人類学的アプローチに近い。教室で行われる活動がどのように組織されているのか，授業実践の中からそれを炙り出そうとしている。だが，本書のアプローチはその実践に参加している人たちの行為や行為に埋め込まれた意識，すなわち，その実践の文化を明らかにすることを目指す通常の人類学的エスノグラフィーとは趣がやや異なる。ここには，常にその実践が子どもの発達にとっていかなる意味を持つものなのかという発達心理学的な問いが伴う。この問いは現場を調査する時に思い浮かぶことも少なくないが，明示的に問い立てるのはいったん調査結果をまとめ，それを眺め直す時であることが多い。この時，その問いに分析者の素朴な価値観が反映されることは否めない。したがって，その問いは実践を問い直す一つの切り口に過ぎず，その評価のまなざしは絶対的な正しさを示すものではないことを自覚してその問いと付き合わなければならない。それは考察の入口にすぎないという自制である。

　しかし，だからといってその最初の問いが意味のないものだとは思わない。それは授業実践を通して構築される共同的な意識や価値を捉える手掛かりとなる。池に投げられた小石が波紋を広げる時，それがどこへ投げられようがその波紋から池の大きさや深さなど，池の特徴が多少なりとも推察される。それと同じように，とりあえずどこかに問いを投げることで，そこで実現されている授業実践のありかたを知る手がかりが得られる。もちろん池の端に石を投げるよりは中央に投げた方が深さを推し量りやすいように，どこに問いを投げるのかは実践研究にとって，さらには実践そのものにとって重要である。だが一度の投石でわからなければまた投げて様子をみればよい。現場教師は子どもたちに投げかけた問いの結果を見て次の発問を用意する。実践研究者も現場に通い，現場で起きたことを振り返り，新たな問いを手に入れる。そしてその次の現場訪問時にはその問いを手がかりに観察を行う。一度問えばそれでよいというものではない。ある問いは次の問いを引き起こし，疑問は続く，膨張する。それ

が観察やその観察結果に対する文献調査を促進する力となる。

　正統派のエスノグラフィー研究からすれば，本書が用いている方法は，教育実践理解のためにエスノグラフィー的手法を利用する研究という意味で，「エスノグラフィー的研究（ethnographic study）」と呼ばれるべきであろう。実践の中で起きていることを徹底的に記述し，「研究者とは異なる世界に住まう人々」の生活を当事者の視点からボトムアップ的に理解する＝学ぶ実践である本来のエスノグラフィー（Spradley, 1979）からすれば，このようなアプローチは実践を捉える枠組みを実践の外から持ち込むという点で，当事者にとっての文化の理解を歪めるものと映ることだろう。なぜならこの立場は研究者が外から持ち込む発達観や教育観と現場で生まれ，維持されている実践の背後にある発達観や教育観を比較し，批評する行為を否定しないからである。この点で，ここで行っていることは保護者が授業を参観して授業や学校，教師などにある思いを抱き，感想を述べることに似ているかもしれない。実践に対して自らの既存の価値感に基づいて実践批評をする。それが普通の人が何らかの活動に参加した時の通常の姿である。通常エスノグラフィーを行う研究者はそれをなんとか避け，当事者にとってその実践世界がどのように見えているのかを捉えたいと願っており，研究者の先入観や偏見の排除を自らに課す。それに対してここでのエスノグラフィー的研究は調査実践に自らの価値観を持ち込み，それとそこで観たこと，感じたことを比較する。その意味では自分に馴染みのない場所に立ち入った時の普通の人の態度と何ら変わらない。だが，違いもある。それは現場に持ち込む価値づけられた認識枠組みを自覚し，それもまた批評の対象とするという点である。持ち込んだ認識枠組みを通して実践を批評し，実践で経験したものを通して自らの既存の認識枠組みを批判する。この相互批判を通して，理解を深めることにこそこの方法の意義がある。

　トービンら（Tobin, Wu & Davidson, 1991）の行う映像エスノグラフィーでは，彼らが撮影した就学前施設の様子を他の地域や国といった異なる社会システムに生きる実践者に見てもらい，意見を求めている。研究者が提示する映像はそれを撮影，編集した研究者の関心を反映した切り抜きでしかないことはいうまでもないが，そのようにして製作された映像であってもそこから浮かび上がる意味が一つに定まらないことは強調されなくてはならない。その映像に登場す

る実践者も当然当事者として自分たちの行いにある意味づけをしているが，それをその実践の外から見る者もまた別な意味づけをする。トービンら（Tobin, Wu & Davidson, 1991）はむしろその意味づけの差異を炙り出すことに関心を持ち，そうした多様な意味を描き出すエスノグラフィーを「多声的エスノグラフィー（multivoiced ethnography）」と呼んだ。実践を語ることは実践について何かを明らかにするだけでなく，それを語る語り手の認識枠組みもまた同時に炙り出す行為である。この認識枠組みの差異は対話の中で明らかになるが，トービンらの多声的エスノグラフィーはそのための効果的な研究手続きということができる。

　実践者が自らの実践が多様な意味を生み出す可能性を持つ資源であることを自覚することが多様な批判を受け入れる前提となる。そこで生じた行動そのものは「事実」として誰にとっても同じであったとしても，その実践で行われていることが「何を意味しているのか」はそれを評価する者の立場，知識，そしてそれらが作り出す認識枠組みによって異なる。このことは実践の意味は人によって相対的なのでそれぞれが勝手に解釈できる，あるいは，してもよいのだという相対主義に立とうと提案しているのではないことを強調したい。結果的に複数の人がそこから受け取る意味を比べれば，相対的であるとしても，一人一人の人にとってのその意味はその人の認識枠組みに応じて定まっている。それゆえ多くの認識枠組みを持つことはそこにある実践の意味を複数浮かび上がらせ，吟味を可能にする。それによって，多様な観点からの批判が可能になり，その当該の実践を複眼的に「診る」（石黒, 2005）ことが促される。他者と実践を語り合うことの意味はここにある。他者の認識枠組みを通して同じ実践を眺めてみることで自らの認識枠組みを揺さぶり，複眼的思考が可能になるのだ。

　実践を巡る多くの声の交差の中で，実践者は自らが望む実践の方向を選び取ればよいし，同様に研究者も自らの問いを展開すればよい。本書で取り上げた実践分析の手法はトービンら（Tobin, Wu & Davidson, 1991）のいう多声的エスノグラフィーの手法に沿っているわけではないし，そもそもの研究目的も異なる。しかし，実践の中にいる当事者が捉えるイーミック（emic）な世界認識を最終的に捉えるべき目標として設定するのではなく，実践，そしてその記録は繰り返し多声的に語られうる多様な意味を生み出す資源であると考えている点では

方法論的な認識を共有する。教育実践では実践の意味が多様でありうることを是とし，その実践が何を示すのかを異なる価値観，目的を持った複数の人々が語り合い，相互の実践理解の幅を広げることが豊かな実践を作り出す礎となる。

　教育のエスノグラフィー研究ではこうした研究スタイルはある種必然ではないか。なぜなら教育に関わる活動はインフォーマルな活動も含め，基本的に制度化された教育システムを主要な資源として営まれる実践であり，その研究成果も最終的にはその制度設計＝環境デザインに生かされるべきものだからだ。日常生活ではさまざまなところに制度化された資源が配置されている。中でも学校教育制度は子どもの発達を考えるときに外すことができない主要な資源である。もちろん教育制度は直接的に日常の授業活動を規定したり，子どもの学校の中での動きを規制したりはしない。しかし，初等教育においてどの教科を何時間教えなくてはならないなどという制度上の規定は日々の教師の実践を縛っており，その実践の中で子どもたちが学校生活をおくっていることはまぎれもない事実である。制度がそのまま実践を規定するのではないとしても，どのようにそれぞれの制度が毛細血管を流れる血液のように教師の活動を規制し，子どもの学びを制約しているのか自覚する必要がある。こうした自覚化を促す研究が教授学習過程のエスノグラフィー的研究の目指すところである。教師が授業後に集まって自らの授業の悩みを語り，その課題がどこにあるのかを探っていく井戸端会議はそうした実践を振り返る重要な活動であった。教師の多忙化の中でそうした対話的関係が築かれ難くなったといわれて久しいが，本書で紹介されたそれぞれの章のエピソードとその語りはそうした語らいのための資源として理解されてよいだろう。

3-3　学びを捉える

　教授学習過程のエスノグラフィーは授業の教授学的関心のためにだけ行われるものではない。授業で実現されていることが子どもの発達，もっといえば人間的成長にとってどんな意味を持つのかを問い，そこから教育実践の改善にまなざしを向ける。これまで各章で述べてきたように教科学習だけが授業の中で行われているわけではない。クラスの仲間との関係作りや教師との人間関係の

構築などもそこでは行われている。教師にその懐の深さを試す包容力テストを課すように授業の中で悪さをする子もいる。それらは教材理解や授業における理解の深まりという視点だけでは捉えることができない。教授学的関心の中心はあくまでも「何をどのように教えるのか」にある。それに対して，教授学習過程のエスノグラフィーは実践の場でその参加者，特に子どもたちが「何を学んでいるのか」に関心がある。その学びとは教材学習に限定されないあらゆる実践知に関わる。その点で教授学研究とは異なる。

次の斎藤の授業コメントをみてほしい。両者の差異がわかるだろう。

　ある学校の3年生の算数の授業で，「おとうさんのげたは350円で，おかあさんのげたは，それより80円やすかったそうです。りょうほうで，いくらだったでしょうか」という問題をやっていた。何人かの子どもが前へ出て板書し，自分のやり方を説明していたが，1人の子どものものは，次のようなものだった。

　　350円 − 80円 ＝ 270円　　A. 270円

　その子どもは自分のやり方を説明したあと，つけ加えて「私はしまいを読まなかったのでまちがいました」といった。すると先生は，「問題が二つありますね。一つはできたからよいですね」といってそのままつぎの子どもの説明に移せてしまった。

　もちろんこの先生は，その子どもをいたわるつもりでこういう発言をしたにちがいない。そのことには私は好意を持った。しかしこの先生は，算数の指導は少しもしていない。問題は二つなどありはしないし，「　つはできたからよい」などということもない。むしろここでは，そういう点こそしっかりと指導しなければならないことである。

（斎藤，1964/2006，p.108-109）

斎藤は教授学的関心からこの授業，特に教師の指導の問題を指摘している。だが，教授学習過程のエスノグラフィーはその教師のふるまいを教授学的な不十分さだけで理解しようとはしない。このようなやりとりがどのような経緯の中で生まれたのか，その指導の歴史を問う必要がある。たとえばこれまでもこ

の教師は子どもたちの「失敗」をあまり焦点化せず，目立たなくなるようなフォローをしてきたとしよう。そこで今回だけ急にそれが誤りであることをはっきりと告げたとすれば，その指導は「算数の問題を正しく理解するための指導」としてだけでなく，「今回の誤りは特別に取り上げなくてはならない何かしらの事態である」というメッセージをも子どもたちに伝えることになる。教師はそうしたことを配慮して，前例に従うことで，クラスの子どもたちにこの程度の誤りは特段問題ではないということを伝えることを意図したのかもしれない。それとは反対にこれまではこうしたことがあると教師はいつも「最後まで問題をちゃんと読まなくちゃ何もならないね」といっていたとしよう。それにもかかわらず，この時だけこのように述べたとすれば，その言葉は前例に沿わない「特別な配慮」をクラスの子どもたちに伝える。授業において子どもたちは常に教科内容だけでなく，そうした社会的知識も学んでいる（Erickson, 1982）。それらを総合して子どもたちは学校で何をいつどのようにすることが適切なのかを学んでいる。このような学習過程を捉えることを教授学習過程のエスノグラフィーは目指している。

4 教育実践研究

　教授学習過程のエスノグラフィーはただ単に教育に対する人類学的エスノグラフィーと授業研究の異業種連携によるアマルガム（合成物）ではない。通常のエスノグラフィーでは，調査者は現場の外から来たよそ者（outsider）で，現場実践に参与する生活当事者（native）あるいは内側の人（insider）とは現場実践に対する知識や構えが違うとされる。この二項分類では，調査が始まる時点での調査者の現場に対する理解は現場で実践する人々の理解とはまったく違うことが想定されており，やがて調査者の長期的な参与観察によって現場に生きる人々の実践の見方に近づくとされる。そして最終的に，現場の人のその実践の見方に寄り添うことができるようになった時，「現場の文化を理解した」（Spradley, 1979）エスノグラフィーができあがることになる。研究者は外側から内側へ視点を移したことになる。このように本来エスノグラフィーでは内側と外側で現場認識が違うことが当然のこととされ，内側の認識を得ることが目

指されている。

4-1　現場調査であれば実践研究というわけではない

　教育現場で起こる教授学習過程の研究をする時，教室実践にとって調査者を外側の者として位置づけることに問題はないのだろうか。そもそも教室実践に対して内側にいる，外側にいるとはどのような意味だろうか。ふだん教室にいる人々を内部者，そうでない人たちを部外者とするのはその空間を共有する人はそこで行われる活動に参加できるが，そうではない人は参加できないと考え，それによって現場理解が異なるとするからだろう。確かにふだん教室にいる人はそこで生じる活動に参加でき，その点でその教室実践で日々作られ，更新される意味を受け止めている。だが，そもそも「そこで生じている活動に参加する」とは何を意味するのであろうか。

　私はかつて実践に対する調査を調査者の立場の取り方によって「内部調査（research for practice）」と「外部調査（research on practice）」の二つに分けることを提案した（石黒, 2005）。両者ではフィールドに対する向き合い方が異なる。実践者の実践的関心に基づいて，その実践を解釈し，そこで生じるさまざまな事柄の意味を読み解いていく調査を「内部調査」とした。実践的関心とは，その実践をどこに向けて進めようかという実践に対する「看立て」（石黒, 2005）であり，それに基づいて実践の改革がなされる。医者が患者を「診立てる」のはその後の措置に向けてである。これと同じように実践者は自分の実践をその後の措置に向けて読み取ろうとしているはずである。これに対して，そこにある実践の改革に直接関心を持つのではない「外部の」研究者によって実践が読み取られる時，それは実践者にとって「外部調査」となる。この区分によれば，学校間の比較のためにある業者が作成した定型化された調査を教師が実施し，それを教育委員会に提出するのはその教師にとっては「外部調査」でしかない。たとえ教師が自分のクラスで調査を実施したとしても実践者自らが自分の実践を変えるために行う調査であると自覚していない調査は「外部調査」である。こうした外部調査として現場でよく利用されるのは，質問紙調査であるが，行動チェックリストを用いるような観察調査でもそれは同じことだ。

実践的関心に基づいた調査とは実践の変革のために実践を看立てる手掛かりを求めるものである。

では，次のような場合はどうだろうか。クラスに在籍する子どもの障がいの状態を確認するために子どもの行動を文献や指定医の用意した汎用チェックリストによって記録するようなときである。この教師は自分が担任をするクラスの子どもの状態を知り，実践をデザインし直すためにこうしたチェックリストを使ったのかもしれない。しかし，一般的な汎用チェックリストを十分吟味せずに使用することは，その教室実践固有の事実を無視することであり，「一般化された」外部視点の採用ということができる。それによって実践者は，自らの傍らにいる子どもに固有の文脈を顧みることなく，一般化された汎用チェックリストの項目を通して子どもを見てしまう。その実践を捉えるまなざしは部外者のそれである。このように考えるとこれは形式的には内部調査であるが，実質的には外部調査というべきだろう。つまり，内部調査とは調査実施者が実践の改革のためであると自覚していればよいというだけではなく，そのための手法として実践それぞれの中から規則性を見つけ，作業仮説を立てながら，現場実践の理解と改善に向かう調査活動でなければならない。調査実施者が所属としては内部の者であっても，その調査の理論枠組みや技術的道具が現場実践に根差していないときには調査者は無自覚的に実践系の外に立つことになってしまう。現場を理解する道具として，一般化され，どこでも使える汎用化された既製品の安易な利用は「今ここでなされている実践」を無視し，一般化された分類カテゴリーの中に現場で起こっている事実を押し込めることになる。こうした汎用ツールの使用に慣れると，今目の前にいる人を理解しようとする態度を破棄し，一般化された分類カテゴリーに当てはまる行動だけを関心の対象となる人の中に探すことにもなりかねない。これにより，一般化された分類カテゴリーに含まれない点は不可視になるか，仮に見えたとしても重要なものとしては扱われなくなる。

マクダーモット（McDermott, 1993）は「学習障がい」というカテゴリーの行政上の制度化以降，そのカテゴリーが教室の中の子どもたちを捉える視線を枠づけてしまっていることを指摘する。彼の論文のタイトルにある「学習障害による子どもの獲得（The acquisition of learning disability）」とはそのような分

類カテゴリーとそこに生きる子どもの事実との逆転を言い当てたものだ。いったんあるカテゴリーが制度化されるとカテゴリーはそこに分類される人を探さなくてはならない。さまざまな制度が作り出す定義はある人たちをそのカテゴリー集合に招き入れる。いったんその中に入ると，それらの人々は固有の存在としては扱われず，その集合を括るカテゴリーの特性によって理解される。たとえば「山田太郎」という個人が行政カテゴリーの「自閉症スペクトラム（Autism spectrum）」として分類されたならば，その人は「自閉症」の一般的特徴を持つ存在として扱われ，仮に通常の「自閉症」とは異なる特徴をその子が示しても「新しい自閉症のタイプ」として語られることになろう。「山田太郎」としての固有性よりも「自閉症」というカテゴリーがその存在に勝るのである。

　ニューマンら（Newman & Holzman, 2014）は，道具がそれが作用する活動と切り離されて一般化された道具として使われることを「結果を生み出す道具（tool for result）」として批判した。教育実践に大きな影響を与えている道具は子どもを分類するカテゴリーである。障がいのタイプのように成文化され，制度化されているものから「落ち着きのない子」や「気になる子」のように実践の言葉として定着しているものまで分類の道具となる「言葉」は多種多様である。道具は活動に埋め込まれているからこそ有効な働きをする。ならば，道具は実践の中で生まれ，作り直されていくしかない。ある活動がある結果を生み出すとすれば，その時その道具もその活動の中で作りかえられていることになる。彼らはこの事実を「道具と結果（tool and result）」と呼び，道具の汎用的扱いに対比させる。実践の外で作られたカテゴリーを汎用化された道具としてそのまま用いることに教育の現場は慣れ過ぎているのかもしれない。教師が作成するテストを教師作成テスト（teacher-made test）と呼ぶが，それは自らの教授と子どもたちの学習との間の関係を測り，評価するために現場を知る教師によって慎重に作られるべきものである。市販された問題集の関連部分を十分な吟味もなしに複写して使うとき，すでに教師は教室の教授学習過程の事実から目を背けていることになる。日本において自分のクラスの進度に対応した問題集や教材が市販されているのはその元に国により検定された教科書があり，指導書があるからだが，だからと言ってそこに書かれていることを細かく砕いて子どもたちに与えていれば授業が成立するわけではない。授業研究において

教材研究の重要性が繰り返し強調された（斎藤，1964）のは，教師が所与の教材を自らの実践に向けて調整し，最適化していく努力にこそその専門性を見たからであろう。

4-2 実践研究者とは

　調査をする者の所属が調査者の実践への関与のありかたを決めるのではなく，その実践に対する関心のありかたと実践を捉える認識枠組みが問題だとすれば，日々の実践に直接参加していなくてもその実践の「内部」に入ることはできるのではないか。授業の公開研究会において，他の教師の授業を見学する時，教師の発問に対する子どもの意見を聞いて，「私ならばそれに対してこう問いたい」と落ち着かなくなる人は少なくないはずだ。参観する教師はその教室においてゲストであり，外部の者であるが，その教師の実践的関心の中で，密かに子どもたちとの間でやりとりが生まれる。教授学的関心に基づいて子どもの学びにとって有効な授業の展開を考えていた実践者である斎藤（1963）は他の教師の授業を見学すると，「私ならこうする」とはっきり述べるという。彼にとって授業の参観とは実践系の外から授業をのぞき込むことではなく，その実践の中に立って考えることであった。「授業実践者本人として」教師の発問を捉え，子どもの声に耳を傾ける。この授業では何が達成されているのか。どこに向かっているのか。子どもたちは何を学んでいるのか。その後の授業の展開を考えながら授業に参加するその姿勢は「内部者」のそれと同じである。実践の内部に立つ者は外側から授業をただ「観る」ことを越えて，その実践がどのようになっているのか「診立て」，それに基づいて実践を「看る」（石黒，2005）。

　教室実践に対して，その実践の外にいる者が，その実践的関心をもって「中に入る」ことができるのは，そこがその人にとってまったく異質な場ではないことによるのだろう。長い航海の果てに「異文化」に触れるような調査ではなく，同じ社会制度の下で生きる調査者が実践のコミュニティに参与する時，多くの文化的価値は共有されており，そこで行われていることの意味はまったく不可視なものとはいえない。何をしているのかだいたい推察できる。まして，同じ社会システムの下で学校教育を受けてきた人にとって，学校での活動や教

室実践は極めてなじみがあるものとなっている。すでに述べたように人類学的エスノグラフィーでは，通常部外者（アウトサイダー）の現場実践に対する異質性が強調されるが，教育実践の調査ではあえてその共通性に着目することもできるのではないか。なぜならそこで行われている活動の意味は教室の中だけで生み出されているわけではなく，その教室実践を含むマクロな社会実践の中で生まれており，調査者がその社会実践に十分参与しているのであればそれは教室実践を理解する上で何らかの資源を持っていると考えられるからだ。だからこそ，先に挙げたトービンらの調査（Tobin, Wu & Davidson, 1991）ではあえてこうした理解のための資源の少ない社会制度の異なる国が選ばれていたのだろう。

4-3　教授学習過程の変革から社会の変革へ

　教授学習過程のエスノグラフィー的研究は教授学的関心に限定されないことを繰り返し述べてきた。このことはそれが授業や学校の変革だけにかかわるものではないことも同時に示唆する。それはいわば市民のためのエスノグラフィー研究であり，社会変革の足場として教育実践を位置づける。たとえば，授業の中でジェンダー問題（issue）を取り上げる時，それは教室の中だけの問題とはならない。学校の中で作り出されるジェンダー意識がどのようなもので，それが学校外のそれとどのように関わるものか，これは市民にとって共通関心となる。第5章で取り上げたバーバラテイラー・スクールの実践は，市民の視点から教室の中で起きたことを記述することでそこにジェンダー問題を浮かび上がらせたといえる。家庭，地域，学校は子どもたちの意識，世界観を作り出す主要な環境である。それゆえ，それぞれの場における教育実践によって新しい意識，世界観を作り出すこともできるはずだ。そもそも学校はそうした社会変革の原動力であったはずだ。教授学習過程の研究はその意味で社会変革のための研究に包摂されるはずである。

　社会変革のエスノグラフィー的研究を考える時，実践者と調査者の関係を再度捉え直すことが重要である。「協働的エスノグラフィー（collaborative ethnography）」の見解を手掛かりとしてこのことを考えてみたい。協働的エスノグ

ラフィーという言葉を知ったのは筆者がカリフォルニア大学サンディエゴ校に滞在していた2012年で、タナカ教授が主宰する研究会でラシターの話をきいた時である。彼はすでに出版された「協働的エスノグラフィー」(Lassiter, 2005) を中心にそのコンセプトを語った。言うまでもなく、エスノグラフィーは情報を提供してくれる「インフォーマント」がいない限り成立しない。その意味で常に「インフォーマント」の調査に同意し、協力してもらう必要がある。さらに、社会科学では現場調査において複数の研究者が協働することも少なくない。なのになぜ彼はなぜわざわざ「協働的エスノグラフィー」とその「協働性」をことさら強調する必要があるのか。それはエスノグラフィーのあらゆる過程で協働がなされるからだという。つまり、通常のエスノグラフィーでは研究の立案は研究者が個人で、あるいはメンターや同僚といった研究者コミュニティの中だけで検討されるが、その最初から現場の人と協働がなされるべきだというのだ。さらに、調査を終えて、エスノグラフィーを書く時にも現場の人との協働がなされるべきだという。通常は書いたものを現場の人に見せて、掲載の許可をとることはあっても、書く過程そのものに現場の実践者を並走させるようなことは稀だろう。協働的エスノグラフィーという言葉も、そうした試みも彼より以前になかったわけではない。それに対して何が違うのかといえば、ラシターは自分の協働的エスノグラフィーは（職業的研究者やそうでない人など多様な）著者との協働を含み、エスノグラフィーのすべての過程で活動的な協働者である地域コミュニティのコンサルタントとエスノグラフィーを書くことを主要な目的としていることだという (Lassiter, 2005)。研究者と実践者が一緒に調査を行い、一緒に書くのである。これが彼にとっての協働的エスノグラフィーである。したがって、彼にとって現場の人は情報を得る「インフォーマント」ではなく、自分の研究の方向性をアドバイスし、現場理解のありかたを正してくれる「コンサルタント」なのである。

　近年日本の学校現場に大学研究者が入ることは、「個人情報保護」の流れの中で実質的に困難になってきていると感じるが、それでも地元で教員研修をしたり、公開授業の助言者などをしたりする関係にあるような大学関係者と教育現場の間では、調査者のための現場調査をその研究者や研究者が属する研究コミュニティに対する何かしらの「返礼 (reciprocal)」として行うことが少なく

ないようだ。何かしらの互恵的な利害に支えられた交換関係がそこにある。このような調査では，実践者は調査主体ではなく，ただ単に「外部調査」の実施者＝代行者になることを受け入れるにすぎない。それゆえ，現場教師は「それは実態把握には役立たない」「実践の理解にはなっていない」などと研究者のいないところで言いながらも，実のところ調査自体は引き受ける。質問紙調査は言うに及ばず，観察調査においてもそれはよくある。この時，問うべきはそうして行われる調査の妥当性である。自分が現場で見たいと思うものがそもそも現場にとって意味のあるものかどうか，予備観察とともに現場実践者に相談し，そのアドバイスを受けながら協働して調査を立案するのが協働的エスノグラフィーである。ラシター（Lassiter, 2005）は調査の過程はもちろん最後のエスノグラフィーを書く過程においても協働がなされるべきだという。現場で何が行われていたのかについての理解はともに書きながら深まるという。コンサルタントと研究者の協働的なテキスト生成行為は調査結果の考察においても複数の視点を保証する点で対話的なものとなる。彼らが目指すのはそのエスノグラフィーが研究者コミュニティだけでなく，現場の実践コミュニティにとっても有意義なものとなることである。つまり，実践者の実践の変革に結びつく調査結果を生み出すことが期待されているのである。

　彼が提唱した協働的エスノグラフィーは，今や研究者と実践者の間の複雑な協働に焦点を当てた対話のフォーラムとなる「協働的人類学（Collaborative Anthropologies）」と名づけられた専門誌のキーワードとなっており，実践研究者の間に拡がり，彼独自のものとはいえなくなった。彼がこうした方向性を志すようになったきっかけは非常に示唆的である。彼には二つの転機があった（Lassiter, 2005）という。一つは大学院の時に彼がオクラホマのキオワ族の議長のビリー・エバンスに言われた言葉である。彼がビリーの家でキオワ族について調査をしたいというと，ビリーは部屋に置かれた本を手に取り，「おまえもこうした研究をするのか」といったという。彼の家にはすでに「彼の部族について書かれた本」がたくさんあった。しかし，それらは「インフォーマントである彼の部族について」その部族の外にいる研究者コミュニティの人々が議論を重ねた本である。ビリーは彼に「誰の文化を理解したいのだ？」「どうすれば人類学は我々に関係を持てるようになるのか」と問い掛けたという。おそら

く彼にとってそうした問い掛けは「我々は研究者に資料を提供するだけのインフォーマントではない」,「我々の社会実践の変革に結びつかない研究をお前たちはいったい何のためにするのか」という強い異議申し立てとして聞こえたはずだ。

その後,ラシターは大学院の授業で,麻薬中毒者(Narcotics Anonymous)を調査することになった。「インフォーマント」のミーティングに行くと,授業のための調査に協力してくれる人は少なかったが,そこで会ったマイクが自らの体験を話し,研究に協力してくれることになった。マイクが研究協力した意図を確認すると,一つには,院生である彼に麻薬中毒者について理解してほしいというものだったが,もう一つはマイクの体験した薬物中毒とその回復の物語を同じように薬物に苦しんでいる人々に共有してもらい,社会復帰の手掛かりとしてもらいたいというものだった。つまり,院生が自分の体験を聞いて書くであろうエスノグラフィーは,自分たち麻薬中毒コミュニティに役立つ資源となると期待していたのである。実際マイクや他のコンサルタントとともにラシターが書いたものは当事者の実践の文化が持つ力を院生らに気づかせ,さらに地域の麻薬中毒コミュニティで役立つものとなったという。この体験を通してラシターはエスノグラフィーを書くことは研究者文化の発展のためにだけあるのではなく,実践の文化の発展のためでもなくてはならないことを強く意識するようになった。さらにいえば,実践の文化の発展のための資源とならないようなエスノグラフィーは,仮にそれを「現場から立ち上がる問いや意味」などといっても,実のところそこにはたいしたリアリティなどありはしないと考えたのだろう。だからこそ実践者は実践調査においてコンサルタントなのである。

こうした協働的エスノグラフィーの見解は,石黒(2005)の調査実施者の調査目的の違いによる外部調査と内部調査の区分に対して,その弁証法的統一を求めているものといえる。私は,教育実践者は自らの実践を変革するためにもっと実践研究をすべきだと考えている。だが,それはこれまで「アクションリサーチ」「エスノグラフィー」「質的研究」「現場研究」と名づけられて行われてきたものとは少し方向性が違うように感じる。研究者が実践者と協働するというとき,研究者が「コンサルタント」の位置にあることが通常想定されてこ

なかっただろうか。それではどんなに研究者が現場に近づこうと，研究者と実践者が並び立ち，豊かな対話空間を拓くことは難しいのではないか。外部調査を行う研究者とそれでは実際の立ち位置はそれほど違わないのではないか。これでは，研究者コミュニティ内における知の生成と更新が焦点化され，実践を変革するための実践理解に必ずしも向かわない。実践コミュニティが豊かになることと研究者コミュニティが豊かになること，この二つが同時になされるためには何が必要なのだろうか。そのためにはさらに研究者の実践への参与のありかた，立ち位置を整理しなくてはならない。この点は本書の検討の範囲を超える。正直にいって，筆者にはまだ十分語る言葉がない。しかし，研究コミュニティもまた実践を変革する実践研究のありかたをさらに一歩踏み出して考える時にきている。教師による現場における実践の語り合いが減ったとよく言われるが，もしかしたら研究コミュニティにおいても，「教育実践研究」と呼ばれる研究が増えたことと裏腹に，実践から学び，新たな活動を創造する実践研究が減っているのかもしれない。実践研究のために実践の理論を鍛えなくてはならない。

［注1］　他者との交流がただ単に情報を伝え合うコミュニケーションではなく，関係づくりの活動として行われることの重要性はベイ・ワンとの会話（2014/9/20, N.Y.）の中で気づかされたことである。

あとがき

　長い仕事になってしまった。われながら呆れかえる。この本の話は不確かな記憶をたどれば前々任校の時に始まったと思う。最初は素朴に自分が教育現場で感じたことを書きたいと思っていた。当時研究会などで交流があった佐伯胖先生に話したところ，すぐに東京大学出版会を紹介してくださり，その後，編集担当の伊藤一枝さんに企画書を出すことになった。佐伯先生の助言を受けながら，本の目的や読者対象，章構成を決め，出版を目指してさあ書こうとなったのは20世紀の終わりの頃ではないか。ところがオーバーにいえば世紀をまたぐ仕事になってしまった。それからあれよあれよという間に時が過ぎ，ここまで来てしまったのだ。それだけの時間を掛けてするような内容だったのかといわれればそれは何とも心許ない。読者にご判断いただくしかない。

　この本は教育実践に関心を持つ人に向けて書いている。教育研究は教育現象を対象とした研究の総称である。研究者は哲学，心理学，社会学，人類学などさまざまな学説，方法論をそこに持ち込む。教育研究，さらに正確に言えば教育実践研究は教育を対象とする学際的な研究群である。教育現場で知り得たことをそれぞれの学に戻し，各領域で追求している問いを深めることができれば，それはその学術研究にとってすばらしいことである。しかし，それは必ずしも教育研究ではない。たとえば，小学校で学習意欲に関する質問紙調査を行ったからといって，それはそのまま教育研究とはならない。私は教育研究とは直接的に，あるいは間接的に教育実践の改革を目指す研究だと考えている。その意味で教育研究は教育実践を研究する人たちだけの閉じられた世界で行われるものであってはならない。その研究成果がその閉じられた世界の中でだけ評価され，価値づけられるようでは本末転倒だ。

　教育は学校教育に限定されるものではない。家庭教育や社会教育など，さまざまな場に多様な人が関わっている。子どもたちが学ぶ場も学校に限定されず，その生活環境に溢れている。道路脇の看板広告はその社会で望まれる文字や画

像の使い方を教えている。テレビのアイドルやタレントのふるまいは視聴者に期待される自己表現を常に提案し続けている。親がどんな新聞を読んでいるのか，そもそも新聞を読む習慣があるのか。これもまた子どもがどのような学習実践を家庭でするのかに影響する。このように考えればおそらく市民のすべてが教育に関わり，子どもたちの学習実践の資源を作り出している。それゆえ，すべての人に子どもたちの学習環境について一緒に考えてもらいたいと思う。

　もちろん教師や放課後教室の指導者らは子どもたちの発達や学習について大きな責任を負っている。だからすでにある学習環境をそのまま是とするのではなく，批判的に検討し，よりよい学習環境を築く先頭を走ってもらいたい。教育実践者は目の前の子どもたちがどのような学習実践の中に生きているのか精査し，さらによりよい環境を用意するにはどうしたらよいのか是非研究してほしい。研究は英語でresearchと書くが，それは「しっかりと探求する（research）」ことである。もしかしたら接頭辞の「re」に「振り返る」という意味を込めてもよいのかもしれない。そうであれば，日々の自らの実践を振り返り，捉え直すことこそが研究だ。教育実践者は子どもたちの学習実践を豊かにするための研究をする人でなくてはならないはずだ。本書は学習実践の改革に意欲を持つ教育実践者に向けた陳情だったのかもしれない。

　この本では学校，なかでも授業の中に生じるさりげないエピソードを取り上げている。たかが一つのエピソードであるが，それを検討することでさまざまなものが見えてくる。教育実践に関わる人たちにもそのようにして自らの実践を眺めてほしい。私なりのそのエピソードに対する読み取りがここにはあるが，読者もまた異なる読み取りをすることだろう。その違和感が実践の重層的理解の入り口になる。教師が自らの授業観を闘わせていたかつての職員室のように，相互の違和感を語ることで実践をみる目が豊かになる。どのように教えるのか，指導するのか，その働きかけの手立てを考える前に子どもが何を学んでいるのか，子どもが今学んでいることが子どもの発達にとってどんな意味があるのか，その学習実践を検討してほしい。

　本書は中途半端な本である。実践を細かく描くのでもなく，理論的検討を深めているわけでもない。教育実践の中に立ち現れた学習に関わる「素朴な問い」を取り上げたにすぎない。しかし，その問いをおもしろがり，引き継いで

くれる人たちがいればそれは力となる。実践の中に一つの正しい意味を読むことなどできない。常に複数の意味が立ち現れては消えていく。一つのわかりやすい説明に現象を落とし込んではいけない。もしかしたらそれはただ単に曖昧でわかりにくいだけのことかもしれないが、それぞれの人がそれぞれの立場から現象を複眼的に、立体的に眺める余地をエピソードの記述に残したいと考えていた。この点についても読者諸氏の批判を仰ぎたい。

　すでに書いたようにこの本は世に出るまであまりに長い時間が掛かってしまった。この宿題が果たせない間、佐伯先生に会うことは躊躇されたが、規定時間を超えた完走者として許していただけるだろうか。その在任中に責任を果たすことのできなかった怠慢さを責めることなく、次の編集者に引き継いでくれた伊藤一枝さんにもお詫びしなくてはならない。改めて本書が世に出るきっかけを与えてくださったお二人にはとても感謝している。その後、編集担当を引き継いでいただいた後藤健介さんにも「今年はそろそろ締めましょう」といわれながらやはり無駄に時間を重ねてしまった。その忍耐力に救われ本書が形になったことにお礼申し上げたい。本書で引用させていただいた国内外の研究者、実践者はもとより、多くの実践、文献から学ぶことは多かった。これらの方々のお名前をここではいちいち出すことはできないが、人類の知的資源に心より感謝する。本書がこれらの方々の支えに多少なりとも応えるものとなれば幸いである。

2016 年 1 月

石 黒 広 昭

文献リスト

Alibali, M. W. and Nathan, M. J.: Teachers' Gestures as a Means of Scaffolding Students' Understanding: Evidence from an Early Algebra Lesson, In Goldman, R., Pea, R., Barron, B., and Derry, S. (Eds.): Video Research in the Learning Sciences, Routledge Baker & Taylor, 349-366, 2007.

青木正夫「明治・大正・昭和小学校建築史」内田祥哉監修『学校建築の冒険』INAX 50-57, 1988 年.

青砥恭『ドキュメント高校中退 いま,貧困がうまれる場所』ちくま新書,2009 年.

熱海則夫監修『オープンスペース』ぎょうせい,1989 年.

Bakhtin, M. M. (Волошинов, В. Н.): Марксизм и философия языка: основные проблемы социологичес кого метода в науке о языке. Прибой, 1928. (邦訳:桑野隆訳『マルクス主義と言語哲学―言語学における社会学的方法の基本的問題』未來社,1989 年)

バフチン,M, M, 桑野隆・小林潔編訳『バフチン言語論入門』せりか書房,2002 年)

Bakhtin, M. M., Holquist, M. (Ed.), Emerson, C. & Holquist, M. (Trans.): The dialogic imagination: four essays, University of Texas Press, 1981.

Bakhtin, M.: Speech Genres & Other Late Essays, Austin, TX: University of Texas Press, 1986.

Bakhtin, M. M. "Проблемы поэтики Достоевского", 1963; Работы 1960-х-1970-х гг. М. М. Бахтин; [редакторы тома, С. Г. Бочаров, Л. А. Гоготишвили] Русские словари: Языки славянской культуры 2002, Собрание сочинений/М. М. Бахтин, т. 6 (邦訳:望月哲男・鈴木淳一訳『ドストエフスキーの詩学』ちくま書房,1995 年)

Barker, R. G. and Gump, P. V.: Big School, Small School, The Board of Trustees of the Leland Stanford Junior University, 1964. (邦訳:安藤延男・北島茂樹・深尾誠訳『大きな学校,小さな学校:学校規模の生態学的心理学』新曜社,1982 年)

Bateson, G.: Steps to an ecology of mind, University of Chicago Press, 1972. (邦訳:佐藤良明訳『精神の生態学 改訂第 2 版』新思索社,2000 年)

Bourdieu, P.: Les trois états du capital culturel, Actes de la recherche en sciences sociales, 30 (1), 1979. 3-6. (邦訳:福井憲彦訳「文化資本の三つの姿」『アクト 1』日本エディタースクール,pp.18-28,1986 年)

Bourdieu, P.: Le sens pratique, Paris: Les Editions de Minuit, 1980. (邦訳:今村仁司・港道隆訳『実践感覚』みすず書房,1988 年)

Bourdieu, P., Passeron, J. & and Martin, M.: Rapport pedagogique et communication. Mouton & Co, 1965. (邦訳:安田尚訳『教師と学生のコミュニケーション』藤原書房,1999 年)

Bruner, J.: Acts of meaning, Harvard University Press, 1990. (邦訳:岡本夏木・仲渡一美・吉村啓子訳『意味の復権:フォークサイコロジーに向けて』ミネルヴァ書房,1999 年)

Bruner, J.: The Culture of Education, Harvard University Press, 1996. (邦訳:岡本夏木・池上貴美子・岡村佳子訳『教育という文化』岩波書店,2004 年)

Cazden, C. B.: Classroom Discourse: The Language of Teaching and Learning, Portsmouth, NH: Heinemann, 1988.
Certeau, M. de: L'Invention du quotidian, 1, Art de faire. Union Generale d'Editions, 1980.（邦訳：山田登世子訳『日常的実践のポイエティーク』国文社，1987 年）
Cheyne, J. A. and Tarulli, D.: Dialogue, Difference and Voice in the Zone of Proximal Development. Theory and Psychology, Vol. 9 (1): 5-28, 1999.
Cole, M. & Griffin, P.: A socio-historical approach to re-mediation. The Quarterly Newsletter of the Laboratory of Comparative Human Cognition, 5 (4), 69-74, 1983.
Cole, M.: Sustaining model systems of educational activity: Designing for the long haul. Paper presented at Symposium Honoring the Work of Ann Brown, Berkeley, CA, 2001.
Cole, M.: Overcoming the 3/4th grade barrier to academic achievement: a strategy for going to scale. Cultural Historical Research SIG Newsletter, Summer/Fall, 2012.
Cole, M., Hood, L. and McDermott, R.: Ecological niche picking: ecological invalidity as an axiom of experimental cognitive psychology, Technical Report, Laboratory of Comparative Human Cognition, Rockefeller University, 1979.
Cummins, J.: Linguistic Interdependence and the Educational Development of Bilingual Children, Review of Educational Research. 49 (2), 222-251, 1979.
Cummins, J., & Early, M. (Eds.): Identity Texts: The Collaborative Creation of Power in Multilingual Schools, Trentham Books, U.K., 2011.
Dewey, J.: Experience and Education, The Kappa Delta Pi Lecture Series Collier Books, 1938. (first collier books edition 1963)（邦訳：市村尚久訳『経験と教育』講談社学術文庫，2004 年）
Edwards, D. & Mercer, N.: Common Knowledge: The Development of Understanding in the Classroom, Methuen young books, 1987.
Engestrom, Y.: Learning by expanding: A activity theoretical approach to developmental research, Helsinki: Orienta Konsultit Oy, 1987.（山住勝広他編抄訳『拡張による学習：活動理論からのアプローチ』新曜社，1999）
Erickson, F.: Classroom discourse as improvisation: relationships between academic task structure and social participation structure in lessons. Communication in the Classroom, Academic Press, 153-181, 1982.
Erickson, F.: Going for the zone: the social and cognitive ecology of teacher-student interaction in classroom conversations, In Hicks, D. (ed.), Discourse, learning, and schooling. Cambridge University Press, pp. 29-62, 1996.
江澤和夫「学校施設の課題」『レファレンス』726，1-26，2011 年．
Fairclough, N. Analysing Discourse: Textual Analysis for Social Research. London: Routledge. 2003.
Fetterman, D. M.: Ethnography: Step by Step, Sage publications, 1989.
Foucault, M.: Surveiller et punir: Naissance de la prison, Paris: Gallimard, 1975.（邦訳：田村俶訳『監獄の誕生：監視と処罰』新潮社，1977 年）
Freire, P.: Pedagogia do Oprimido, Rio de Janeiro: Paz e Terra, 1970.（邦訳：小沢有作訳『被抑圧者の教育学』亜紀書房，1979 年）
Freire, P.: Educação como prática da Liberdade, Rio de Janeiro: Paz e Terra. 1967.（邦訳：里

見実訳『伝達か対話か:関係変革の教育学』亜紀書房, 1982 年)
Freire, P.: Cultural action for freedom, The Harvard educational review, Monograph series, no. 1. Cambridge: Harvard educational review, 1970. (邦訳: 柿沼秀雄訳『自由のための文化行動』亜紀書房, 1984 年)
船越徹・飯沼秀晴「学校建築の新しい展開」『建築設計資料』建築思潮研究所, 4-32, 1987 年.
Gee, J. P.: An introduction to discourse analysis: Theory and method, 2nd Edition, Routledge, 2005.
Gelman, R., Massey, C. M. & McManus, M.: Characterizing supporting environments for cognitive development: Lessons from children in a museum, In Resnick, L. B., Levine, J. M., Teasley, S. D. (Eds): Perspectives on socially shared cognition, Washington, DC, US: American Psychological Association, 226-256, 1991.
Giroux, H.: Resisting difference-Cultural studies and the discourse of critical pedagogy in cultural studies, Routledge, Chapman and Hall, Inc., 1992. (邦訳: 大田直子訳「抵抗する差異 カルチュラル・スタディーズと批判教育学のディスコース」『現代思想』6 月号, 129-147, 1996 年)
Goodwin, C.: Conversational Organization: Interaction Between Speakers and Hearers, New York: Academic Press, 1981.
Goodwin, C.: Pointing as Situated Practice, In Kita, s. (ed.) Pointing: Where Language, Culture and Cognition Meet, Mahwah, NJ: Lawrence Erlbaum, 217-41, 2003.
Griffin, P. & Cole, M.: Current activity for the future: The zo-ped, In Rogoff, B. & Wertsch, J. V. (Eds.): Children's Learningn in the Zone of Proximal Development, San Francisco: Jossey-Bass, 45-64, 1984.
Gumpertz, J. : Discourse strategies, Cambridge University Press, 1982. (邦訳: 井上逸兵訳『認知と相互行為の社会言語学』6 章 コンテクスト化の慣習, 松柏社)
Gutierrez, K. D., Rymes, B. & Larson, J.: Script, Counterscript, and underlife in the classroom; James Brown versus Brown v. Board of Education, Harvard Educational Review, 65 (3), 445-471, 1995.
Gutiérrez, K. D.: Developing a Sociocritical Literacy in the Third Space, Reading Research Quarterly, 43 (2), pp. 148-164, 2008.
Gutiérrez, K. D., Banquedano-López, P. & Tejeda, C.: Rethinking diversity: Hybridity and hybrid language practices in the third space, Mind, Culture, and Activity, 6 (4), pp. 286-303. 1999.
Hall, E. T.: The Hidden Dimension, Doubleday & Company, Inc., 1966. (邦訳: 日高敏隆・佐藤信行訳『かくれた次元』みすず書房, 1970 年)
長谷川まどか「「書きコトバ萌芽期」にある子どもの言語発達――遊び場面におけるシンボル機能の獲得過程」北海道大学大学院教育学研究科修士論文 (2004 年度).
Hochschild, A. R.: The Managed Heart: Commercialization of Human Feeling, University of California Press, 1983. (邦訳: 石川准・室伏亜希訳『管理される心――感情が商品になるとき』世界思想社, 2000 年)
Holland, D. & Quinn, N.: Cultural models in language and thought, New York: Cambridge University Press, 1987.
Holquist, M. (Ed.): The dialogic imagination: four essays by M. M. Bakhtin, The University of Texas Press, 1981.

Holt, J.: How children fail, New York: Pitman, 1964. (邦訳：大沼安史訳『教室の戦略──子どもたちはどうして落ちこぼれるか』一光社, 1987 年)

Holt, J.: How Children Learn, New York: Pitman, 1967. (邦訳：吉柳克彦訳『学習の戦略 こどもたちはいかに学ぶか』一光社, 1987 年)

細川卓哉「外国人生徒の高校進学に関する教育課題──特別入学枠に着目して──」名古屋大学大学院教育発達科学研究科教育科学専攻『教育論叢』第 54 号, 2012-03, 2011 年.

Illich, I.: Deschooling Society, Marion Boyars, 1971. (邦訳：東洋・小澤周三訳『脱学校の社会』東京創元社, 1977 年)

稲垣忠彦『授業を変えるために──カンファレンスのすすめ』国土社, 1986 年.

稲垣忠彦・佐藤学『授業研究入門』岩波書店, 1996 年.

伊佐夏実「教師ストラテジーとしての感情労働」『教育社会学研究』第 84 集, 125-144, 2009 年.

Ishiguro, H.: An Extra Lesson for Language Minority in Japanese Elementary School, In 23rd Annual ethnography in education, Research forum, University of Pennsylvania, 2002.

石黒広昭「実践の中のビデオ, ビデオの中の実践」『保育の実践と研究』1(2), 4-13, 1996 年 a.

石黒広昭 発達 14-PB13「授業はどのように開始されるのか」『日本教育心理学会総会発表論文集』(38), 157, 1996 年 b.

石黒広昭「学校における参加促進談話──授業の中の日本語非母語児──」日本発達心理学会第 9 回大会(日本女子大学)大会予稿集, 93, 1998 年 a.

石黒広昭「心理学を実践から遠ざけるもの」佐伯・宮崎・佐藤・石黒編『心理学と教育実践の間で』pp.103-156, 東京大学出版会, 1998 年 b.

石黒広昭「「共通言語」なしの教授学習過程：「日本語学習児」に対する「取り出し授業」」日本教育心理学会総会発表論文集 (43), 373, 2001a 年.

石黒広昭「ビデオデータを用いた相互行為分析：日本語非母語児を含む「朝会」の保育談話」石黒広昭編『AV 機器をもってフィールドへ：保育・教育・社会的実践の理解と研究のために』新曜社, 121-142, 2001b 年.

石黒広昭「アーティファクトと活動システム」茂呂雄二編『実践のエスノグラフィ』金子書房, 59-95, 2001c 年.

石黒広昭「実践を領(し)る──「実践にむかう」研究のために」鹿毛編『教育心理学の新しい形』177-202, 誠信書房, 2005 年.

石黒広昭「保育心理学の構想」石黒広昭編著『保育心理学の基底』萌文書林, 2-32, 2008 年.

石黒広昭「実践される文化──こどもの日常学習過程における大人との協働」河野哲也編『知の生態学的転回』(知の生態学的転回 3 倫理 人類のアフォーダンス)東京大学出版会, 237-265, 2013 年.

石黒広昭「教室における「第二言語教育」の課題と挑戦：国際移動する子どもたちの発達支援にむけて」立教大学教育学科年報, 57, 49-71, 2014 年.

石黒広昭・内田祥子・長谷川まどか・池上愛・東重満・松本真樹「放課後保育実践の社会的組織化に関する研究：KODOMO プロジェクト・プレイショット報告」北海道大学大学院教育学研究科紀要 (95), 29-71, 2004 年.

Ito, M., Gutiérrez, K., Livingstone, S., Penuel, B., Rhodes, J., Salen, K., Schor, J., Sefton-Green, J., Watkins. S. C.,: Connected Learning: An Agenda for Research and Design, Irvine, CA:

Digital Media and Learning Research Hub, 2013.
鹿島和夫『一年一組せんせいあのね―詩とカメラの学級ドキュメント』理論社, 1981 年.
鹿島和夫『せんせい, あのね―ダックス先生のあのねちょう教育』ミネルヴァ書房, 2010 年.
加藤幸次「授業形態と授業環境――子どもが主体的・創造的に活動する「授業」をつくる」東洋他編『岩波講座 教育の方法 3 子どもと授業』岩波書店, 191-222, 1987 年.
加藤幸次『ティームティーチングの授業 小学校 5・6 年』国土社, 1997 年.
片山泰絵, 長沢悟, 紅松智恵「建築計画プロセスへの子どもの参加の可能性に関する研究：分と絵による要望の表現方法の特性について」学術講演梗概集, E-1, 建築計画 I, 各種建物・地域施設, 設計方法, 構法計画, 人間工学, 計画基礎, 61-62, 1996 年.
河合慎吾「日本的人間形成と軍隊教育」教育社会学研究, 153-159, 1952 年.
河上亮一『プロ教師の道―豊かな「管理教育」をつくるために』JICC 出版局, 1991 年.
小松茂久「アメリカ合衆国における学校規模・学区規模に関する考察：学校統合・学区統合政策の歴史的展開過程に即して」大阪大学人間科学部紀要 15, 255-228, 1989 年.
黒羽正見・黒羽諒「教師の教育行為に現出する「感情労働」に関する一考察―ある小学校教師の戦略的行為に着目して―」群馬大学教育実践研究, 第 28 号, 319-326, 2011 年.
畔柳昭佳, 笠井尚, 堀部篤樹, 鈴木賢一「公立小中学校におけるユーザー参加型設計プロセスの実態：学校の設計プロセスに関する研究 その 1」（学校づくり・設計プロセス, 建築計画 I）学術講演梗概集, E-1, 建築計画 I, 各種建物・地域施設, 設計方法, 構法計画, 人間工学, 計画基礎, 501-502, 2010 年.
Language Policy Division, Council of Europe: Common European Framework of Reference for Languages: Learning, Teaching, Assessment, Cambridge University Press, 2001.
Lassiter, L. C.: The Chicago Guide to Collaborative Ethnography, University of Chicago Press, 2005.
Lave J.: Cognition in Practice: Mind, Mathematics and Culture in Everyday Life (Learning in Doing), Cambridge University Press, 1988.（邦訳：無藤隆・山下清美・中野茂・中村美代子訳『日常生活の認知行動：ひとは日常生活でどう計算し, 実践するか』新曜社, 1995 年）
Lave, J.: Teaching, as Learning, in Practice, Mind, Culture, and Activity, 3 (3), 149-164, 1996.
Leont'ev, A. N.: Проблемы, развития психики, 1965.（邦訳：松野豊・西牟田久雄訳『子どもの精神発達』明治図書, 1967 年）
Maher, J. C. and Yashiro, K.: Multilingual Japan, Short Run Press, Exeter, 1993.
間宮哲子「人間のなわばり意識」宮城教育大学教育心理学コース卒業論文, 1992 年.
McDermott, R.: Social relations as contexts for learning in school, Harvard Educational Review, 47, 198-213, 1977.
McDermott, R., Raley, J. D. and Seyer-Ochi: Race and class in a culture of risk. Review of Research in Education, 33, pp. 101-116, 2009.
McDermott, R. P. and Varenne,: Culture as Disability, Anthropology and Education Quarterly, 26, 323-348, 1995.
McDermott, R. P.: The acquisition of a child by a learning disability, In Chaiklin, S. & Lave, J. (eds.): Understanding practice; perspectives on activity and context. 269-305, 1993.
McDermott, R. P., Gospodinoff, K. & Aron, J.: Criteria for an Ethnographically Adequate Description of Concerted Activities and their Contexts, Semiotica 24 (3/4), 245-275, 1978.

Mehan, H.: Learning lessons, Cambridge, MA: Harvard University Press, 1979.
宮城教育大学三十年史資料集編集委員会『宮城教育大学 30 年史』宮城教育大学，1998 年.
宮島喬「学校教育システムにおける受容と排除─教育委員会・学校の対応を通して」宮島喬・太田晴雄編著『外国人のこどもと日本の教育』東京大学出版会，2005 年.
文部科学省（2009）『平成 21 年度文部科学省白書』佐伯印刷株式会社.
文部科学省編『学校建築年報　公立学校編平成 16 年度』文教施設協会，2004 年.
文部省文教施設部『ニュー・スクール計画』ぎょうせい，1990 年.
森田伸子『文字の経験：読むことと書くことの思想史』勁草書房，2005 年.
Multiliteracy project. (http://www.multiliteracies.ca/2014/09/26 access)
永岡武利・鈴木雅夫『学区の設定要因と学区拡大の影響について：その 1　歴史的考察（都市計画・住宅・歴史意匠）』，1972 年.
Newman, F. and Holzman, L.: Lev Vygotsky: Revolutionary scientist (Classic Edition), New York: Psychology Press, Originally published, 1993, London: Routledge, 2014.
西本裕輝「学級規模が授業に与える影響に関する実証的研究：小学校における教員調査を中心に」琉球大学『人間科学』（19），67-82，2007 年.
額賀美紗子「トランスナショナルな家族の再編と教育意識：フィリピン系ニューカマーを事例に」和光大学現代人間学部紀要，第 5 号，7-22，2012 年.
Oers, B. V.: Inscripting predicates: dealing with meanings in play, In Bert van Oers (Ed.), The transformation of learning: Advances in cultural-historical theory, Cambridge University Press, 370-369, 2010.
緒川小学校『平成 27 年度緒川小の研究』（www.medias.ne.jp/~hogashot/H27kyouiku.pdf/2015/11/07 access）
Ogbu, J. U. and Simons, H. D.: Voluntary and Involuntary Minorities: A Cultural-Ecological Theory of School Performance with Some Implications for Education, Anthropology & Education Quarterly, 29 (2), 155-188, 1998.
岡本夏木『こどもと言葉』岩波書店，1982 年.
岡本夏木『ことばと発達』岩波書店，1985 年.
大沢敏郎「補論　横浜・寿識字学校からの報告」P．フレイレ著，柿沼秀雄訳『自由のための文化行動』亜紀書房，1984 年.
大沢敏郎『生きなおす、ことば─書くことのちから　横浜寿町から』太郎次郎社エディタス，2003 年.
太田晴雄・坪谷美欧子「学校に通わない子ども達─「不就学」の理由」宮島喬・太田晴雄編著『外国人のこどもと日本の教育』東京大学出版会，2005 年.
プラムリン，I.「保育と学習、就学前保育におけるその新しい関係─スウェーデンの幼児教育の新しい潮流」石黒広昭編『保育心理学の基底』萌文書林，235-238，2008 年.
李善姫「ジェンダーと多文化の狭間で：東北農村の結婚移民女性をめぐる諸問題」GEMC Journal：グローバル時代の男女共同参画と多文化共生（東北大学グローバル COE「グローバル時代の男女共同参画と多文化共生」），88-103，2012 年.
佐伯胖・宮崎清孝・佐藤学・石黒広昭『心理学と教育実践の間で』東京大学出版会，237-266，1998/2013 年.
佐伯胖・藤岡信勝・大村彰道・汐見稔幸『すぐれた授業とはなにか─授業の認知科学』東京大学出版会，1989 年.

斎藤喜博『授業入門』国土社，1960年．
斎藤喜博『島小の授業―教材研究・授業案づくり・展開の記録』麦書房，1962年．
斎藤喜博『授業』国土社，1963年．
斎藤喜博『授業の展開』国土社，1964/2006年．
Sarkar Arani, M. R., Fukaya, K. & Lassegard, J. P.: "Lesson Study" as Professional Culture in Japanese Schools: An Historical Perspective on Elementary Classroom Practices, Japan Review, 22, 171-200, 2010.
Schmandt-Besserat, D.: How Writing Came About, University of Texas Press, 1996.（邦訳：小口好昭・中田一郎訳『文字はこうして生まれた』岩波書店，2008年）
Semprini, A.: Le Multiculturalisme, Presses Universitaires France, 1997.（邦訳：三浦信孝・長谷川秀樹訳『多文化主義とは何か』白水社，2003年）
Sen, A. (2006) Identity and Violence: The Illusion of Destiny. New York: W. W. Norton.（大門毅監訳，アイデンティティと暴力，勁草書房，2011）
SIG-Informal Learning Environments Research: Nature by Design: Juxtaposing Family Learning Moments and Personal/Institutional Design Decisions Across a Spectrum of Outdoor Informal Learning Environments, Presented at The Annual Conference of American Educational Research Association, San Francisco, 2013.
Sommer, R.: Personal Space: The Behavioral Basis of Design, Prentice Hall Trade, 1969.（邦訳：穐山貞登訳『人間の空間』鹿島出版会，1972年）
Spradley, J. P.: Ethnographic interview, Wadworth, Cengage Learning, 1979.
Strickland, G. and Holzman, L.: Developing poor and minority children as leaders with the Barbara Taylor School Educational Model, Journal of Negro Education, 58 (3), 383-398, 1989.
Suchman, L.: Plans and situated actions: the problem of human-machine communication, Cambridge: Cambridge University Press, 1987.（邦訳：佐伯胖監訳『プランと状況的行為：人間－機械コミュニケーションの可能性』産業図書，1999年）
須田康之・水野考・藤井宣彰・西本裕輝・高旗浩志「学級規模が授業と学力に与える影響：全国4県児童生徒調査から」北海道教育大学紀要 教育科学編，58 (1)，249-264，2007年．
須田康之「学級規模別にみた日常的教育活動の実際―児童の学校生活意識に着目して」北海道教育大学紀要 教育科学編，56 (1)，31-45，2005年．
Sutton, R. E., Muderey-Camino, R. & Knight, C. C.: Teachers' Emotion Regulation and Classroom Management, Theory Into Practice, 48, 130-137, 2009.
鈴木賢一「小学校における多目的スペースと教室の機能関連に関する研究」日本建築学会計画系論文集，(489)，121-130，1996年．
高桑康雄編『豊かな教育空間をつくる』ぎょうせい，1988年．
寺嶋修康「オープンスペースを持つ学校建築の系譜と展望」首都大学東京，2009-03-25，学位論文 博士（工学），0703b (http://hdl.handle.net/10748/2202)，2009年．
The Freedom Writers & Gruwell, E.: The Freedom Writers Diary: How a Teacher and 150 Teens Used Writing to Change Themselves and the World Around Them Broadway, 1999.（邦訳：田中奈津子訳『フリーダム・ライターズ』講談社，2007年）
The New London Group: The pedagogy of multiliteracies: Designing social futures, Harvard Educational Review, 66 (1), 60-92, 1996.

Tobin, J. J., Wu, D. Y. H. & Davidson, D. H.: Preschool in Three Cultures: Japan, China and the United States, Yale University Press, 1991.

上野淳『未来の学校建築』岩波書店，1999．

Выготский, Л. С.: Мышление и речь, Пятое издание, исправленное, Москва, 1934. (柴田義松訳『新訳版・思考と言語』新読書社，2001年)

ヴィゴツキー『教育心理学講義』新読書社，1926/2005年

ヴィゴツキー「書きことばの前史」柴田義松翻訳『知的発達と教授』明治図書，1931/1987年．

Wallon, H.: Le rele de <L'autre> dans la conscience du <moi>, Enfance, 特集1，再録版，1946．(邦訳：浜田寿美男訳『『自我』意識のなかで『他者』はどういう役割をはたしているか　身体・自我・社会』ミネルヴァ書房，1983年)

Wertsch, J. V.: The zone of proximal development: Some conceptual issues, In Rogoff B. & Wertsch, J. V. (Eds.) J. V. Wertsch (Eds.): New directions for child development, 23, 7-18, San Francisco: Jossey-Bass, 1984.

Wertsch, J. V.: Vygotsky and social formation of mind, Cambridge, Massachusetts, and London, England: Harvard University Press, 1985.

Wertsch, J. V.: The Voice of Rationality in a Sociocultural Approach to Mind, In Moll, L. C. (Ed.): Vygotsky and Education, Instructional Implications of Sociohistorical Psychology, Cambridge: Cambridge University Press, pp. 111-126, 1990.

Wertsch, J. V.: Voices of the Mind: A Sociocultural Approach to Mediated Action, Harvard University Press, 1991. (邦訳：田島信元他訳『心の声』福村出版，1995年)

Wood, D., Bruner, J. & Ross, G.: The role of tutoring in problem solving, Journal of Child Psychology and Psychiatry, 17, 89-100, 1976.

山岸俊男『安心社会から信頼社会へ：日本型システムの行方』中央公論新社，1999年．

山川智子「欧州評議会・言語政策部門の活動成果と今後の課題—plurilingualism概念のもつ可能性」『ヨーロッパ研究』第7号，95-114，2008年．

山脇千賀子「日本の学校とエスニック学校」宮島喬・太田晴雄編著『外国人のこどもと日本の教育』東京大学出版会，2005年．

人名索引

あ 行
石黒広昭　80, 185, 189, 218, 222, 225, 229
イリッチ（Illichi, I.）　ii, 134, 201, 213
ヴィゴツキー（Выготский／Vygotsky, L.）
　　iii, 68, 81, 84, 85, 86, 96, 169, 213
エリクソン（Erickson, F.）　221
エンゲストローム（Engestrom, Y.）　70
オアーズ（Oers, B. V.）　82
大沢敏郎　89, 94
岡本夏木　87, 95
オグブ（Ogbu, J. U.）　192

か 行
カーランダー（Kurlander, G. L.）　154
鹿島和夫　91, 93, 94
カミンズ（Cummins, J.）　169
ガンパーツ（Gumpertz, J.）　58, 59
ギティエレツ（Gutierrez, K. D.）　65, 68, 69, 194
グリフィン（Griffin, P.）　88
グルーウェル，エリン　159
コール（Cole, M.）　88, 90, 124, 125

さ 行
斎藤喜博　220
サットン（Sutton, R. E.）　133
シュマント-ベッセラ（Schmandt-Besserat, D.）　83
ジルー（Giroux, H.）　184
須田康之　113, 114, 126
スプラドレー（Spradley, J. P.）　206, 217, 221
セルトー（Certeau, M. de）　148, 150, 209, 210, 211
セン（Sen, A.）　197
センプリニ（Semprini, A.）　173

た 行
チェイニー（Cheyne, J. A.）　58
デューイ（Dewey, J.）　144
トービン（Tobin, J. J.）　217, 218

な 行
西本裕輝　111, 126
ニューマン（Newman, F.）　224

は 行
バーカー（Barker, R. G.）　110
バフチン（Bakhtin, M.）　27, 91, 188
フレイレ（Freire, P.）　194, 213
フーコー（Foucault, M.）　210
ブルーナー（Bruner, J.）　iii
ブルデュー（Bourdieu, P.）　60, 211
フラニ（Fulani, L.）　153
プラムリン（Pramling, I.）　83
ベイトソン（Bateson, G.）　145, 147
ベル，シーン　162
ホルキスト（Holquist, M.）　188
ホルト（Holt, J.）　i, 63

ま 行
マクダーモット（McDermott, R. P.）　223
宮島喬　172
森田伸子　86

や 行
山岸俊男　156

ら行・わ行
ラシター（Lassiter, L. C.）　227, 228
レイヴ（Lave, J.）　ii, 78
ワーチ（Wertsh, J. V.）　188

事項索引

あ 行

アイデンティティ
　——意識　197
　単一の——　197
アクセスの平等　177
足場作り　68
遊び　86
新しい声　193
「あのね実践」／「あのねちょう」　91, 93
安心社会　156
安全　157
イーミック（emic）　218
意識化　208
移送管的対話（Magistaral dialogue）　57
一望監視塔（パノプチコン）　30, 210
意図的マイノリティ　92
居場所（space）　149, 150, 151, 153
インスクリプション　83
エスノグラフィー
　——的研究（ethnographic study）　217
　教授学習過程の——　213, 219, 220
　人類学的——　226
　多声的——　218
横領する術　210
大きな学校，小さな学校　110
オープンスペース　21, 101, 105, 107, 108, 126
オールスタープロジェクト（All stars project）　153, 162
緒川小学校　105, 106
思い込み（ism）　152, 153, 161

か 行

海外にルーツがある（子ども）　199
会計システム　83
科学原理主義者　13
書きことば　77, 79, 85，→ことば
　——の前史　84
拡張的学習　70
拡張的な活動　68
鹿島実践　94
カリクリ　83
感情管理（emotion management）　162
感情労働（emotional labor）　162
外国人登録者数　198
外国人の子どもの不就学の実態調査　199
外国籍児童生徒　168, 177, 178
外国にルーツを持つ（子ども）　170, 199
外部調査（research on practice）　222
学業言語　193
学習障がい　223
学習実践（論）　6
学習中心主義　6
学習到達度調査 PISA　iii
学習ネットワーク（Learning Web）　ii, 201
学級王国　47, 211
学級崩壊　47, 53
学校
　——空間　123
　——建築図説名および設計大要　101
　——制度　62
　——のことば　95, 169
基礎第一主義　78, 79
「気になる子ども」　123
機能システム　116
教育研究　231
　——者（educational researcher）　12
教育実践　205
　——研究　6, 11, 221, 230, 231
教育の「公共化」　176
教科教室型　102
教師　→指導者
　——による質問や指示―生徒の応答―教師による評価　45
　——の「異動」　126

——作成テスト（teacher-made test） 224
教室　99, 116
　　——談話　56
　　——の解放　158
　　——を越えた社会生活において有用な知識　160
教授学習過程のエスノグラフィー　213, 219, 220
教授技術学　214
教授を受ける者　211
協働的エスノグラフィー（collaborative ethnography）　226
協働的人類学（Collaborative Anthropologies）　228
共謀　215
　　——される授業　50
共有知識　51
疑問命令文（whim-perative）　130
空間（space）　148, 161, 212, →居場所
クラスコーナー　102
「警官と子ども」（Cops and Kids）　153, 161
結果を生み出す道具（tool for result）　224
権威をもった第三者の声　68
言語的文化的多様性を持つ子ども　167, 171
言語的理解不全（malentendu）　60
公式のスクリプト（台本）　66
構築主義　173
公理的（axiological）信念システム　188
国語　172, 200
国際到達度テスト（TIMMS）　iii
国際理解教育　197
心を理解する（mind reading）　58
個人空間（personal space）　148
コーセラ（COUSERA）　176
個体中心主義的な学習観　68
ことば
　　書き——　77, 79, 84, 85
　　「軽い」——　75
　　死んだ——　77
　　生活の——　95, 96, 169
　　学校の——　95, 169

——のジャンル　13
子どもが創り出した「作品」　122
「子どもの権利条約」第 28 条　198
合研　104

さ　行

サードスペース（third space）　66, 68, 69
　集合的な最近接発達領域としての——　69
再－媒介（化）（re-mediation）　88, 90
桜ヶ丘小学校　106
参加促進談話　178, 179, 182, 184, 185
雑多性　197
シーン・ベル銃殺事件（Sean Bell Shooting）　153
指示性
　　——が豊か　75
　　——のなさ　76, 77
叱責場面　129
質問による命令（question-command）　131
指導者　→教師
　　——のジレンマ　135, 142, 150
　　——の「積極的無視」　138, 145
指導の言葉　131, 133
社会的知識　221
主体的　30
証言（testimony）　194
　　自叙伝による——　193
死んだことば　77
　　——の学習　73
ジェネラリスト　14
ジェンダー問題（issue）　226
時間的なジレンマ　141
自己制御　26, →他者制御
自主的参加　183
自主的な学習　70
持続可能であるということ　124
実践研究　205
実践主義　13
実践の文化　206
自分の空間（space）　156, →居場所
自閉症スペクトラム（Autism spectrum）　224

従属的（subjective）学習　70
授業研究（lesson study）　213, 224
状況　144
　　——定義　28
　　——適応　144
シンボル
　　一次的——　85
　　第二次——　85
人類学的エスノグラフィー　226
ステージ　151
スムーズな管理運営のインセンティブ　65
生活言語　193
生活のことば　95, 96, 169
生活の中の発話　28
生徒の役割　77
「積極的無視」　139，→指導者
戦術（tactic）／戦略（strategy）　210
絶対服従　135
絶望のレトリック　61
総合教室型　102
相対主義　173
ソクラテス的対話（Socratic dialogue）　57, 64

た　行
対話
　　移送管的——　57
　　ソクラテス的——　57, 64
　　メニッポス的——　57
多言語　200
　　——主義（multilingualism）　199, 200
他者制御　26，→自己制御
多声的エスノグラフィー（multivoiced ethnography）　218
多文化　200
　　——教育　197
　　——主義（multiculturism）　199
多目的スペース　101, 104, 105
多様性　197
　　——の力（power of diversity）　192, 195
　　——をもった子ども　171, 175
　　言語的文化的——を持つ子ども　167
　　→海外にルーツがある（子ども），→外国籍児童生徒，→外国にルーツを持つ（子ども），→渡日児童生徒，→特別永住者，→日系ブラジル人，→日本語の指導が必要な児童生徒，
脱学校運動　63
談話分析（Discourse analysis）　214
超越論的スクリプト（transcendent script）　67
通訳者　191
綴り字の学習　96
ティーム・ティーチング　105, 107, 115, 140
適切化（appropriation）　212
手続き的平等　177
道具
　　——と結果（tool and result）　224
　　結果を生み出す——　224
　　貧しい認知的——　73
トークン　83
特別永住者　168
特別教室　104
閉じられたコミュニケーション　54
特権化　56
渡日児童生徒　199

な　行
内化のモデル　26
内部調査（research for practice）　222
縄張り（territory）　148
日系ブラジル人　200
日本語の指導が必要な児童生徒　168, 170, 198
ニューカマー　168, 199
ニュー・スクール（構想）　21, 101, 102, 107, 108
ニューロンドングループ（The New London Group）　214
農村花嫁　174
能力評価回避のインセンティブ　63, 64

は　行
配慮　215
話す意識（speaking consciousness）　188
話す人格（the speaking personality）　188

ハビトゥス　211
反科学主義者　13
バーバラテイラースクール（The Barbara Taylor School）　152, 158, 162
場所（place）　148, 212
番鮫（turn shark）　182, 189
非意図的移民／マイノリティ　192
非公式のスクリプト（counterscript）　66
批判教育学　213
被抑圧者の教育学　194
フィンランド　119
複言語（plurilingual）／複文化（pluricultural）　200
普通教室　104
普遍主義　173
フリーダムライターズ（The Freedom Writers）　159, 163
文化資本論　61
文化モデル　67
文脈化手掛かり（contextualization cues）　58
プレイショップ　80
プロ教師の会　211
ヘッドスタート（head start）プログラム　158, 163
本質主義　173
本町小学校　106

ま　行

貧しい認知的道具　73

「看立て」／「診立て」　222, 225
宮前小学校　106
「看る」／「観る」／「診る」　218, 225
メタ質問　131
メニッポス的対話（menippean dialogue）　57
文字　80, 81
問題行動　131, 152
問題児　151

や　行

横浜寿町　88
余地（space）　149, →居場所
予定調和的な空間　68
読むこと　86

ら　行

リテラシー
　物質上，身体性に支えられた——　86
　「概念を読み取る」——　86
ロス暴動　159

わ　行

わがものとして獲得する（appropriate）　55
話者性を剥奪　190

A～Z

Connected Learning　176
edux　201

石黒広昭（いしぐろ　ひろあき）
立教大学文学部教授（教育学科，同大学院文学研究科教育学専攻），発達心理学・教育心理学．宮城教育大学教育学部助教授，北海道大学教育学部助教授などをへて2006年より現職．博士（教育学）[慶應義塾大学]．日本発達心理学会，日本心理学会，日本教育心理学会，日本認知科学会，American Educational Research Association．

主要編著書

『文化と実践』（亀田達也と共編著，2010年，新曜社），『保育心理学の基底』（編著，2008年，萌文書林），『社会文化的アプローチの実際』（編著，2004年，北大路書房），『AV機器をもってフィールドへ』（編著，2001年，新曜社），『心理学と教育実践の間で』（佐伯胖・宮崎清孝・佐藤学と共著，1998年［新装版2013年］，東京大学出版会）ほか．

子どもたちは教室で何を学ぶのか
教育実践論から学習実践論へ

2016年2月24日　初　版

［検印廃止］

著　者　石黒広昭

発行所　一般財団法人　東京大学出版会
代表者　古田元夫
153-0041　東京都目黒区駒場4-5-29
http://www.utp.or.jp/
電話 03-6407-1069　Fax 03-6407-1991
振替 00160-6-59964

組　版　有限会社プログレス
印刷所　株式会社ヒライ
製本所　牧製本印刷株式会社

©2016 Hiroaki Ishiguro
ISBN 978-4-13-053088-0　Printed in Japan

[JCOPY]〈(社)出版者著作権管理機構　委託出版物〉
本書の無断複写は著作権法上での例外を除き禁じられています．複写される場合は，そのつど事前に，(社)出版者著作権管理機構（電話 03-3513-6969，FAX 03-3513-6979, e-mail: info@jcopy.or.jp）の許諾を得てください．

東京大学教育学部カリキュラム・イノベーション研究会 編	カリキュラム・イノベーション 新しい学びの創造へ向けて	A5判・3400円
東京大学学校教育高度化センター 編	基礎学力を問う 21世紀日本の教育への展望	46判・2800円
佐藤　学 著	学校改革の哲学	A5判・3000円
田中智志 今井康雄 編	キーワード　現代の教育学	A5判・2800円
秋田喜代美 恒吉僚子 佐藤　学 編	教育研究のメソドロジー 学校参加型マインドへのいざない	A5判・2800円
南風原朝和 市川伸一 下山晴彦 編	心理学研究法入門 調査・実験から実践まで	A5判・2800円
河野哲也 編	知の生態学的転回3　倫理 人類のアフォーダンス	A5判・3800円
宮島　喬 著	外国人の子どもの教育 就学の現状と教育を受ける権利	46判・2800円
東京大学教育学部附属中等教育学校 編	ふたご と 教 育 双生児研究から見える個性	46判・2400円
佐伯胖・宮崎清孝・佐藤学・石黒広昭 著	[新装版]心理学と教育実践の間で	46判・2800円

ここに表示された価格は本体価格です。ご購入の際には消費税が加算されますのでご了承ください．